墨香财经学术文库

"十二五"辽宁省重点图书出版规划项目

U0674956

Research on the
Governance of Higher
Vocational Colleges

高职院校治理研究

辛宪章　张岩松　王允 ◎ 著

东北财经大学出版社
Dongbei University of Finance & Economics Press

大连

图书在版编目（CIP）数据

高职院校治理研究 / 辛宪章，张岩松，王允著．—大连：东北财经大学出版社，2018.8
ISBN 978-7-5654-3157-9

Ⅰ．高… Ⅱ．①辛… ②张… ③王… Ⅲ．高等职业教育-学校管理-研究-中国 Ⅳ．G719.2

中国版本图书馆 CIP 数据核字（2018）第 096229 号

东北财经大学出版社出版发行

大连市黑石礁尖山街 217 号 邮政编码 116025

网 址：http：//www.dufep.cn

读者信箱：dufep @ dufe.edu.cn

大连永盛印业有限公司印刷

幅面尺寸：185mm×260mm 字数：241 千字 印张：11 插页：1
2018 年 8 月第 1 版 2018 年 8 月第 1 次印刷
责任编辑：张晓鹏 宋雪凌 责任校对：魏 巍
封面设计：冀贵收 版式设计：钟福建
定价：42.00 元

教学支持 售后服务 联系电话：（0411）84710309
版权所有 侵权必究 举报电话：（0411）84710523
如有印装质量问题，请联系营销部：（0411）84710711

前　言

　　提升高职院校治理能力已经成为高职教育发展的重要命题之一。党的十八届三中全会明确指出，完善和发展中国特色社会主义制度，推进国家治理体系和治理能力现代化，是国家改革的总目标，也是各领域改革的总要求。教育治理体系和治理能力现代化是国家治理体系和治理能力现代化的重要组成部分。《国家中长期教育改革和发展规划纲要（2010—2020 年）》提出了"完善中国特色现代大学制度，完善大学治理结构，深化校内管理体制改革"的制度改革创新目标。《现代职业教育体系建设规划（2014—2020 年）》更直接而具体地提出要"提高职业院校治理能力"。高职院校治理是影响高职院校办学质量与办学水平提升的核心因素，已引起教育管理部门、理论学者以及社会的广泛关注。在中国特色现代大学制度的框架体系下，高职院校普遍开始致力于建立"党委领导、院长负责、专家治学、民主管理、社会参与"的治理体制和机制。在此基础上，加快推进高职院校内部治理的结构与能力建设，促使其达成治理体系及治理能力现代化的目标，已成为高职院校发展改革的首要任务。鉴于此，我们通过深入研究和思考，完成了这部《高职院校治理研究》。

　　《高职院校治理研究》由基础分析——高职院校治理概述、章程制定——高职院校治理的前提、结构优化——高职院校治理的关键、健全机制——高职院校治理的重点、文化建设——高职院校治理的保障五章内容构成。其主旨是在分析新时代高职院校治理的含义和特点、高职院校治理的意义、高职院校治理的相关理论和评价体系的基础上，综合采用文献分析法、比较研究法、因素分析法、历史分析法等研究方法，探寻高职院校治理的内在规律，构建符合发展方向和适应中国经济、社会、文化发展要求的高职院校治理的新模式。为了增强本书的实践性、参考性、借鉴性和启发性，每章后还设"案例研究"，精选了我国高职院校治理的典型案例。本书理论观点新颖、论述深刻，对推动我国高职院校治理水平和治理能力的提升具有重要的学术价值和实践意义。我们衷心地希望本书能给我国各级职业教育主管部门、高职院校、职业教育研究机构的管理者和研究者以及关心高职院校治理的广大教师和社会各界人士以帮助和启迪，对深化职业教育教学改革、全面提高人才培养质量、推进我国高职院校治理现代化、落实国家教育事业发展"十三五"规划、加强现代职业教育体系建设、适应"中国制造 2025"的需求、为我国的经济社会发展培养更多的优秀高职人才发挥积极作用。

本书是中国高等教育学会 2016 年度立项重点课题"面向'中国制造 2025'的高职大学生工匠精神培育研究"（GZYZD2016022）和辽宁省教育科学"十三五"规划 2017 年度立项课题"高职院校实践教学中工匠精神的培育研究"（JG17EB071）的阶段性成果。本书是集体智慧的结晶，由大连职业技术学院辛宪章、张岩松、王允著。辛宪章、张岩松负责全书的研究框架设计。具体分工如下：第一章和第二章：辛宪章、张岩松；第三章和第四章：王允；第五章：张岩松。全书由王允统稿。

在编写本书的过程中，我们参阅了大量相关文献，在此对原作者深表谢忱。本书的出版也得到了东北财经大学出版社的大力支持，亦致以深深的谢意。

由于时间、条件、水平等的限制，书中的不足之处，恳请读者批评指正。

愿我国的高职院校能加快实现从管理到治理、从人治到法治、从传统治理到现代治理的转型，真正实现高职院校治理能力现代化。

作　者
2018 年 5 月

目 录

第一章 基础分析——高职院校治理概述

全面深化改革的总目标是完善和发展中国特色社会主义制度，推进国家治理体系和治理能力现代化。

——《中国共产党十八届三中全会公报》

职业院校要依法制定体现职业教育特色的章程和制度，完善治理结构，提升治理能力。

——《国务院关于加快发展现代职业教育的决定》

党的十八届三中全会明确指出，完善和发展中国特色社会主义制度，推进国家治理体系和治理能力现代化，是国家改革的总目标，也是各领域改革的总要求。国家治理体系和治理能力现代化，被理论界称为继农业、工业、国防和科学技术"四个现代化"之后的"第五个现代化"。教育治理体系和治理能力现代化是国家治理体系和治理能力现代化的重要组成部分。《国家中长期教育改革和发展规划纲要（2010—2020年）》提出了"完善中国特色现代大学制度，完善大学治理结构，深化校内管理体制改革"的制度改革创新目标。2011年9月29日，在职教政策领域，教育部在《关于推进高等职业教育创新引领职业教育科学发展的若干意见》中提出，高职院校在坚持党委领导下的校长负责制的同时，鼓励建立董事会、理事会等多种形式的议事制度，形成多方参与、共同建设、多元评价的运行机制。2014年2月，教育部部长袁贵仁同志在2014年全国教育工作会议上提出，要深化教育领域综合改革，加快推进教育治理体系和治理能力现代化。《现代职业教育体系建设规划（2014—2020年）》更直接而具体地提出要"提高职业院校治理能力"[1]。2014年5月2日，国务院《关于加快发展现代职业教育的决定》明确提出"建成一批世界一流的职业院校"的任务；2015年7月27日，教育部发布《关于深化职业教育教学改革，全面提高人才培养质量的若干意见》，有针对性地提出了"建设

---

[1] 林春明. 高职院校内部治理现状与改革对策 [J]. 教育与职业，2015（12）：9-12.

一批世界一流高职院校"的目标。2015 年 9 月 1 日，教育部出台的《职业院校管理水平提升行动计划（2015—2018 年）》提出"发挥管理工作对职业教育改革发展的推动、引领和保障作用，不断提高职业院校管理规范化、精细化、科学化水平"；2015 年 10 月 19 日，教育部出台的《高等职业教育创新发展行动计划（2015—2018 年）》提出了"坚持教学改革与提升院校治理能力相结合"的基本原则；2015 年 10 月 24 日，国务院出台的《统筹推进世界一流大学和一流学科建设总体方案》把"完善内部治理结构"作为一项重要的改革任务。目前，国家虽尚未出台关于一流高职院校建设的指导方案，但 2016 年 3 月 8 日，时任教育部部长袁贵仁在全国政协十二届四次会议教育界别联组会上，明确表态"不能把一流大学仅仅限定为综合大学，还包括民办大学、职业高校等"。2016 年 5 月，广东省教育厅公布了《关于实施广东省一流高职院校建设计划的通知》，在第一项重点建设任务"全面深化综合改革"中已将"深化管理体制改革"列为首项任务。可见，无论是高职院校的创新发展还是一流高职院校建设，均对高职院校的管理水平、治理能力提出了新的要求。[1]

教育作为国家全面深化改革的重要领域，一切改革的举措和行动自然都要自觉围绕总目标、落实总要求，完善科学规范的教育治理体系，形成高水平的教育治理能力。[2]

高职院校是我国高等职业教育实践的重要形式和载体，是高等职业教育的基本"细胞"。高职院校内部治理结构与治理水平，是对内部结构整合成效的直观反映，更是影响其办学质量与办学水平提升的核心因素。高职院校如何在推进现代高职院校制度建设过程中，不断推进治理体系和治理能力的现代化，是一个需要系统思考的重大理论与现实问题。[3]

当前，不同利益相关方有着形式多样的利益诉求，因此高职院校治理体制和能力正遭遇前所未有的挑战，主要体现在章程建设有待加强、办学自主权尚待落实、学校内部管理制度需进一步改革等。为此，教育部在《高等职业教育创新发展三年行动计划（2015—2017 年）》中提出了"高等职业院校治理能力提升计划"。高职院校治理体系现代化的核心是高职院校治理能够服务于所在区域的社会经济发展，把人才培养融入企业生产服务流程和价值创造过程。这其中包括提升从业者的综合素质，理顺高职院校管理主体的地位，处理好利益相关方的基本权益，以及鼓励利益相关方积极参与治理，体现公平正义与开放包容等。[4]在国家部署决策加快发展现代职业教育的背景下，"紧紧围绕立德树人的根本任务"，构建治理体系，推进治理能力现代化，"加快构建充满活力、富有效率、更加开放、有利于学校科学发展的体制机制，当好教育改革排头兵"[5]，是已成为全国高等教育体系重要组成部分的高职院校发展的重要命题。

① 赵锋. 一流高职院校治理能力提升策略探析——基于权变理论视角 [J]. 职业技术教育，2016（16）：19-23.
② 袁贵仁. 深化教育领域综合改革 加快推进教育治理体系和治理能力现代化——在 2014 年全国教育工作会议上的讲话 [EB/OL]. [2014-02-16]. http://www.gov.cn/gzdt/2014-02/16/content_2605760.htm.
③ 雷世平. 高职院校治理能力提升路径研究 [J]. 职教通讯，2015（21）：1-5.
④ 孙云志. 元治理视域下高职院校治道逻辑与治理能力提升 [J]. 职业技术教育，2016（4）：47-51.
⑤ 新华社. 习近平在北京大学师生座谈会上的讲话 [EB/OL]. [2014-05-05]. http://www.gov.cn/xinwen/2014-05/05/content_2671258.htm.

一、治理的含义和特点

"治理"是 20 世纪 90 年代以来国际政治学领域逐渐流行的一个概念。治理，作为政府行政管理的工具，是政府行为的一种方式，是通过某些途径用以调节政府行为的机制。[①]近年来，与之相呼应的还有更侧重于公共产品供给和分配方面的"公共治理"及就全球性议题进行协作的"全球治理"。相对于之前意识形态和强制色彩更浓的"统治"和"管治"而言，"治理"更为中性，也更凸显绩效观念。

治理的英文是"govern"，翻译成"国家层面的管理、统治"或"规则、原则等的控制、支配、决定"。汉语中治理的内涵包括四个方面：一是管理、统治或得到管理、统治；二是理政的成绩；三是治理政务的道理；四是处理、整修。在政治学领域，通常指国家治理，即政府如何运用国家权力（治权）来管理国家和人民。在商业领域，主要指公司治理，即公司等组织中的管理方式和制度等。

"治理"一词最早见于我国春秋战国时期荀子的《君道》一文中，文中写道"明分职，序事业，材技官能，莫不治理，则公道达而私门塞矣"。其意为分清职责，理清事务的关系，让有才能的人去做技术活，有本事的人去做官，这些都需要治理，如果按照治理的方法这样去做了，财富分配就能公道，社会秩序就能通达，公平正义就能得到彰显，与此同时，私事就会得到阻止。

治理理论的主要创始人之一罗西瑙（J.N.Rosenau）认为，治理是一系列活动领域中未得到正式授权却能发挥有效作用的管理机制。联合国全球治理委员会认为，"治理"是公共或私人领域内机构或个人管理共同事物的方法总和，用以调和相互之间的不同利益或冲突，保持联合行动的可持续性。这里包括两层含义：一是所有人都必须服从正式的制度或规则；二是人们同意或博弈得出的符合其利益诉求的非正式制度或规则。英国学者格里·斯托克（Getty Stoker）对治理的各种概念进行了梳理，认为"治理"的概念主要围绕五个方面：一是治理的定义来自政府、社会公共机构或行为者的一系列复杂体系；二是治理在寻求解决社会和经济问题过程中的边界和责任较为模糊；三是肯定了社会公共机构在涉及集体行为时存在权力依赖；四是参与治理的各方将形成一个自主的网络体系；五是在公共管理中，政府的权力、权威或命令不是唯一途径，政府有责任使用其他管理技术和方法来控制和引导公共事务。"治理"由治理主体、治理内容、治理结构以及治理机制等构成，是以大学章程、法律和法规为核心组成的一整套制度体系，通过制度约束对利益相关主体进行重塑，实现科学决策与民主管理，使利益相关主体得以调和，并且采取联合行动的持续过程。[②]

"治理"的核心是"权力流散"，就是要打破某一个权力主体对权力的垄断，将权力分解给不同的主体，强调权力机构的多元化。就高职院校内部治理来说，也就是管理方式、制度和机制等的总称。整合内外部资源、管理流程走向科学化的过

---

① 佚名. 治理的含义 [EB/OL]. [2014-12-27]. http://baike.baidu.com/view/730952.htm.
② 雷世平，姜群英. 高职院校治理能力现代化的内涵及其衡量标准 [J]. 职教论坛，2015 (31): 41-45.

程，同时也是学校治理理念不断延伸、优化的过程。就外部治理来说，要挑战"政府是学校管理的唯一合法权威"的观点，转变政府在职业教育发展中的职能和角色，建立一种权力合作协商的关系，实现职业教育管理、办学、评价监督相分离的治理，形成多元化投入、多元化管理、多元化监督等社会主体广泛参与的共同治理局面，以及以政府宏观调控、高职院校自主办学、行业和企业等社会力量广泛参与的格局。①

公共管理领域的治理是管理的一种方式，是对管理的衍生，但治理与管理的含义是有明显区别的。两者目的不同，管理主要强调保证实现既定的管理目标，而治理的目的是多元利益主体之间的均衡；两者职能不同，管理主要关注决策落实的计划、组织、指挥、控制和协调，而治理主要注重监督、明确责任体系和决策指导；两者的依据与基础不同，管理依靠内部各单位的行政级别，而治理主要依据法律与法规；两者的作用与地位不同，管理主要是规定具体方向与路径，而治理的作用在于规范权利和责任。②治理包含管理的内容，其内涵要比管理丰富得多。"管理"强调的是一元的、单项的行为方式和具体执行，倾向于纵向的科层制结构；而"治理"强调的是"利益相关方"的权利关系，其意义体现是双向的、相互的，而非单项的，表现为具体行为方式上的宏观性，倾向于多主体间横向上的扁平化。③治理活动涉及的范围更加宽泛，不仅包含自上而下的统治、管理，更强调方方面面的"共治"以及各参与主体责任的共担等内容。

虽然治理与管理存在较大区别，但是两者并不是截然对立的。治理是管理的高级阶段，是管理达到内在和谐的最佳状态和目标追求。在管理的低级阶段，管理行为追求的是一些外在的可见目标的实现。只有当管理进入高级阶段，在理念上依靠自我管理而不需要外部强制，通过文化管理，注重内在和谐，既追求可见目标，更追求隐含目标，重视各主体创新性的发挥，才能达到治理的境界。④

"治理"作为当代公共管理的一种新范式，它的价值诉求在于通过多元主体之间的通力合作、协同创新，以实现共赢与追求善治。"善治就是使公共利益最大化的公共管理过程，其本质特征在于它是政府和公民对公共生活的合作管理，是政治国家与市民社会的一种新颖关系，是两者的最佳状态。"⑤

开放性、平等性和多元性是治理的基本特点。⑥

1. 开放性

作为一种先进的管理工具，治理具有天然的外部开放性。基于治理主体的自信与理想，它以开阔的胸怀吸纳主体之外的利益相关组织和个人加入管理体系之中，寻求共同发展的协调路径，从而谋求和实现多利多赢。构成治理体系的利益相关方

---

① 颜彩飞. 高职院校从管理到治理的转变 [J]. 当代教育实践与教学研究，2016 (3)：88-89.
② 徐桂庭. 关于职业学校治理体系与治理能力建设的若干思考 [J]. 中国职业技术教育，2014 (21)：166-170.
③ 胡宏亮. 治理理论视域下高职院校政行企校合作共治研究 [J]. 南方职业教育学刊，2015 (11)：30-33，49.
④ 欧阳恩剑，刘波. 从管理到治理：我国高职院校权力运行模式的轨迹变迁 [J]. 职教通讯，2015 (22)：6-10，14.
⑤ 俞可平. 治理与善治引论 [J]. 马克思主义与现实，1999 (5)：37.
⑥ 胡宏亮. 治理理论视域下高职院校政行企校合作共治研究 [J]. 南方职业教育学刊，2015 (11)：30-33，49.

打破了原有封闭阻塞的坚固格局，在开放交融的社会生态体系中不断地进行着信息、资金、设备、设施、服务、价值等方面的互动和交流，在此基础上，逐渐构建起开放式的利益共同体。

2. 平等性

治理主体间基于契约原则，必然需要厘清各方的权利和义务关系，它们是平等互利的共同体，既互相合作，也互相制约。参与治理的相关各方是基于一定秩序和规则之下的平等主体，它们肩负着不同的职责，并且享有治理体系中的权利，它们并非控制（管理）与被控制（管理）的关系，而是平等、合作、共治、制约的关系。

3. 多元性

治理体系是多向度、多角度的有关各方的利益共同体。基于共同的利益追求和发展理想，各个治理主体在合作过程中欢迎社会各方投入尽可能多的关注和支持，并以各自不同的方式和利益诉求参与共同事业的治理。从此角度而言，治理体系强调相关各方的多元性，并尊重利益相关方的法定权利和利益诉求。

二、高职院校治理的特性

对普通高校而言，在"实现共赢与追求善治"的过程中，同样需要不断提高治理能力与治理体系的现代化水平。普通高校治理通常又分为外部治理和内部治理：外部治理主要指如何处理好高职院校和政府及职能部门、市场、社会之间的关系；内部治理主要指如何分配与实现学校内部党委、行政、学术、服务、管理、监督等方面的决策权与收益权。因此，普通高校内部治理变革主要是充分尊重各利益相关者的利益表达与利益诉求，在追求"正和博弈"的过程中，实现各利益相关者利益表达与利益诉求的"最大公约数"，实现彼此职、权、责、利的有机统一与良性互动。作为普通高校重要组成部分的高职院校，其内部治理主要指高职院校紧紧围绕各利益相关者的职、权、责、利，通过相关机制构建、制度安排、政策支持，保障有章可循、有效管理、有序工作，不断实现高职院校内部利益协调与利益整合，从而推进新时期高职院校的改革创新与和谐发展。事实上，新时期高职院校要实现内部治理变革，必须强化利益整合、推崇协同创新、注重共同治理，从而建立健全适应自身治理规律的权力运行与权利保障机制，以科学而规范的服务与管理不断提升人才培养的质量与服务社会的能力。[①]

在现代职业教育体系中，高职教育作为一种融"高等性"和"职业性"于一体的跨界教育，其办学定位和办学功能决定了高职院校内部治理的独特性，主要体现在以下六个方面：

---

① 李宏昌."新常态"视域下推进高职院校内部治理变革问题研究[J].教育与职业，2017（2）：18-23.

1. 共同的治理

高职教育跨越职业与教育、企业与学校、工作与学习的界域，要规范并保障这种"跨界"教育，必须遵循职业和教育的双重规律，构建内部治理的基本形态。根据高职教育技术技能人才的培养定位，高职院校不仅要有同时承载现代大学的学术性和现代职业的技术性的制度设计理念，而且要有能够实现行业企业要素对教育要素有效融入的治理手段和治理结构。高职院校的多元办学主体是落实高职教育跨界特征的必然要求，我国在职业教育的法律、规划和各类政策文件中均明确了要建立"政府主导、行业指导、学校主体、企业参与"的职教运行机制，这就决定了高职院校具有利益相关者组织的典型性，既有政府、行业、企业、学校的外部相关者维度，也有学校、教师、学生、家长的内部相关者维度。满足和实现不同的利益相关者对自身价值、利益和目标的主张，需要建立共同治理的体制机制，包括各方参与人才培养的价值体系、组织体系、制度体系和行动体系。共同治理为落实各方参与的决策权、执行权与监督权提供组织、制度和机制保障，进而通过统筹协调、沟通合作、多元互动和权利平衡，发挥每一个利益相关者的作用。当前我国加快推进和完善现代职业教育制度体系，对健全企业参与制度提出了新的要求，高职院校唯有在以企业参与为核心的共同治理的基础上建立起相应的组织架构、议事规则、行为约束和运行制度，才能真正激发出多主体办学的活力。需要指出的是，办学自主权与共同治理密切相关，高职院校需要在共同治理的框架基础上依法行使办学自主权，建立科学的标准和规范的制度，做到有章可循、有据可依和有效自律。①

高职院校治理往往需要政策法规以及相关协议的完善来保障，借助市场机制来解决相对独立主体遭遇的利益方面的冲突，通过相对独立主体间的协商合作来实现高职院校治理 1+1＞2 的效果，激发高职院校、政府组织、行业、企业、科研机构、普通本科高校、学生、家长、境外资源等行为主体参与高职院校治理。

高职院校治理并不是单机制的治理，它应该是多机制的治理。与此相对应的是，我国高职院校治理模式也是多元的，毕竟在经济全球化、信息化的今天，不同时期的中国社会经济以及不同区域中，参与高职院校治理的相对独立主体有所差异，相应的利益需求各式各样，影响高职院校治理的因素也多种多样，在不同时期的中国社会经济以及不同区域中，高职院校的治理模式自然也各具特色。鉴于理想很丰满但现实很骨感的事实，尽管高职院校治理改革方案在理论上无懈可击，但从目前高职院校治理的现状来看，结果并不尽如人意，毕竟所谓完美无缺的高职院校治理理论与千变万化的高职院校治理实践并不能画等号。因此，在高职院校治理进程中，应以需求为导向，并从我国社会经济的发展与区域经济的客观需求出发，制定出特色鲜明而又实在管用的高职院校治理模式。针对我国不同时期社会经济的发展需求以及我国不同区域社会经济发展水平的差异性，不同高职院校治理的侧重点也是迥异的，即便是同一所高职院校在不同的发展时期，其治理的侧重点也应该是与时俱进的。也就是说，根据高职院校对软治理与硬治理使用程度的差异性，可将

---

① 胡正明. 高职院校内部治理的独特性及其实现路径 [J]. 中国高教研究，2015（5）：91-94.

高职院校治理分为高职院校硬治理模式、高职院校软治理模式以及高职院校混合治理模式等；根据高职院校发展政策支持度的差异性，可将高职院校治理分为国家（骨干）示范高职院校治理模式、省级示范高职院校治理模式、非示范高职院校治理模式以及民办高职院校治理模式等；根据高职院校所在区域社会经济需求的差异性，可将高职院校治理分为发达地区高职院校治理模式、欠发达地区高职院校治理模式、跨区域高职院校治理模式以及跨境高职院校治理模式等。由此可以得出以下结论：不存在万能的高职院校模式。高职院校采取何种治理模式应根据国家社会经济发展的要求以及区域社会经济现状来决定，从而不断提高高职院校治理模式与社会经济发展需求的契合度。①

2. 开放的治理

产教融合、校企合作是现代职业教育发展的基本要求，也是实现高职教育人才培养目标的根本途径。高职院校的人才培养过程呈现出高度的开放性，表现为专业、课程、师资、基地等教学要素以及教学组织、运行、评价等教学过程的开放性，由此构成了高职院校以教学治理为核心的内部治理行为的开放性特征。这种开放性主要体现在四个方面：一是专业设置，高职教育与区域经济的需求对接以专业为纽带，适应产业结构调整，引领、伴随或紧跟产业人才需求，在专业设置和调整上需要具备高度的开放性；二是教学资源，高职教育的教学资源是一个动态适应经济发展、产业升级和技术进步的开放式系统，高职院校在资源整合、开发和利用上需要建立校企协同的开放性机制，实现教学资源的产教融合；三是教学过程，高职教育按照真实环境、真学真做、掌握真本领的要求开展教学活动，需要积极推行开放性的教学方式，实行开放性的教学管理，将生产性要素融入课程教学，从而实现教学过程与生产过程的对接；四是师资队伍，高职院校一方面应努力提升专任教师的职业教育教学能力，另一方面从行业企业广泛聘请兼职教师，这种"双师结构"的教学团队要求建立具有高度开放性和融合性、校企互动交流、共同管理的基层教学治理组织。②

3. 包容的治理

俗话说得好，好的价值、理念是行动成功的保障。高职院校治理效能的取得与否，则取决于高职院校治理价值、理念能否做到科学合理。此外，高职院校治理价值、理念还承担着衡量高职院校治理评价标准的职能。由此可以看出，高职院校的治理价值、理念在高职院校治理进程中扮演着举足轻重的角色。孙云志认为，从具体实践来看，高职院校治理所追求的价值、理念应该是包容开放的，其中应该涵盖相互尊重、信任合作、共赢共生等关键词。③

（1）相互尊重。高职院校利益相关方的相互尊重是高职院校治理的基点。高职院校治理是众多利益相关方为共同解决高职院校治理问题的群体性活动。为避免高

① 孙云志. 高职院校治理的界说 [J]. 职教论坛, 2016 (22): 52-56.
② 胡正明. 高职院校内部治理的独特性及其实现路径 [J]. 中国高教研究, 2015 (5): 91-94.
③ 孙云志. 高职院校治理的界说 [J]. 职教论坛, 2016 (22): 52-56.

职院校治理中的利益相关方发生厚此薄彼的现象，导致高职院校治理中各利益相关方间产生合作"缝隙"，进而使高职院校治理绩效大打折扣，高职院校治理的良性运作应以利益相关、相互尊重为其基点，即高职院校、政府组织、行业、企业、科研机构、普通本科高校、学生、家长、境外资源等行为主体间应相互尊重。政府组织与高职院校各利益相关方间相互尊重，意味着高职院校各利益相关方对政府组织相关法规的尊重与服从，不可以一己私利来践踏之，这样才能保证高职院校的健康与可持续发展。与此同时，政府组织也应尊重高职院校的办学自主权，从宏观上指导高职院校按照高职院校章程进行办学，并通过完善相关法律法规来为高职院校治理营造良好的外围发展环境。高职院校本身与其他利益相关方间相互尊重，意味着高职院校应不断提升自身的办学水平与能力，摆脱"讨要者"的角色，给区域经济发展提供高素质技术技能型人才，给行业企业提供技术服务，以及联合技术研发，给学生家长提供物有所值的教育服务，给学生提供健康与可持续的发展环境。行业企业与其他利益相关方间相互尊重意味着行业企业与其他利益相关方承担了高职院校治理中应尽的角色，并在高职院校治理进程中对各自行为予以相互尊重，实现行业企业与其他利益相关方的完美协作。当然，行业企业也应遵守相关的法律、法规，其他利益相关方也应自觉遵守行业企业对其的监督制约，从而做到到位而不越位。

（2）相互信任。高职院校利益相关方的相互信任是高职院校治理的平台。高职院校利益相关方只有在相互信任的环境中才能够各自敞开心扉表述其真实想法，高职院校利益相关方之间的默契度才能够逐渐累增。因此，高职院校利益相关方之间的相互信任度决定了其融合度，进而决定了其合作的模式与合作的进度。高职院校、政府组织、行业、企业、科研机构、普通本科高校、学生、学生家长、境外资源等行为主体间都要相互信任。政府组织与其他利益相关方之间相互信任取决于政府组织的守信。政府组织的守信程度决定了其他利益相关方对其信任度的高低，进而影响到政府组织在高职院校治理中的合法性。如果政府组织能够发挥其应有的职责功能，其在高职院校治理进程中的角色定位将得以加强；如果政府组织在高职院校治理中出现缺位，其在高职院校治理进程中的角色定位将大打折扣，并使高职院校治理游离于政府组织监控之外。其他利益相关方的相互信任也同样如此，毕竟高职院校治理是种利益博弈，只有建立在相互信任基础上的利益博弈才能够避免博弈惨局，并实现参与利益博弈方间的共赢。在实践中，高职院校利益相关方都打着自己的小算盘，不能够从高职院校治理的整体利益出发，导致校企合作"同床异梦"、董事会或理事会名不副实的现象普遍存在。因此，高职院校治理目标的实现是高职院校利益相关方相互信任的产物。高职院校利益相关方的相互协调是高职院校治理的关键。高职院校治理是高职院校利益相关方的集体行动。若希望高职院校利益相关方形成合力推动高职院校健康与可持续发展，就需要高职院校利益相关方精诚合作了。可高职院校利益相关方精诚合作的逻辑缺失与发展困境是当下不容忽视的事实，是高职院校利益相关方各自精打细算非合作博弈的结果，毕竟在高职院校治理中，高职院校各利益相关方的利益诉求、行为方式以及区域需求是千差万别的。因此，高职院校利益相关方各自的理性行为在大部分情况下并不能够达到高职院校治理所需要的最佳效果，要想实现高职院校治理效果最优化，则需要高职院校利益相关方的通力合作，需要将高职院校各利益相关方的相互协调贯彻于高职院校治理的全过程，使通力合作成为高职院校治理必须遵循的理念。因此，缺少相互协调的高职院校治理是无序的，是缺少利益分享的。在此背景下，高职院校治理出现种种缺失理所当然，高职院校的健康与可持续发展也只能是海市蜃楼。

（3）相互共赢。各利益相关方的互利共赢是高职院校治理的落脚点。高职院校治理并不是水到渠成的自然馈赠，而是在高职院校治理中各利益相关方集体努力的结果。在高职院校治理实践中，高职院校自身治理能力的缺失、高职院校与其他利益相关方诉求的差异性、政府组织法规环境的缺失以及其他利益相关方参与高职院校治理激情有待提高等事实的存在，造成高职院校治理中各利益相关方"貌合神离"，无益的内耗造成高职院校治理发展与社会经济发展的需求差距拉大。为了生存与发展，各利益相关方开始意识到共赢共生的重要性，并逐渐将此理念贯穿于高职院校治理过程中。高职院校治理的目的是"扔掉"高职院校各利益相关方的"小算盘"，通过整合高职院校、政府组织、行业、企业、科研机构、普通本科高校、学生、学生家长、境外资源等行为主体间的关系，促进高职院校各利益相关方形成命运共同体，以此实现高职院校治理共赢共生的宗旨。

4. 分类的治理

现代职业教育发展的一个基本内涵是秉持以人为本的理念，满足学生个性化、差异化的发展诉求。高职教育在现代职业教育体系中具有下接中职、上联本科以及服务终身教育的重要作用，适应人才培养的多样化趋势，围绕人才培养目标、标准、内容、方式和评价，实施层次结构和类别结构梯度合理的分类治理，已经逐步成为高职院校内部治理的一个重要特征。首先，生源的多样化要求高职院校实行分类治理。中职生、普高生以及退伍军人、农村社会青年等不同生源的学习基础差异较大，高职院校需要采取不同的招考制度、培养方案和培养方式。其次，学生的个性化发展要求高职院校实行分类治理。要真正拓展学生的成长空间，必须充分尊重学生的选择权，高职院校应建立多元化的培养制度，完善分层教学、分类培养的治理框架，实现差异培养与学生需求、社会需求多样性的吻合。再次，培养类型的多样化要求高职院校实行分类治理。针对全日制职业教育与非全日制职业教育、学历职业教育与非学历职业教育、中高职衔接教育、本专联合培养等不同学制类型和培养类型，要求高职院校在人才培养的规格层次、培养方式和质量标准等方面实施有序的分类治理。①

5. 制度性的治理

对于高职院校治理的内涵与特征，许多研究者虽有所涉及，但目前尚未有明确的理论界定。有些研究者提出，在高职院校治理中的各利益相关方存在着权责模糊地带，可高职院校治理应包括"有权迫使人们服从的正式机构和规章制度，以及种

---

① 胡正明. 高职院校内部治理的独特性及其实现路径 [J]. 中国高教研究，2015（5）：91-94.

种非正式安排"①。于是在政府组织的事无巨细的"指导"以及"拉郎配"等怪现状下，高职院校治理能力与社会经济发展需求间的差距越来越大，塑造一套以市场为导向的多中心、民主、法制、可考核评价的高职院校治理模式逐渐成为学者们讨论的焦点。还有研究者指出，为破除高职院校治理效率低下的问题，应采用激励型规制模式去调动高职院校治理中各利益相关方的创新激情。另外，还有一些研究者认为：高职院校治理是新公共管理与多中心治理理论在高职院校管理改革中相融相生的产物，于是得出高职院校治理应是各利益相关方意愿的产物的结论。可在高职院校治理实践中，高职院校治理不仅是各利益相关方意愿的产物，同时也是制度性治理的产物。高职院校治理作为制度性治理，它的中心任务是高职院校治理制度创新，特别是相关政策法规制度的创新。高职院校治理为何成为制度性治理，其原因有三。其一是高职院校治理是相关政策法规制度下的治理。高职院校治理可以发展成为新型高职院校治理模式，相关政策法规制度提供的良好外部发展环境是基础。其二是在合作过程中，仅仅凭借各利益相关方的自主性行为是远远不够的，它更需要制度安排来强制约束。其三是高职院校治理顺畅运作需要制度提供有序支持，尤其是在高职院校治理各利益相关方的职责方面，其职责行使需要相关制度作为依据。当今，在维权意识不断增强与以人为本的大背景下，传统的简单粗暴的解决方式已失去存在的土壤，构建合理高效的利益分配机制成为高职院校治理取得成功的关键。在高职院校治理的社会参与方面，没有制度作为保障的社会可能只是徒有其表，对提升高职院校治理水平的作用微乎其微。若不断提高高职院校的社会参与水平，运用制度性安排则成为必须使用的方式。在高职院校治理考核评价方面，由于目前各利益相关方参与高职院校治理的激情与水平有待提高，因此对高职院校治理考核的评价还处于低水平阶段，即只关注是否存在利益相关方参与高职院校治理，对其参与的实际功效则关注不多，于是高职院校治理中存在的名不副实的"花架子"就不难理解了。②

6. 政府引导的治理

高职院校治理是新公共管理和多中心治理理念在高职院校管理改革过程中由各利益相关方协作融合而成的。公共管理是以自利人为假设，以顾客导向为行政风格，通过政府这个核心公共部门来对形形色色的社会力量进行整合，其强调管理主体多元与价值多元③，提出多元主体面对社会经济问题以及互动过程中产生的问题能够"同舟共济"，最终达到多元主体共享相关的资源与条件。多中心治理"以合作治理为实践形态，整合政府组织、市民社会、公民个人多种行为主体，实现其各自独立又协调互动的信任与合作，从而能够灵活地应对公共服务的多元需求，成为服务型社会治理模式的理想治理结构"④。与公共管理不同的是，在多中心治理理念中，政府组织与市民社会、公民个人等行为主体都是平等社会治理行为的主体成

① 俞可平. 治理与善治［M］. 北京：社会科学文献出版社，2000：270-271.
② 孙云志. 高职院校治理的界说［J］. 职教论坛，2016（22）：52-56.
③ 休斯. 公共管理导论［M］. 北京：中国人民大学出版社，2001：4-5.
④ 李明强，王一方. 多中心治理：内涵、逻辑和结构［J］. 中共四川省委省级机关党校学报，2013（6）：86.

员，实现了从统治到服务的角色转变，从而使政府组织在多元社会治理行为主体互动中获取合法性。公共管理与多中心治理融合而成的高职院校治理被认为是一种新型治理。在此类型治理中，不仅不存在政府组织的"一枝独秀"，而且政府组织与市民社会、公民个人等行为主体间的界限也处在模糊地带。世间不存在符合各国情况的高职院校治理模式。构建中国特色高职院校治理模式应基于当前中国特色社会主义经济建设与区域经济社会发展需求的现实。当前随着"中国制造2025""互联网+"以及"一带一路"倡议等国家重大战略的实施，我国经济社会转型与产业升级对高职院校培养的人才提出了更高的要求，传统的流水线式人才培养模式已逐渐开始被"私人定制"式的人才培养模式所替代，有个性的高素质技术技能型人才成为行业企业的"新宠"。在此背景下，单凭高职院校本身培养高职人才已不合时宜，将高职院校、政府、行业、企业、研究机构、普通高校、境外资源等相对独立的平等主体纳入人才培养机制中已成为必然。在高职院校主体治理结构中，政府与其他相对独立的平等主体在理论上本应建立信任与合作关系，可当下的情况是，虽然高职院校的办学自主权有所提升，但真正的管、办、评分离的现代化高职院校管理制度并没有建立。高职院校从专业设置、课程建设、学生招考、师资聘任、职称评定、资金投入、实训基地建设等方面都可以看到政府遥控的影子，再加上当前我国市民社会与社会组织不成熟，其参与高职院校校企合作"貌合神离"，因此在高职院校校企合作中发挥政府在外围环境中的营造功能势在必行，即通过不断完善相关法律法规来引导高职院校校企合作。由此可以看出，在高职院校治理过程中，政府扮演的角色不是可有可无的，高职院校治理应该是由政府引导和其他相对独立主体共同参与的治理。①

三、高职院校治理的意义

高职院校作为我国社会主义人才的培养基地和主要阵地，是国家实现治理能力现代化的重要保障。高职院校治理能力也是国家治理能力的一个重要组成部分。在当前形势下，推进高职院校治理，对于提升高职院校能力现代化具有重要的现实意义。

1. 建设现代大学制度、创建一流高职院校

现代大学制度从本质上来说，就是要在遵循高等教育发展规律的基础上，通过完善治理结构，合理处理大学内外部的各种权力关系，构建起能够促进大学可持续发展的制度体系②，形成高校自我管理、自我发展、自我规范、自我约束的发展机制，最终实现高等教育的可持续发展。高职院校治理体系和治理能力是治理制度和制度执行能力的集中体现，是现代大学制度建设的重要内容和关键环节。因此，如何实现高职院校治理体系和治理能力的现代化对于实现建设现代大学制度、创建一流高职院校的宏伟目标具有重要的意义。

① 孙云志. 高职院校治理的界说 [J]. 职教论坛，2016（22）：52-56.
② 张中华. 完善办学体制机制 推进高校治理能力建设 [J]. 中国高等教育，2014（1）：14.

2. 推进教育治理体系和治理能力现代化

教育治理体系和治理能力现代化是深化教育领域综合改革的战略目标，是实现教育事业科学发展的战略举措。高校作为国家教育体系的重要组成部分，其肩负的人才培养、科学研究、社会服务的历史使命决定了高校治理体系和治理能力现代化的重要性。中国特色的高校治理体系和治理能力的提出，是我国新时代背景下推进高等教育管理体制变革的重要思想。因此，推进高职院校治理体系和治理能力现代化对于全面深化高等教育改革、促进教育治理体系和治理能力现代化、推动教育领域改革的深化具有重要的意义。

3. 适应职业教育"新常态"的发展要求

"新常态"下，我国经济发展呈现出一系列新的特征：一是从高速增长转为中高速增长；二是经济结构不断优化升级；三是从要素驱动、投资驱动转向创新驱动。上述特征表明，进入"新常态"后，我国经济发展将从传统的追求增长速度转到追求质量。在这一背景下，如何使职业教育适应"新常态"下的经济发展要求，并在新的经济发展模式中发挥积极作用，形成现代职业教育与经济发展间紧密协调、互相促进的关系，成为职业教育改革发展必须关注的问题。中国高职教育的发展已经步入了"新常态"阶段，其典型特征、发展方向、建设任务和内涵主要包括：一是中国高职教育发展的改革取向、模式选择、政策措施遭遇理论、政策、社会环境的"天花板"，体制机制创新压力增大；二是具有中国特色的现代职业教育体系建设急需重大突破，促进高职教育科学发展的有效路径需要重大创新；三是高职教育发展急需从"规模扩张"向"质量提升"转变，今后一个时期的发展将以内涵建设为主；四是促进高职教育质量提高的顶层设计仍需进一步完善，具体的实施计划需要有系统性设计和整体安排，建设标准、任务载体、方法步骤需要有新的设计和考量；五是中国高职教育内涵的建设仍将以提升高职教育的社会地位、改善高职教育发展环境为重要基础，以专业建设和教学改革为关键内容，以课程建设、教材建设为主要抓手，以师资队伍建设为重要支撑，以信息化、国际化为主要手段。

完善高职院校内部治理结构，建立科学的决策机制、高效的执行机制、民主的参与机制、完善的沟通协调机制，势必能够提高"校企合作，工学结合"的办学水平，激发师生员工参与学校治理的激情，提高社会支持学校发展的热情。可见，完善高职院校内部治理结构，提升院校治理能力作为深化高等职业教育综合改革的重要举措，对于适应职业教育"新常态"的发展要求、激发高职院校办学活力、加强内涵建设、提升教育质量具有重要意义。①

4. 体现国家治理体系和治理能力现代化

国家治理体系和治理能力是一个国家的制度和制度执行能力的集中体现，它在教育领域里体现为各种教育体制、法律法规和教育的管理，体现为有一整套紧密相

① 张铭. 新常态下高职院校内部治理能力提升的路径 [J]. 哈尔滨职业技术学院学报，2016（3）：11-13.

连、相互协调的教育制度以及这些制度的执行能力。[①]推进教育治理体系和治理能力现代化，就是要适应国家治理体系和治理能力建设，根据教育发展的自身规律和教育现代化的基本要求，以构建政府、学校、社会新型关系为核心，以推进管、办、评分离为基本要求，以转变政府职能为突破口，建立系统完备、科学规范、运行有效的制度体系。[②]因此，形成科学的治理体系、建设高水平的治理能力和建立完善的治理制度，实现高职院校治理体系和治理能力现代化，对于推进教育治理体系和治理能力乃至国家治理体系和治理能力现代化有着重要的意义。[③]

四、高职院校治理的相关理论

高职院校治理迫切需要理论支撑，以提升治理能力，指导治理实践。公共选择理论、治理理论、法人理论、多元治理理论、委托代理理论等提供的思想很有建设性，可以作为高职院校治理的理论基础。

1. 公共选择理论

面对社会的发展和变化，政府在教育领域中的作用和行为问题不断成为教育行政改革关注的焦点："它的作用应该是什么，它能做什么和不能做什么，以及如何最好地做这些事情。"[④]盛行于 20 世纪七八十年代的公共选择理论对此进行了探讨。

（1）公共选择理论的主要观点。现代公共选择理论产生于 20 世纪 50 年代。邓肯·布莱克（D.Black）在 1958 年发表了《委员会与选举理论》，开创了对政治的公共选择研究方法。20 世纪 60 年代是公共选择理论逐渐成型的阶段。美国学者布坎南（James M.Buchanan）等在弗吉尼亚大学成立了托马斯·杰斐逊中心，运用现代经济学的逻辑和方法，分析现实生活中与民众相关的政治个体的行为特征，以及由此引出的政治团体的行为特点，首先提出现代公共选择理论，并成为该理论的主要传播者和杰出贡献者。1962 年，布坎南与塔洛克（G.Tullock）发表了《同意的计算：宪法民主的逻辑基础》，为现代公共选择理论奠定了强有力的基础。1969 年，他们在弗吉尼亚工艺学院创建了"公共选择研究中心"，并创办了《公共选择》杂志，促进了公共选择理论的迅猛发展。这一理论不仅得到美国学术界的重视，而且在欧洲和日本等地开始传播。20 世纪 80 年代和 90 年代，公共选择研究中心从弗吉尼亚工艺学院转移到乔治·梅森大学，布坎南于 1986 年获得诺贝尔经济学奖，越来越多的人受到了公共选择理论的影响。[⑤]公共选择学派的代表人物及作品主要有：布坎南与塔洛克《同意的计算：立宪民主的逻辑基础》（1962）；唐斯（A.Downs）《民主的经济理论》（1957）；尼斯坎南（W.Niskanen）《官僚政府与代议政府》（1971）；奥尔森（M.Olson）《集体行动的逻辑：公共商品与团体理论》

---

① 编辑部评论. 推进教育治理体系和治理能力现代化 [N]. 中国教育报，2014-01-10（2）.
② 袁贵仁. 深化教育领域综合改革　加快推进教育治理体系和治理能力现代化 [N]. 中国教育报，2014-02-13（1）.
③ 何慧星，孙松. 论高校治理体系和治理能力现代化 [J]. 高等农业教育，2014（9）：4-6.
④ 世界银行. 1997 年世界发展报告：变革中的政府 [M]. 北京：中国财政经济出版社，1997：1.
⑤ 文建东. 公共选择学派 [M]. 武汉：武汉出版社，1996：2.

（1965）；布坎南《自由、市场与国家》（1986）等。公共选择理论的主要观点体现在以下方面：

①政府经济人假设。公共选择理论的"经济人"假设认为："人是关心个人利益的，是理性的，并且是效用最大化的追逐者。"[1]同样的人在社会的经济活动和政治活动中不大可能有两种完全不同的行为动机；同一个人在两种场合受两种不同的动机支配并追求不同的目标是不可理解的，在逻辑上是自相矛盾的。因此，"假定市场背景下的个人，运用他所拥有的能力（在市场规则的限制下）最大化自己的效用，那么也必须假设，在相应的政治背景下，个人也会以完全同样的方式运用自己的能力（在政治规则的限制下）最大化自己的效用"[2]。经济人是理性的效用最大化者，经济人的理性体现在他在选择自己的行为或进行决策时，都会进行理性计算以使自己的行为选择最大化他的期望效用。经济人所做的选择必然是理性的选择。故经济人假设在很多公共选择理论文献中又被称为"理性经济人"假设、"理性人"假设和"理性选择"假设。[3]

政府经济人假设是公共选择理论的逻辑前提。公共选择理论把人类在市场领域和政治领域的行为统一起来，认为人都是"自利的、理性的效用最大化者""每个官员至少都部分地根据其自我利益行事，某些官员则只受其自我利益的驱使。甚至在以纯官方的身份行事时也是如此"[4]。基于这一假定，公共选择理论认为，国家不是神的造物，它并没有无所不在和正确无误的天赋，没有理由把政府看作超凡至圣的超级机器，没有理由认为政府总是集体利益的代表和反映。因为政府是由人组成的，政府的行为规则是由人制定的，政府的行为也需要人去决策，而这些人都不可避免地带有经济人的特征。因此在公共选择理论家们看来，政府不过是一个无意识、无偏好的"稻草人"。政府行为和政策目标在很大程度上受政府官员的动机支配。政府官员追求什么呢？尼斯坎南在他的《官僚与代议制政府》（1971）和《官僚与政治家》（1975）中分别提出官员预算最大化模型和官员效用最大化模型。尼斯坎南认为，自利的官员可能追求以下目标："薪金、职务津贴、公共声誉、权力、任免权、机构的产生、容易改变事物、容易管理机构。"[5]为了实现这些目标，他们努力扩大自己所属行政部门的规模、提高影响、增加晋升机会，其结果是预算扩大、机构膨胀、财政赤字严重。[6]

②政府失灵及其根源。公共选择理论首先承认政府存在的必要性，因为在人与人的交往中，需要承认对方利益的重要性。在一个复杂社会中，如果要保障全体公民的基础利益，需要每个公民都让渡自己的一部分权利给政府或是"君主"，由政府或君主来出面维护全体公民的利益。但是政府也是由各个追求利益最大化的人所组成的，他们在决策和行事时，也遵循自身利益最大化的标准。同时，政府的行动

① 缪勒. 公共选择理论 [M]. 杨春学，译. 北京：中国社会科学出版社，1999：3.
② 谢琳琳，何清华. 公共选择理论在完善我国政府投资项目决策机制中的应用 [J]. 基建优化，2007（4）：5-8.
③ 张海静. 基于公共选择理论的高等教育资源宏观配置 [J]. 宁波大学学报：教育科学版，2008（12）：87-90.
④ 敦利威. 民主、官僚制与公共选择——政治科学中的经济学阐释 [M]. 张庆东，译. 北京：中国青年出版社，2004：166.
⑤ 缪勒. 公共选择理论 [M]. 杨春学，译. 北京：中国社会科学出版社，1999：3.
⑥ 李春玲. 公共选择理论及对我国教育行政改革的启示 [J]. 浙江教育学院学报，2005（7）：81-85.

过程是一个复杂的政治交易过程，人们之间有着复杂的相互作用，因而在政府活动中，经常会产生各种各样的矛盾，出现各种各样的不足和缺陷，这就是所谓的政府失灵。①

政府失灵，也称政府干预的失效，它是公共选择理论研究的核心问题。所谓政府失灵，是指个人对公共物品的需求在现代民主政治中得不到很好满足，公共部门在提供公共物品时趋于浪费和滥用资源，致使公共支出规模过大或者效率降低，预算上出现偏差，国家或政府的活动并不像意料中那样"有效"，或像理论上所说的能够做到的那样"有效"。②以詹姆斯·布坎南为代表的一些美国经济学家运用经济学的方法对政府干预行为失效的根源进行了分析和探讨。第一，在从事公共物品的生产时，行政官员花的是纳税人的钱，就像弗里德曼所说的"用他人的钱，为别人办事"，不可能把利润占为己有。因而政府官员不会把他们所提供的公共服务的成本努力压缩到最低限度，甚至会使不计成本的行政行为不断发生。其次，政府部门基本垄断了公共物品的供给，公共物品的提供缺乏优胜劣汰的竞争机制，使其不注重提高服务的质量和效率。"在极端的情况下，提供服务的替代方式都可能被禁止。不管他们是否需要，公民都被迫去消费行政机构提供的服务。"③比如，多数国家的托管式学校教育都规定，如果家长支付不起私人教育费用或自己不能讲授一系列课程的话，他们就必须把孩子送到本地的公共学校系统学习 10 年。尼斯坎南甚至明确指出，官僚机构以明显的"要不要请便"的态度，来与家长和社会进行谈判，而消费者处于纯粹受惠者地位，却无法理直气壮争取权益。第三，政府提供公共物品，割裂了生产者与消费者之间的联系，从而造成对公共物品估价和评价的困难。公共产品不经过市场就直接进入消费过程，既难以从物质形态上度量，也难以从价值形态上度量。只知道投入价值不知道产出价值，效率的改进也就无从谈起，从而导致配置无效率。第四，对政府官员行为的监督往往是无效的。由于政府部门对其经营业务有着自然的垄断性，可以利用其垄断地位来封锁一部分公共产品所涉及的有关资源和成本的信息。因此，监督者根据被监督者提供的不完备的信息进行的监督，其实效是大打折扣的。④第五，政府会出现寻租行为。所谓寻租，就是某部门通过特殊的途径得到国家的控制物资或享有某种特权或得到政府其他方面的庇护，从而做出对自己有利的行为。⑤它实际上是因政府自身的腐败而给某些人带来特殊利益的活动，它只能导致社会竞争的不公平以及社会资源的浪费。

③方法论上的个人主义。公共选择理论在方法论上具有个人主义取向，个人是唯一的意识单位，一切价值评估都是以此为起点，只有个人才是真正的选择者，是基本的分析单位。⑥集体偏好是个体偏好的集结。方法论上的个人主义是一种假设，独立的个人被认为在他们的私人行动和他们的社会行动中都有自己独立的目标。个体的人是一个社会集团的成员，在这个社会集团里，集体的行动由一组规则

① 田爱丽，张晓峰. 对现行教育管理制度的反思："公共选择理论"的视角 [J]. 教育理论与实践，2004（11）：17-20.
② 刘荣春，张军辉. 公共选择理论的政府失效说及对我国的启示 [J]. 生产力研究，2004（6）：125.
③ 敦利威. 民主、官僚制与公共选择——政治科学中的经济学阐释 [M]. 张庆东，译. 北京：中国青年出版社，2004：166.
④ 李春玲. 公共选择理论及对我国教育行政改革的启示 [J]. 浙江教育学院学报，2005（7）：81-85.
⑤ 汪翔，钱南. 公共选择理论导论 [M]. 上海：上海人民出版社，1993：87.
⑥ 阮守武. 公共选择理论及其研究 [D]. 合肥：中国科学技术大学，2007：3.

指导。个人根据他们自己的利益采取行动，个人的有目的性是一切社会行为的起因。①

在公共选择理论的视野下，个人是一切价值的源泉，个人价值是一切民主的出发点，个体利益和需要的满足是分析经济过程和政治过程的基点。个人主义的观点并不否认社会和集体的重要性，不过，个人主义仅仅把社会和其他大于个人的社会构成单位看作个人的集合，而不是超越或凌驾于个人之上的东西。任何团体的权利都是从其成员的权利中引申出来的，应是个体自愿的选择和同意的产物。需要指出的是，公共选择理论仅仅是方法论上的个人主义，它不同于作为组织活动的规范的个人主义。每个人都从个人的角度出发，重视个人利益的实现，社会之所以还能够健康地存续和发展下去，是因为人的利益是各不相同的。②这样，人们可以通过交往，即以交易的形式来获得自己想得到的利益，让渡自己不需要而别人需要的利益，从而达到实现各自的利益的最终目的。当然，在交易的过程中，人们必须遵循一定的规则，这些规则使得个人在追逐自身利益的时候不损害他人或者整个人类的根本利益。这也是我们经常所说的以市场为导向的社会必定是一个尊重个人主体性的社会，必定是一个法治社会的原因所在。③

④集体选择的观点。公共选择理论认为，在与公众有关的集体选择中，并不存在"根据公共利益进行选择"的过程，只存在各种特殊利益之间的"缔约"过程。公共选择的结果如同企业行为的结果一样，是各个利益主体"博弈"的结果，④即如果仅由一个主体来制定政策或选取方案，那么他就会根据自己利益最大化的标准而不是根据公众利益最大化的标准来行事。

（2）公共选择理论的启示。公共选择理论用经济学方法分析行政过程和政府行为，许多分析和政策主张不无新意。这些理论观点为我国高职院校治理提供了许多启示。

①凸显教育行政的"公共性"。公共选择理论提出的"政府经济人"观点告诉我们：教育行政机构和人员不是超凡至圣的超级机器，未必总是集体利益的代表，同样也会犯错误，也会利用手中的权力来追求自身利益或集团利益。但是，从政治学"契约理论"的角度理解，政府的合法性是建立在公民与政府、公民之间的政治契约的基础之上的，政府的一切权力来自公民之间的契约或公民与政府之间的权能委托。因此，作为政府机构一部分的教育行政部门应以维护和推进公众的公共教育利益为宗旨，凸显"公共性"，以"公共效用最大化"为目标，把它作为从事教育行政管理活动的出发点和归属。如罗萨多等人所说："顾客取向和质量优位意味着与传统的决裂，意味着新的游戏规则，是一场管理上的革命。"⑤为此，必须在教育行政中树立行政责任理念。教育行政责任要求教育行政机关和行政人员必须迅速、

① 张海静. 基于公共选择理论的高等教育资源宏观配置 [J]. 宁波大学学报：教育科学版，2008（12）：87-90.
② 布坎南，塔洛克. 同意的计算——立宪民主的逻辑基础 [M]. 陈光金，译. 北京：中国社会科学出版社，2000：21.
③ 田爱丽，张晓峰. 对现行教育管理制度的反思："公共选择理论"的视角 [J]. 教育理论与实践，2004（11）：17-20.
④ 赵晓. 竞争、公共选择与制度变迁——从"抓大放小"看体制转轨中政策效率改善的原因 [EB/OL]. [2004-02-29]. http://www.wiapp.org/netpaper/netpapero5.html.
⑤ 周志忍. 行政效率研究的三个发展趋势 [J]. 中国行政管理，2000（1）：37.

有效地反映公民教育意愿，帮助公民教育要求的实现。具体来说，教育行政机关或行政人员应该做到：一是在行使职责时，必须说明要达到什么目标；二是在行政行为过程中，要向公众解释为什么这么做；三是在完成职责后，如出现差错或损失，应依法承担相应的责任。[①]

②制定教师管理制度。公共选择理论者认为，从事政治活动或公共选择的人和从事市场活动的人一样，都是追求个人利益最大化的人，其行为都具有一致性。[②]那么依据这种分析，教师在学校活动中，也是追求自我利益最大化的个体，也在计算着自己的利益得失，也以利益的标准来行事。在一个复杂的社会中，如果对这些"经济人"进行有效的管理，就需要"允许个人（每一个人）在各种可供选择的制度约束中做出有经验依据的选择。这些约束是为所有当事人彼此承认和接受的，并且尽由君主从外部强制实施。"[③]这就要求我们在对教师进行管理时，必须重视规章制度在教师的生活以及教师之间交往过程中的重要作用，让教师在享受自由的同时更受到相应的制度约束。并且，从逻辑的角度而言，受到制度的约束是享受自由的先在性条件。值得注意的是，在制定有关教师的规章制度时，应做到以下三点：第一，必须有教师的参与，这样才便于"教师彼此承认和接受"，而不是像以前那样"一切由领导说了算"。因为公共选择就是要最大限度地让受到决策影响的人参与决策，即让参与者享有公共决策的最终决定权。第二，要把教师看作一个有着各种实际需要，同时又有各种优缺点的人。他们有着人类一般的基本需求，有着普通人的优缺点，其行为遵循自我利益最大化原则。第三，教师的工作具有较高的专业性，制定的教师制度要给教师相对充分的选择自由，能够使教师"做出信息灵通和有经验依据的选择"。此外，在管理教师时，从管理方式的角度而言，不仅可以使用说服教育的形式，也可以使用奖惩的形式。在对教师的奖励方面，不仅可以使用精神激励的方式，还要有物质激励的形式，尤其是在实行市场经济的今天，物质激励是促使教师成长与发展的重要手段[④]。

③政府转变教育职能。在教育倍受关注的今天，政府对教育的发展有着极其重要的作用。而在正处于需大力发展的职业教育中，政府对它的管理也存在一定的"政府失灵"现象。主要表现在：其一，政府对职业教育发展的缺位、越位管理导致无效干预。针对职业教育的管理，政府对其所应控制的范围、方式和力度并不明确，在学校财务、教师聘任、教学方式等学校内部具体事务上大包大揽，增加了政府的负担，也使职业学校少了自主发展的主动权，压制了学校的办学积极性，在职业教育发展规划、政策制定、财政投入、教育质量监控等本应加大力度抓好的关键问题上却迟迟没有有效的方案实施。其二，政府对职业教育的过度干预，不利于其他因素的介入。政府垄断职业教育产品的供给，将市场竞争机制排除在外，拒绝市场教育主体敏感的成本效益观念、服务意识和创新意识，忽视其他教育主体的重要

① 李春玲. 公共选择理论及对我国教育行政改革的启示 [J]. 浙江教育学院学报，2005（7）：81-85.
② 布坎南. 自由、市场与国家 [M]. 吴良健，桑伍，曾获，译. 北京：北京经济学院出版社1988：8.
③ 布坎南. 自由、市场与国家 [M]. 吴良健，桑伍，曾获，译. 北京：北京经济学院出版社1988：8.
④ 田爱丽，张晓峰. 对现行教育管理制度的反思："公共选择理论"的视角 [J]. 教育理论与实践，2004（11）：17-20.

作用。其三，信息点的不完全性及政治家的"短见效应"导致决策失误。职业教育与市场之间有不可分割的联系，而我国的职业教育向来有浓厚的计划经济色彩，政府常根据经济发展规划进行"人才预测"，制定职业教育的人才发展规划，但由于估计经济增长率的难度导致了人才预测的准确性不高，并且根据这种预测建立起的职业教育体系往往脱离经济发展的实际，一旦经济发展不能消化教育培养的人才，就会造成严重的人力、物力浪费，加重社会的失业境况。因此，在职业教育的管理中，政府需要改变现有的管理职能，明确自己的职责与优势，将政府宏观调控与市场机制相结合，赋予职业学校充分的自主权，发挥学校自身的积极主动性，使学校的发展更加符合市场的需求，充分发挥职业教育自身的优势。[①]

政府转变教育职能，首先要明确对教育的责任，即办教育，而不是管教育。办教育意味着政府要对教育尽责任、尽义务，尤其是义务教育，至少要投入足够的资金。政府要赋予学校充分的自主权，发挥学校自身的积极主动性，政府只要在教育管理中把住教育的质量关即可；政府弱化对学校的直接管理还意味着要进一步强化市场机制对学校教育的调节作用，应逐步开放教育市场。在发挥市场机制调节教育的过程中，政府要尽快制定、修订和完善相应的教育及与教育相关的法律、法规，维护学校在市场中的公平竞争。在当今市场机制发育还不是非常成熟的时候，可先成立若干管理中介机构来管理学校作为过渡。等市场发育成熟后，逐步让市场机制来调节与管理学校教育。[②]

④打破校长负责制的弊端。在现代学校管理中，大多强调"校长负责制"，虽然该体制理顺了学校的职、权、责的关系，提高了学校的管理效率，但是校长权力的无限扩大也带来了相当的隐患。谈到高职院校，基于公共选择理论的"经济人"假设，我们至少应当从以下几个方面去认识如此机制下的校长一人决策：首先，校长与其他职工一样，是具有理性和私利的"经济人"，他并不完全是全校员工和学生"公共利益"的代表，他也具有自己的动机、愿望和偏好，关心自己在学校管理活动中的成本和收益，追求自己利益的最大化。所以在此过程中，他自己的利己目标和学校全体员工希望他最大化的目标，对校长的行为有着不容忽视的影响。其次，校长一个人的认知、行为能力是有限的。我们应认识到职业学校管理的多元需求复杂性，如社会需要依靠其解决就业问题、双师型教师需要其为自己提供充分的发展空间和一定的决策参与权、学生则需要通过教育实现自己的目标等，在如此多的目标下，校长的行为不一定以学校公众利益为行动目标。再加之市场的不稳定给职业学校带来的诸多变化，导致校长在行使职能的过程中存在信息不对称、认识局限，从而很容易造成校长的决策失误。再次，校长一人负责很容易出现"寻租行为"，特别是与市场贴近的职业教育，学校的合作企业、实习场地、学生就业等问题的解决如果过分依靠校长一人，而缺少相关制度以及学校董事会、教职会的限制，就很容易因为校长的"经济人"本性造成寻租现象的产生。所以，为了避免校长一人决策的种种弊端，首先应当建立完善的政策法规及校内制度，突出规则、制

① 鲁瑶，张万朋. 公共选择理论视角下的职业教育管理 [J]. 职教论坛，2007（12）：8-10.
② 田爱丽，张晓峰. 对现行教育管理制度的反思："公共选择理论"的视角 [J]. 教育理论与实践，2004（11）：17-20.

度对管理者的约束作用，强调校长必须依法行政，作为学校的法人代表必须全面负责学校的各项管理工作；其次，要对校长进行标准多元化的定期考核，建立相应的、切实有效的对校长行为的监督和制约机制，以维护学校整体的利益。再次，要在学校中充分体现校董会以及教师代表大会的作用，让教师也参与决策，以避免校长过多地采取利己的行动。一方面使学校管理更加全面地体现全校教职员工的利益，另一方面也激发了教师的工作积极性，有利于提高工作效率。最后，要加大外部力量的监督作用，让他们共同参与学校的相关管理并对校长进行相应监督。[1]

⑤借鉴个人主义方法论的思想。在当前我们国家的教育管理领域中，主要奉行"集体主义"的管理理念，当然，这样的教育管理理念有其合理性的一面。但是如果仅仅这样做，就有可能导致在一些事情中剥夺了"少数"人教师和学生的权利。因为集体主义坚持"少数"服从"多数"的原则，这样，"多数"人的意见和权利得到了落实，而"少数"人的权利就遭到了忽视。相对于当今以集体主义为主旋律的教育管理理念，在教育管理中适当借鉴公共选择理论关于个人主义方法论的思想，就要求管理者真正实现"以人为本"的管理思想，在管理过程中兼顾每位教师和学生的利益。即使当个别教师和学生的利益和整体利益相冲突时，只要他们的要求不会损害别人的利益，不违背法律的要求，就应当给予满足。只有如此，才能满足全体学生和教师的需要，才更利于他们个性的发挥以及创造力的实现。具体而言，从学生的角度出发，就是要承认每一个学生都是成长的主体，教师要充分尊重每一位学生，让每个学生都得到自由充分的发展，而不是一味地去规范学生的思想和行为。要允许学生标新立异，而不是一味地强调统一和整齐。就教师的角度而言，教育管理者要充分重视教师的利益和需要，重视每一位教师的发展，并给教师充分发展的空间，使教师的主体性得到发挥。[2]

2.治理理论

当今，深化高校内部组织结构变革，建设适应高等教育发展趋势的现代大学制度，成为高校改革发展的题中之义。以治理理论为指导，建立高校内部治理机制，让高校内部多元主体参与管理和决策，通过优化结构和制度创新激发高校内部活力，对于变革高校内部组织结构、建立现代大学制度有着极为重要的意义。[3]

（1）治理理论的主要观点。治理理论是由于近年来西方市场调节失效和政府调控缺陷而兴起的新的理论学说。在《治理与善治》一书中，著名学者俞可平强调："治理的目的是在各种不同的制度关系中运用权力去引导、控制和规范公民的各种活动，以最大限度地增进公共利益。"[4]治理理论不限于政府公共部门，也适用于私人机构。治理最重要的特征是突出主体的多元性，治理主体之间持续互动，在明确权力与责任的前提下，形成自主自治的网络，最大限度地服务公共需要。治理理论对于组织结构复杂、利益主体多元化的高校有着重要的指导意义。治理理论包含以

① 鲁瑶，张万朋. 公共选择理论视角下的职业教育管理 [J]. 职教论坛，2007（12）：8-10.
② 田爱丽，张晓峰. 对现行教育管理制度的反思："公共选择理论"的视角 [J]. 教育理论与实践，2004（11）：17-20.
③ 张开发，王永芳. 高校内部组织结构的变革：基于治理理论视角 [J]. 苏州科技大学学报：社会科学版，2017（7）：102-106.
④ 俞可平. 治理与善治 [M]. 北京：社会科学文献出版社，2000：5.

下主要观点：

①治理理论强调主体多元化。治理不同于统治与管理，治理理论突出多元性主体。治理主体不仅包括政府机构等公共组织，而且应涵盖私人部门和非政府组织。行使管理职能的主体不再仅限于具有公权力的政府，其他社会组织和个人，如各种行业协会、社区互助组织、志愿者团体及民间慈善机构等，只要他们在参与公共事务过程中获得公众认可，都可能是公共管理的主体，政府不再"一权独大"[①]。治理理论认为，在当前诸多社会领域，存在政府调控和市场调节都可能失效的情况，因此提出将治理理论延伸至整个社会。"管理社会事务和提供社会服务的责任应该由政府组织、非政府组织等第三部门和私营机构一起承担。"[②]多元的治理主体之间是一种持续互动的伙伴关系，而政府应部分放权于私人部门和非政府组织，实现三者的良性互动和优势互补，最终达到共同服务公众需要的目的。这种多元化的模式恰恰适用于内部结构复杂、主体多元的高校。通过学校行政权力部分下放于教师与学生，实现三者之间的有效合作，共同推进高校内部结构的优化。[③]

②治理理论突出权力自主和机构自治。治理主体的多元化必然会通过打破政府的垄断权力，允许非政府组织和私人机构在一定的规则和制度下实现权力自主和机构自治。在公众认可的情况下，通过制定共同遵循的规则，以灵活务实的方式分散政府的部分垄断权力，形成侧重不同层面的权力中心。在基于遵守共同规则的前提下，不同主体通过构建合作机制，发挥各自优势，确立共同认可的目标，最终形成一种互利共赢的自主自治网络。治理理论更强调公权力机关和公民社会的沟通协作，强调使用科学管理的新方法、新技术，而不是单纯依靠传统的政策、法令、制度等强制民众接受与服从。当前高校内部结构变革应打破行政机构的垄断地位，将行政权力适当分散给教师与学生，甚至让第三方机构参与和监督学校的内部管理，"充分调动校友、企业、用人单位、社区代表等管理主体和与大学利益息息相关的各种力量广泛参与大学治理的积极性和主动性"[④]，通过各方力量共同推进高校办学实力的提升。

③治理理论注重权责一致化。权力和责任作为治理理论运用于社会实践的重要保障，关乎治理机制能否有效运转。在分散政府垄断权力的同时，责任也相应地转移到私人机构和非政府组织，实现权责一致化，明晰各种主体对公共事务的管理权限的责任，而模糊公共管理的边界。治理理论要求在不依赖政府权威的前提下，私人机构和非政府组织能够在参与社会服务和管理方面发挥其作用。这成为衡量治理主体的自主自治成效最重要的标准。只有这样，才能避免"那些处于解释时局、引导公众舆论的人……把失败或困难统统推到别人身上"[⑤]。这一准则恰好为师生参与高校管理提供了很好的规则保证，既避免因有的师生随意使用某些治理而引发高校组织结构的无序，又能切实保护好师生自身的权益。

① 曾蔚阳，孙健．治理理论视角下的高校管理机制创新［J］．教育评论，2015（11）：52-54.
② 方妍．高等教育强国背景下政府与大学关系重构研究［M］．武汉：武汉大学出版社，2012：70.
③ 张开发，王永芳．高校内部组织结构的变革：基于治理理论视角［J］．苏州科技大学学报：社会科学版，2017（7）：102-106.
④ 方妍．高等教育强国背景下政府与大学关系重构研究［M］．武汉：武汉大学出版社，2012：70-71.
⑤ 俞可平．治理与善治［M］．北京：社会科学文献出版社，2000：40.

④权力运行的多向性。治理理论倡导的网络管理体系具有共识、共享、共治等民主化特征。政府不仅仅通过"官僚科层体制"国家机器通道传递指令性的行政信息,还与社会自治网络协同合作。管理权力的运动轨迹呈现"自上而下、自下而上、左右贯通"等多向互动态势。

⑤体现"善治"的管理价值观。治理模式试图通过获取大量信息资源以减少冲突、达成共识,努力打造兼具民主、效率、责任、秩序的公共服务体系,实现"善治"。简而言之,治理是对传统统治范式的反思,反映了多元化非强制性权力通过各种方式积极参与公众事务管理的民主思潮。①

(2)治理理论的启示。捷克教育家夸美纽斯说过:"制度使学校像钟表的自动装置一样,是学校一切工作的灵魂"。②构建符合科学民主原则的现代大学管理机制,不仅是现代大学制度的基本含义,也是大学适应高等教育运行规律、在激烈的竞争格局中稳定发展的重要前提。为此,应积极寻求可行路径,把治理理论移植到我国高校管理机制创新的实践中,探索具有我国高校特点的新型管理理念和机制。

在高等教育快速发展的新形势下,偏重行政权力的高校组织结构已无法推动高校向着构建现代大学制度的目标发展,因而改革高校内部组织结构就显得尤为必要。克拉克认为,高等教育系统的变革是"一种运动中的矩阵"③,这个"运动中的矩阵"依靠的是高等教育系统学术基层的创新、民主的管理和渐进式的变革。高校内部组织结构的变革不是一味地强调去行政化色彩,而是要遵循高等教育的发展规律,不断激发高校内部多元主体的积极性和创造性,进一步明确和强化权责意识,提升多元主体参与高校治理的深度,构建一个涉及高校多元主体参与的治理型组织结构,最终改变传统的行政管理意识,促进高校健康、可持续的发展。

①重视管理主体的多元化。治理理论认为,政府不是管理权力的唯一代表。其他社会组织、个人及团体只要在服务大众的过程中获得了魅力型权威,就都有可能成为该领域中现实的权力中心。④在高校管理组织系统中,强调管理机关为学校管理权力中心的同时,务必重视由教师群体构成的各种非正式组织的显性及潜在能量。当前,高校教师或出于团体利益或受到趋同价值观的影响而形成众多非正式组织,如教授协会、登山协会、教职工互助小组等。为了充分发挥其积极作用,化解消极影响,学校管理层要做好几方面工作:一是支持非正式组织的正常活动,为其培养兴趣爱好或学术交流提供必要的便利条件,激发他们的工作热情,为学校和谐发展创造条件;二是在做出重大决策时认真听取非正式组织的意见,争取达成"共识",实现"政行令通";三是在法规和制度许可的范围内,满足非正式组织的合理诉求,以降低潜在的管理风险。⑤

②转变政府理念,明确政府职能。传统政府垄断并且强制实施,管得过多、过

---

① 曾蔚阳,孙健. 治理理论视角下的高校管理机制创新 [J]. 教育评论,2015 (11): 52-54.
② 欧文斯. 教育组织行为学 [M]. 孙绵涛,等. 译. 武汉:华中师范大学出版社,1987: 256.
③ 克拉克. 高等教育新论:多学科的研究 [M]. 王承绪,徐辉,郑继伟,等. 译. 杭州:浙江教育出版社,2001: 10.
④ 张国庆. 公共行政学 [M]. 北京:北京大学出版社,2000: 599.
⑤ 曾蔚阳,孙健. 治理理论视角下的高校管理机制创新 [J]. 教育评论,2015 (11): 52-54.

宽、过死，兼具运动员和裁判员的角色。但是随着社会的进步，政府没有充足的资源去处理日新月异的社会事务，因此，治理理论认为，政府需从传统的"管制型"、"集权型"和"全能型"政府逐步转变为"服务型"、"分权型"和"有限责任型"政府。运用到高等教育领域，则体现为政府退出对高校事务的直接管理，将大量的职权转移、下放给学校及其他社会力量，放弃"不该管"和"管不好"的事情。政府的职能则体现为如下三个方面：一是宏观调控，政府要把握高等教育的发展方向和质量，制定高等教育发展规划，推进高等教育体制改革和教学改革，保障经费、设备的投入，公布教育信息等；二是制定和完善各项教育法律、法规和政策，监督和约束高校，保障高等教育健康有序运行；三是协调政府与高校、企事业组织、社会团体等社会力量之间的关系，保障社会弱势群体接受高等教育，培育高校竞争市场，积极推进国际合作与交流，为高等教育的健康发展创造和谐且充满活力的环境。[1]

③构建科学合理的决策机制。高校的决策机制长期以来带有明显的行政化色彩。这一方面有利于整合权力以提高决策效率，有利于高校抓住一些战略性发展机遇；另一方面容易造成决策的不科学。因此，提升多元主体参与决策的水平，构建科学合理的决策机制，成为改革高校内部组织结构的重要途径。从治理理论视角来看，科学合理的决策机制，需要明确和合理划分政治权力、行政权力和学术权力的界限，进而构建层次清晰的权力核心体系，形成权责明确、多方参与的构架。具体而言，高校内部应进一步明确"党委领导""校长负责""教授治学"的职责范围和运用形式，这在中共中央办公厅印发的《关于坚持和完善普通高等学校党委领导下的校长负责制的实施意见》中得到了体现和具体化。因此，应适当地扩大决策参与的治理主体，增强决策论证的科学性，搭建科学决策的支撑平台，努力使三者之间的权力运行有机结合，从而建立起一个平等开放、多方参与的科学决策体系。提升多元主体参与决策的重要表现是强化监督制约机制。高校健全监督制约机制不仅是优化高校内部组织结构的重要因素，而且是维护和保障师生权益的重要手段。健全高校监督机制应协同发挥内部监督和外部监督的作用。当今高校监督机制过于突出内部监督的作用，相对忽视了外部尤其是社会第三方的监督和评价。因此，改革高校内部组织结构一方面要完善来自高校内部和上级主管部门的党内监督、审计和纪律监督；另一方面要进一步发挥第三方监督的制衡作用，通过大力引进第三方监督评估，引发"鲇鱼效应"，以另一种方式推进高校各项事业的发展。[2]

④倡导自主自治的网络管理模式，健全高校学术民主管理制度。治理理论所推崇的网络管理模式其实就是基于伙伴关系进行合作的一种新型民主化形态。[3]高校应建立自主自治的内部网络管理系统，在平等对话、利益均衡、目标认同的基础上，使学校管理层与教职工的合作、行政组织与非正式组织合作、非正式组织与其成员合作，各种利益主体之间交叉合作是高校管理网络体系运作的基本路径。在新

① 徐银燕. 治理理论对我国高校管理体制改革的启示 [J]. 消费导刊，2009（8）：128-129.
② 张开发，王永芳. 高校内部组织结构的变革：基于治理理论视角 [J]. 苏州科技大学学报：社会科学版，2017（7）：102-106.
③ 张国庆. 公共行政学 [M]. 北京：北京大学出版社，2000：599.

型的高校管理机制中，权力主体呈多元化结构，其运动轨迹呈漫射线状，通过网状路径进行全方位的互通传递。[①]

　　行政权力泛化不仅体现在政府对高校的管理体制上，也存在于高校本身的管理制度中。要改变这种现象，一方面，政府要减少对高校的行政干预，遵循学术组织的规范和内在逻辑管理高校。另一方面，高校要健全学术民主管理制度，确立学术组织的价值标准，即"按照知识共同体内在的标准评价教师绩效"[②]，并以这个标准为基点进行系列配套改革。高校传统的内部结构中存在学术民主管理的制度缺失。虽然目前高校内部设有诸如"学术委员会""学位评定委员会""教学委员会"等各种学术和教学组织，但其职责模糊、机构设置分散、整体性不强，容易造成学术权力分散，为行政干预留下了空间。因此，高校内部的学术民主管理应该形成以教师为主体、以学术组织为载体、以学术管理制度为保障的学术治理体系，其中以健全和完善学术民主管理制度最为重要。营造学术民主管理的制度环境，一方面，要通过构建一定的学术民主管理的治理机制，在高校内部形成浓厚的学术民主管理氛围，运用民主的方法，以学术讨论的形式，研究和决定高校学术发展规划和影响学校教学、科研等方面发展的重要问题，确保高校的办学遵循学术发展规律。另一方面，加强高校学术民主管理的制度建设应以保障教师的学术自由为前提，契合学术发展规律，激励学术创新，尤其要发挥基层学术组织的创造性，提升学术机构的地位，形成一个有影响力的"学术共同体"。曾任中山大学校长的黄达人明确指出："大学作为学术共同体……必须以学术为目的，以科学精神为核心凝聚力。"[③]只有发挥学术组织的作用，深化、细化学术评价体系，搭建实现学术梦想的平台，创设充满活力的学术环境，营造鼓励学术民主管理的制度氛围，才能打破长久以来高校内部学科、院系之间的壁垒，激发教师参与学术管理的积极性和基层学术组织的活力，减少行政权力对学术权力的干预，充分发挥学术权力的作用，真正实现高校学术发展和管理创新。[④]

3. 法人治理理论

　　我国大学法人治理结构在法律上的发展经历了漫长的过程，是伴随着高等教育管理体制改革的进程而发展的。2010 年 7 月 29 日，中共中央、国务院颁布《国家中长期教育改革和发展规划纲要（2010—2020 年）》，提出："完善中国特色现代大学制度。完善治理结构，探索建立高等学校理事会或董事会，健全社会支持和监督学校发展的长效机制。探索高等学校与行业、企业密切合作共建的模式，推进高等学校与科研院所、社会团体的资源共享，形成协调合作的有效机制，提高服务经济建设和社会发展的能力。"[⑤]这些规定有力地推动了高等教育管理体制改革的发展。同时，大学法人治理结构的规定仍然需要更加深入的研究和实践来完善和

---

①　曾蔚阳，孙健. 治理理论视角下的高校管理机制创新［J］. 教育评论，2015（11）：52-54.

②　裴战存，谢子远. 建立我国现代大学的治理结构［J］. 中国冶金教育，2005（2）：15.

③　黄达人. 大学是一个"学术共同体"［N］. 中国教育报，2009-03-23（03）.

④　张开发，王永芳. 高校内部组织结构的变革：基于治理理论视角［J］. 苏州科技大学学报：社会科学版，2017（7）：102-106.

⑤　中共中央、国务院. 国家中长期教育改革和发展规划纲要（2010—2020 年）［Z］. 2010.

细化。[①]

2014年5月，国务院发布了《关于加快发展现代职业教育的决定》，正式提出"探索发展混合所有制职业院校"，由此引发了职业教育领域的专家学者对混合所有制职业院校概念、内涵、特征、发展路径等一系列问题的探讨。混合所有制职业院校的本质属性是不同所有制性质产权结构的多元化[②]，表现为股份制、合作制、股份合作制、中外合资和"三资"等实现形式。[③]办学主体、投资主体的多元化，多种形式、多种目的的资本的同时注入，要求混合所有制职业院校必须建立产权明晰的制度，促进投资体制以及治理结构的变革。因此，要推动混合所有制职业院校的制度创新，保证其和谐有序的正常运转，必须完善其法人治理模式，建立健全与传统的职业院校不同的法人治理结构。[④]

（1）法人和大学法人的含义。我国《民法通则》明确规定："法人是具有民事权利能力和民事行为能力，并能依法独立享有民事权利和履行民事义务的组织。"[⑤]法人是社会组织，与自然人一样具有民事权利能力和民事行为能力，能依法独立享有民事权利和承担民事义务。按照法人的性质，法人分为企业法人和非企业法人。非企业法人包括机关法人、事业单位法人和社会团体法人三类，大学在我国一般被归为事业单位法人。《民法通则》第50条规定："具备法人条件的事业单位、社会团体，依法不需要办理法人登记的，从成立之日起，具有法人资格；依法需要办理法人登记的，经核准登记，取得法人资格。"[⑥]高等学校作为办学实体，通过大学法人制度表明大学的主体资格、财产的独立性、办学目的的自主性以及满足社会对高等教育需求的公益性等特征，[⑦]主要体现了大学的公法人、公益法人、社会团体法人等性质，同时越来越表现出私法人、营利法人、财团法人等性质。可见，只有从不同角度对大学法人性质进行综合分析，才能实现对大学法人治理结构的全面理解。

从经济法角度看，法人设立的原则包括自由设立主义、特许设立主义、许可设立主义、准则设立主义、严格准则主义、强制设立主义等，这些原则可针对不同种类的法人而分别适用。而高校法人设立必须按照《高等教育法》的规定，实行许可设立主义原则，也就是高校法人在设立时，除应当符合法律规定的条件外，还必须履行行政审批手续，经审查批准后才能取得法人资格。我国《民法通则》第37条规定："法人应当具备下列条件：（一）依法成立；（二）必要的财产或经费；（三）有自己的名称、组织机构和场所；（四）能够独立承担民事责任。"结合高校特点，高校法人应具备以下几个条件：一是设立人要符合法定条件。公立高校应由国家举办；民办高校则应当具有法人资格，并经严格的行政审批。二是符合法律规定的目的。设立高校应当符合国家高等教育发展规划，符合国家利益和社会公共利益，不得以营利为目的。设立高校必须满足政治性、公益性、规划性、协调性等要

① 代刃. 我国大学法人治理结构的制度探析 [J]. 前沿，2012（3）：87-89.
② 雷世平. 混合所有制职业院校的本质属性及其衍生特征 [J]. 职教论坛，2016（22）：21-25.
③ 高文杰. 混合所有制职业院校的内涵与意义及其治理分析 [J]. 职教论坛，2015（30）：6-12.
④ 卢竹，雷世平. 国外大学治理对我国混合所有制职业院校法人治理结构的启示 [J]. 职教通讯，2017（4）：7-10，15.
⑤ 李仁玉. 民法学总论 [M]. 北京：中央党校出版社，1999：2.
⑥ 中华人民共和国民法通则 [Z]. 1986.
⑦ 穆晓霞. 论依法治校与高校法人地位 [J]. 陕西行政学院学报，2008（11）：99-101.

求。三是有组织机构和章程。组织机构包括：党委领导下的校长负责制，校长是法定代表人；校长和各职能部门是高校的执行机构，负责实施各项管理事务；教代会、工会等构成学校内部的民主管理和民主监督机构；学术委员会负责审议和评定学术事项。高校章程是法人开展活动的重要依据，包括的基本内容有学校名称、校址、办学宗旨、办学规模、层次、形式、学科门类、教育形式、内部管理体制、经费来源、性质、财产和财务制度、举办者与学校之间的权利和义务关系、章程修改等。四是有自己的名称，以此区别于其他组织。五是有符合办学要求的教学科研力量。教师决定着高校教育活动的质量和水平，有合格的教师，才会有合格的教育，师资队伍是高校教育教学活动的基本保证。六是有完备的教学场地及设施、设备。高校办学条件必须达到国家教育行政部门的规定，这些规定既是办学的基本要求，也是检查评估的重要依据。七是有开展工作的办学资金和稳定的经费来源。这是高校正常运转并独立承担法律责任的物质基础和资金保障。八是有达到规定数量的学科门类，从而将大学划分为综合性大学、多科性大学和单科性大学，体现出大学自身的办学方向和特色。①

（2）大学的法人治理结构。法人治理结构是法学和经济学研究的重要内容，这一问题是西方发达国家最先认识到的。有学者认为："所谓法人治理结构，是指股东大会、董事会和高级执行人员即经理组成的一种权力制衡关系。"②随着法学理论和实践的发展，法人制度的应用范围越来越广，将法人治理结构引入大学进行研究有助于完善中国特色现代大学制度。

与我国高校相比，国外发达国家的大学具有一些共同的特征，突出体现为具备基本类似的法人治理结构即具备独立的法人资格，多采用董事会（或理事会）治理结构。尽管政府可任命部分董事会成员，董事会作为最高管理机构，负责财务等重大决策和日常事务的运行，但是在不同国家，大学的运行模式也有差异，其主要区别在于政府管理、控制这些大学的方式及程度。

①外部治理模式。在高等教育发达的国家，大学的外部治理模式，因公立和私立不同、历史和文化背景不同，从政府和高校的关系上看，大致可以分为以下三类：一是政府控制型。这一模式的突出特点是政府控制较为严格，大学自主性相对较弱。其主要代表国家包括德国（21世纪以来以"还大学于社会"为旨趣的改革前）、法国、卢森堡、荷兰等国；一些地中海沿岸的南欧国家（尤其是希腊和葡萄牙）以及法人化改革之前的日本也可归为此类。在日本，学校是政府行政机构的一部分，政府承担公立大学日常运作所需的预算全额，教职员工为国家公务员，并由政府支付薪酬。政府虽在一定程度上认可学校在教学研究和人事方面的自主性，但并未赋予其实现财政自主化的权利。二是政府监督型。这一模式的突出特点是：高等学校是自治体，具有比较充分的自主权。其主要代表国家为美、英两国。政府与大学在法律地位上平等，中央及地方政府为公立大学提供经费支持，而公立大学在经费使用方面享有较高的自主权；多数大学实行董事会治理结构；公立大学在人事制度方面实行预算管理而非编制管理，引入竞争的准市场内容；由第三方机构对学

① 代刃. 我国大学法人治理结构的制度探析 [J]. 前沿, 2012 (3)：87-89.
② 吴敬琏. 大型国有企业改革：建立现代企业制度 [M]. 天津：天津人民出版社, 1994：10.

校的办学质量与社会声誉进行评价。有消息表明，近年来政府控制型模式中的日、德两国由于本国公立大学运行机制的僵化与低效，借鉴政府监督型模式，实行了一系列改革，以提高公立大学的自主性与竞争力。三是宏观调控型。这一模式的突出特点是高校在办学方面有相当大的自主权，政府通过法律对私立大学进行宏观调控。其主要代表为美国、日本。如前所述，日本的私立大学所占比例最大，美国的私立大学发展水平最高。日本政府通过《大学令》《教育基本法》《私学振兴财团法》《私立学校振兴援助法》等对私立大学进行宏观调控，以影响私立大学的发展规模和方向。美国通过《权利法案》《国防教育法》《高等教育法》等，规定联邦政府要向私立高等学校提供长期资助。政府通过财政支持将其高等教育相关政策反映到大学管理制度上，实现对私立大学规模、类型以及科研方向等的宏观调控，使其沿着有利于国家利益、社会利益和民众需求的道路发展。美国政府对私立大学的质量控制主要依赖独立于政府、大学之外的第三方鉴定机构。就法人治理结构而言，尽管国外大学具有大致相同的董事会（或理事会）法人治理结构，但公立大学与私立大学在治理结构方面也存在一定的差异性，呈现出不同的特征。①

②内部治理模式。由于各国法律和历史背景的差异，不同国家借助类型不同的治理机制和法律形式来实现大学的功能，具体如下：一是委员会管理模式。英国的一些大学采用了此模式，通过庞大的委员会体系进行管理和决策。这一治理结构通常由校务委员会、学术委员会、董事会、校长和副校长等组成。其中，校务委员会主要由来自商业界、工业界、地方行政当局、地方教育界、其他高等教育机构的校外成员组成，是大学形式上的最高权力机构，其主要职责是确保校务的诚信、公开与透明，对大学的发展战略、方向进行顶层设计，商议财务规划、招聘政策等，并监控已制定目标和基准的实施情况，确保资金使用得当、各项管理措施充分到位等。学术委员会是大学的最高学术管理机构，主席由副校长担任，其成员通常包括大学的全体教授、系主任、教学人员、管理人员和学生代表等，主要负责制定学术发展战略和科研促进措施、审核教学内容、督促学生纪律等与教学科研密切相关的工作。学术委员会向校务委员会报告工作。校董事会拥有监督学校活动及资源使用、人事任命、财务管理等权力。校长一般由具有较高声誉的人士担任，但只作为学校的象征与代表，发挥领导的权威作用，副校长才是"首席学术和行政官员"，拥有人事任免权力、学术权力和财务权力。二是董事会管理模式。美国高等教育从创建以来一直沿袭了一个基本制度，即以董事会为核心的法人治理结构。与企业中的董事会对企业活动承担的法律责任一致，大学的董事会对学校也承担着最终责任。作为大学的法人机关，美国高校的董事会大多接受学校创立者的信任委托，并以信托的方式持有学校财产，其主要职责是使受益人利益最大化、聘任大学校长和管理学校资源。美国大学的内部管理模式有一个突出特点，就是"外行领导内行"——由校外非教育行业人士管理大学。这种管理模式使得董事会能够站在公共利益相关者与消费者的角度监督公立高校的办学绩效，并促使学校对社会需求做出必要的回应。美国公立高校内部权力机构通常由董事会、行政委员会与学术评议

① 陈颖. 国外大学法人治理模式对我国现代大学制度建设的启示 [J]. 湘潭大学学报：哲学社会科学版，2015（7）：154-157.

会组成。董事会负责大学规章修订、组织变更与发展方向规划，行政委员会负责学校重要行政事务处理，学术评议会则负责学术事务审议以及学校发展建议的提出。总体来看，董事会的职责主要集中在学校的发展战略层面，而对校内具体的日常运转工作则不做过多干涉。美国高校的行政委员会成员通常包括校长、副校长、财务长、学院院长、董事会代表、校友会代表、学生代表等，其职能主要集中在聘任学校主管、管理学校财务、签订协议与契约以及授权处理重要行政事务方面。学术评议会是董事会下设的学术管理机构，是大学学术权威的代表，确定并管理学校总的学术政策，负责学科建设与发展、课程设置与教学管理、学位事项与对外学术交流活动，同时也负责教师的聘任、考核与晋升等事务。[①]

（3）法人治理理论的启示。由于历史条件、文化传统以及社会制度的不同，各国大学法人治理结构都不尽相同，并不存在一个统一的模式。经合组织的一项研究指出，"从整体上说，这是一个没有明确界定的领域"。[②]虽然如此，我们仍然可以从一些发达国家的大学法人治理模式中概括出一些规律性的认识，对我国现代大学制度建设的改革与实践有所启示。

①政府转变职能，切实加强高校办学自主权。当前，国外高等教育的发展趋势是"政府监督型"逐步完善，而"政府控制型"逐渐向"政府监督型"转变，我国高等教育行政部门可鉴于此，转变行政理念、转换行政职能，积极推动高校从"国家控制"向"政府监督"转变，对大学减少干涉、增加支持，切实加强高校办学自主权，激发其办学活力与创造力。2015年5月，教育部印发《关于深入推进教育管办评分离促进政府职能转变的若干意见》，推进管办评分离，进一步转变管理方式、简政放权、落实高校办学自主权，构建政府、学校、社会之间的新型关系，构建三者之间的良性互动机制，促进政府职能转变。[③]这方面，美国由具有专业性、中立性的第三方中介机构对大学质量与信誉进行评估、评价的模式可资借鉴。针对我国高等教育现状，建立"管、办、评"分离的治理结构，政府通过政策、规划、经费、评估等杠杆对大学进行间接引导调控，大学则在取得办学主体地位和自主权的同时有效自律，构建科学的内部治理结构，将有效提升高校治理能力。[④]

②建立大学法人治理董事会（理事会）制度。在国外主要发达国家，不少大学采用以董事会为核心的大学治理体系、以校长为中心的大学行政管理系统和学术委员会学术管理体系。[⑤]在这一模式中，董事会是大学的最高决策机构，成员由不同利益相关者组成，主要负责学校发展方针政策的制定；校长是大学的最高行政负责人，由董事会指定并受董事会委托，管理学校日常行政事务。我国公立大学的书记、校长目前由政府任命，但可在学校社会合作制度建设过程中，参考国外大学内部治理结构中的董事会模式，科学定位新时期的董事会（理事会），建立吸收校外

① 陈颖. 国外大学法人治理模式对我国现代大学制度建设的启示 [J]. 湘潭大学学报：哲学社会科学版，2015（7）：154-157.
② 阿兰. 代理机构：探求原则的过程 [M]. 国家发展和改革委员会事业单位改革研究课题组，译. 北京：中信出版社，2004：8.
③ 教育部关于深入推进教育管办评分离促进政府职能转变的若干意见（教政法〔2015〕5号）.
④ 陈颖. 国外大学法人治理模式对我国现代大学制度建设的启示 [J]. 湘潭大学学报：哲学社会科学版，2015（7）：154-157.
⑤ 焦笑南. 美国、英国、澳大利亚的大学治理及对我们的启示 [J]. 中国高教研究，2005（1）：51-53.

利益相关者参与学校决策和决策咨询的制度，从而改变决策机构全部由校内人士组成的模式，使其能够更好地体现公共价值、行使办学权力。2014年7月，教育部《普通高等学校理事会规程（试行）》发布，称"本规程所称理事会，系指国家举办的普通高等学校（以下简称：高等学校）根据面向社会依法自主办学的需要，设立的由办学相关方面代表参加，支持学校发展的咨询、协商、审议与监督机构，是高等学校实现科学决策、民主监督、社会参与的重要组织形式和制度平台。"高等学校使用董事会、校务委员会等名称建立的相关机构适用本规程"。①这一规定的发布实施，为国家举办的高校遵循高等教育本身的规律和市场经济优胜劣汰的原则，将新形势下的董事会功能定位在有利于高等教育事业发展、有利于高校与企业的产学研结合以及体现管理、服务、协调上指明了方向，也为推进中国特色现代大学制度建设和健全高等学校内部治理结构创造了条件。②

董事会对内是学校事务的决策者与指挥者，对外则是学校的代表与权力象征。校董事会成员主要由高校各利益相关者代表组成，如学校主管部门、投资方代表、教师代表、学生家长代表、立法代表和财务界专业人士等。校长是治理结构的一个范畴，是高等学校法人制度的一个重要方面。校长执行董事会决议，向董事会负责。校长主要负责学校的日常行政事务，学校党委起领导和监督作用。因此，明确各方的职责，将使高校办学具有更大的适应性和灵活性③。董事会中应设立校务委员会和学术委员会，分别负责大学的行政事务和学术事务，为校长行政事务决策和教育教学管理提供咨询和帮助，体现董事会的民主制度，使行政主导、高度集中的管理模式向行政管理与学术管理相结合的管理模式转变。其中，校务委员会下设财务、审计、总务后勤、基建、风险管理及其他机构等，学术委员会则由发展规划委员会、学术研究、职称评定及学位授予等机构构成。④加强学术委员会建设的同时，不能忽视民主管理和监督。要进一步建立健全以教师为主体的教代会制度，明确教代会的职责，确定学者、教师代表比例，促进教职工参与学校的民主管理和建设，真正把权利落到实处。

在我国，高校董事会是一个新生事物，有关法律制度也不够健全，对董事会自身的监督与制衡还需要进一步规范。在这方面，世界各国私立高等教育的发展实践具有很大的参考价值。

③完善大学法人治理激励约束机制。现代大学制度的目标之一是激励约束机制的完善。激励约束机制的核心是协调办学者与举办者之间的关系，实现双方的利益最大化。要把握高校办学活动在学术、学科、专业和知识性方面的特点，建立适应大学特点的激励机制。法人治理结构中激励约束的内容要以教学、科研、服务和管理为核心，以业绩大小为原则，明确岗位权利和义务，不断加强内部管理体制改革，把人事、科研、教学、管理、学生、考核等激励制度有机结合起来，形成科学、合理、可操作的激励机制。注重物质激励与精神激励的结合，探索股权激励方

① 中华人民共和国教育部. 普通高等学校理事会规程（试行）[DB/OL].［2014-07-06］. http://www.moe.edu.cn/publicfiles/business/htm-lfiles/moe/moe_621/201407/172346.html.
② 陈颖. 国外大学法人治理模式对我国现代大学制度建设的启示［J］. 湘潭大学学报：哲学社会科学版, 2015（7）：154-157.
③ 代刃. 我国大学法人治理结构的制度探析［J］. 前沿, 2012（3）：87-89.
④ 陈月圆. 论我国高校法人治理结构的建立［J］. 财会月刊, 2009（15）：15-16.

式和知识、管理要素参与分配的机制，突出教学中心地位，向一线教学和科研教师倾斜，特别加大拔尖人才和重大科研成果的奖励力度，全面提高教职工的积极性和创造性，使所有教职工有所作为，提高大学的核心竞争力。①完善大学法人治理激励约束机制，同样适用于高职院校。

④调整完善高校财政保障机制，搭建大学法人治理财务管理新模式。通过大学经费来源的多元化，完善适合公办高校的法人自治财产权制度。大学的财产来源至少有三个：教育财政、社会捐赠和教育收费。虽然对公办高校沄人财产权的性质多有争议，但制度完善是多途径的。以获得国家教育投资为例，在实践当中，高校可越来越多地引入竞争机制，以招生人数、学术成果水平、创造知识及培养人才的能力等优势，争取更多的国家教育经费投入。国家鼓励"多渠道筹措高等教育经费"，争取社会资源办学，构建高校法人产权多元化体制。②

同时，为了适应大学法人治理结构，必须搭建现代大学财务管理新模式。一是建立校长领导下的总会计师制度。总会计师专职主管学校的财经工作，直接对校长负责，有利于加强学校的宏观调控，统一运筹资金，综合平衡、协调各方面的利益，实行科学决策，提高办学能力和投资效益，使学校经济工作做到良性循环。二是拓展高校财务管理职能，将高校的筹资、融资和资本运营纳入财务管理之中。增加高校财务管理的财务预测、财务决策、财务控制和财务监督等功能。设置财务处、筹资委员会和投资部，明确三者的职责，强化经济责任制，自觉接受监督。三是建立大学财务信息披露制度。高校作为自主办学主体对投资人承担受托责任，有责任将其接受的委托资金的使用情况上报给利益相关者。高校财务信息披露应增加人才成本、固定资产折旧、筹融资情况和偿债能力等内容，应通过董事会会议、网络等渠道向相关利益者及时披露，接受监督③。高职院校也要尝试搭建现代大学财务管理新模式，以更好地适应大学法人治理结构。

⑤保持中国特色的现代大学制度，优化大学法人治理。一方面要坚持党委领导下的校长负责制。在国外多元化公共服务机构提供主体中，公立公共服务机构与我国的事业单位相似性较大，其法人治理的基本类型与模式可资借鉴。因此，可在大学法人治理模式改革过程中，根据我国政治社会体制特征，根据政府对不同类型高校的管理要求，结合不同学校的层次与特点，选择符合实际的法人治理模式。发达国家大学法人治理结构的核心在于，由利益相关者组成董事会和负责日常事务的管理层，构建权责分明、互动互利的有效机制，约束与激励利益相关者，促进高校自身的良性发展。坚持党委在大学治理中的领导核心地位，是完善我国大学内部治理结构必须坚持的前提和方向。2014 年 10 月，中共中央发布《关于坚持和完善普通高等学校党委领导下的校长负责制的实施意见》，明确指出："校长是学校的法定代表人，在学校党委领导下，贯彻党的教育方针，组织实施学校党委有关决议，行使高等教育法等规定的各项职权，全面负责教学、科研、行政管理工作。"可以说，

---

① 李定清. 高校法人治理结构初论 [J]. 会计之友, 2007 (3): 24-25.
② 王立衡. 从法人治理结构看宁波高校完善现代大学制度构建 [J]. 宁波通讯, 2010 (7): 56-57.
③ 代刃. 我国大学法人治理结构的制度探析 [J]. 前沿, 2012 (3): 87-89.

实行党委领导下的校长负责制，是中国特色现代大学制度的核心。[①]另一方面，高校法人治理中要注意厘清高校党委与学校董事会之间的关系。《中国共产党普通高等学校基层组织工作条例》规定，高校党委的领导作用是通过党委的领导核心、政治核心作用，基层党组织的监督保证作用和战斗堡垒作用，以及各级党员领导干部执行党的路线、方针、政策，充分发挥共产党员在各自岗位上的先锋模范作用来实现的。正确处理好党委领导与校长负责之间的关系，是建立健全大学法人治理结构的关键。党委领导与校长负责之间是领导与被领导关系，在党委领导下行使职权，是确立党对高校领导的组织和制度保证。[②]它是保证高校社会主义办学方向、培养德智体美全面发展的社会主义事业建设者和接班人的根本制度。高校要充分发挥校长在依法行政中的指挥作用，确保教学、科研和行政管理等任务的完成。在此基础上，结合我国高校实际，高校党委可作为国家意志的代表进入董事会，但它不应参与高校的治理和管理。党委通过社会主义核心价值观、学校办学的国家意志性、董事会重大决策等行使监督权和否决权，通过提名教师董事、学生董事和社会董事候选人来实现。[③]高职院校亦应在保持中国特色的现代大学制度、优化大学法人治理方面有所作为。

4.利益相关理论

高校治理模式取决于所处时期的经济体制、政治体制及其自身发展阶段等多种因素。李福华、胡赤弟、张婕等国内外学者对高校治理模式进行了研究，认为利益相关者理论已经成为研究高等教育治理的基础性方法之一，该理论在高校治理中的运用有助于正确梳理学校、社会、政府、企业、学生、家长等各方之间的利益关系，促使形成高校的核心竞争力，充分体现高校具有的社会属性与理应承担的社会责任。

（1）利益相关者理论的内容。"利益相关者"是一个外来词汇，其英文名为"stakeholders"，是西方经济学家在研究公司治理时提出的一个理论。20世纪60年代以后，随着对公司治理研究的不断深入，利益相关者理论也逐渐应用到企业的社会责任等方面。西方经济学家开始对"利益相关者"进行尝试性的界定。1963年，美国斯坦福研究所的一些学者首次明确提出"利益相关者"理论（Stakeholder Theory）并将其定义为：对企业来说存在这样一些利益群体，如果没有他们的支持，企业就无法生存。他们认为"利益相关者"与"股东"对应，是指所有与企业密切相关的利益群体。之后的一些定义随着社会经济的发展有着不同层次的变化。现在，利益相关者理论可以定义为：所有受到企业经营活动直接或间接影响的客体（如企业的股东、债权人、雇员、消费者、供应商等），都有权对参与企业的决策与管理，企业是多个利益者的结合体，当然所有利益者得益之前都承担着相应的风险。利益相关者理论的内涵虽一直有所外延，但几乎都限定在经济学的框架内。[④]

① 陈颖. 国外大学法人治理模式对我国现代大学制度建设的启示 [J]. 湘潭大学学报：哲学社会科学版，2015（7）：154-157.
② 丁万星. 高校治理结构的法理探析 [J]. 河南社会科学，2008（5）：134-135.
③ 代刃. 我国大学法人治理结构的制度探析 [J]. 前沿，2012（3）：87-89.
④ 高婷. 利益相关者理论下大学治理的适用性研究 [J]. 中国电力教育，2013（5）：5-6.

1965 年，经济学家安索夫指出"要制定理想的企业目标，必须综合考虑企业的诸多利益相关者之间相互冲突的索求权，包括管理人员、工人、股东、供应商以及顾客"，这标示着"利益相关者"第一次被指明了包括哪类人员。①随着诸多学者的深入研究，"利益相关者"形成了比较完善的理论框架，成为一个独立的理论分支。1984 年，美国经济学家弗里曼（Freeman）给出了一个广义的利益相关者定义，他认为利益相关者是"那些能够影响企业目标实现，或者能够被企业实现目标的过程影响的任何个人和群体"。"任何"一词极大地扩展了利益相关者的外延。按照他的界定，网络群体、慈善机构、新闻传媒、当地社区、政府部门、环保主义者等都有可能纳入利益相关者管理的研究范畴，其理论研究也有了与其他（诸如新闻学、心理学、社会学甚至文学、生物科学等）学科交叉研究的可能，大大扩展了利益相关者的内涵。然而，这样"放之四海而皆准"的定义有着泛化的倾向，在实际研究和实践领域内实用性不强，推广相当困难。20 世纪 80 年代末 90 年代初，随着经济的高速发展，经济全球化时代的到来，企业间的竞争愈加激烈，公司治理问题和企业的社会责任感问题等也引起了社会的普遍关注，"利益相关者理论"向传统的公司治理理论发起了挑战。传统的公司治理理论认为：①股东应该拥有控制权；②管理者负有单独服务于股东利益的信托责任；③企业的目标应该是最大化股东的财富。而"利益相关者"理论却主张：①所有受企业影响的利益相关者都有参与企业决策的权利；②管理者负有服务于所有利益相关者利益的信托责任；③企业的目标应该是促进所有相关者的利益而不仅仅是股东的利益。②"利益相关者"理论认为，受公司利益影响的不仅仅是出资人，还包括所有利益相关者。另外，公司治理的目标应是满足多方利益相关者的不同要求，关注公司经营所造成的社会经济和政治影响，使各利益相关者都能参与公司治理，公司决策由各利益相关者合力参与、共同决定。③1997 年，美国学者米切尔（Mitchell）在详细研究了利益相关者理论产生和发展历史的基础上，提出了一种属性评分法以界定利益相关者。他认为企业的利益相关者可以细分为确定型、预期性和潜在型三类。④这种多面细分法的提出能够提高利益相关者理论的可操作性，有助于其推广运用。此后，随着世界经济的迅猛发展以及经济全球化，世界经济格局发生变化，企业间的竞争加剧，公司治理逐渐成为人们关注的焦点。利益相关者理论也在这样的背景下在经济学领域内蓬勃发展。随着理论研究的深入，利益相关者理论也逐渐被用在包括教育在内的诸多领域，其理论的实用性与生命活力得到彰显。利益相关者就是所有利益相关方都参与决策，并且能为企业带来一定的利润、承担相关责任的组织。大学就是这样一个组织，利益相关者为大学的治理奠定了一定的理论基础。⑤

随着大学治理问题研究的深入和各利益相关主体权利意识的强化，大学利益相关者问题也逐渐开始被学者广泛关注，美国经济学家亨利·罗索夫将利益相关者理

① 李洋，王辉. 利益相关者理论的动态发展与启示 [J]. 现代财经，2004（7）：33.
② BOATRIGHT. Contractors as stakeholders：Reconcilingstakeholdee theory with the nexus of-contracts film [J]. Journal of Banking and Finance，2002（26）：1837-1852.
③ 尹晓敏. 利益相关者参与逻辑下的大学治理模式研究 [M]. 杭州：浙江大学出版社，2010（4）：34.
④ FREEMAN.Strategic management：A stakeholder approach [M]. Boston：Pitman，1984：12-38.
⑤ 高婷. 利益相关者理论下大学治理的适用性研究 [J]. 中国电力教育，2013（5）：5-6.

论应用到高等教育领域内，认为大学是一个利益相关者组织。大学与企业不同，大学是一个非营利性组织。虽然也有出资者，但没有严格意义上的股东，也不单纯地追求经济利益最大化，不是为某个单一体而服务的，所以大学是一个典型的利益相关者组织。①大学应该怎样进行治理？谁来治理？治理些什么？实际上是探讨大学内部与外部的一个关键维度的问题。这其实也是对利益相关者进行理性分析的一个关键性问题。利益相关者有些什么人或者是什么样的组织、从事何种活动，这些都是值得各教育工作者深思与借鉴的深刻问题。

（2）高职院校的利益相关者分析。利益相关者理论虽然开始是为企业服务的，但该理论的推广逐步扩大了它的使用范围。高职院校虽然不是营利性企业，没有利润可言，但学校有很多的利益相关者，如校长、学校行政管理者、教师、学生、政府、企业、学生家长和校友等。究竟谁是高职院校建设的利益相关者？目前界定方法有很多种，比较典型的是米切尔提出的评分法。借鉴米切尔的利益相关者界定理论，结合高职院校运行与发展的实际情况，根据众多利益相关群体在高等职业教育中的参与程度和方式，国内学者尹晓敏将利益相关者分为核心利益相关者、重要利益相关者、间接利益相关者和边缘利益相关者。②这种界定方法对高职语境下利益相关者的考察是非常适当的。

①核心利益相关者。这包括四个方面：一是学生。"学生是大学存在的理由，没有学生就没有大学"。大学生只要选择了某所大学，将终生成为该所大学的利益相关者。过去教师是院校最主要的人力资源，学生成为院校和教师被动加工的产品。现在学生已经成为院校可持续发展的重要资源，学生的职业素质与适应工作岗位的能力是教师成就的直接标志。对学生而言，所学专业是否适应社会发展需要，会直接影响到未来的就业情况，所学课程的内容与方法和学生的知识增量与能力增量密切相关，如果高职院校不能在课程建设上突破学科瓶颈，课程内容不进行改革，教学方法呆板机械，就很难让学生获得与工作相关的知识和能力储备；如果院校不能给学生提供更多的实习实训机会，使学生不能进行有效的隐形学习，学生不能获得由高水平"双师结构"的师资的指导，那我们很难想象学生会因为自己所在的学校和所学专业获得高质量的就业机会，而且具有可持续的发展潜力，反之亦然。二是教师。教师虽然不是学校的所有权者，但是是学校治理中不可或缺的有机组成部分。在高职院校治理过程中，教师要参与咨询管理，获取可能的更好的薪资待遇，获取机会提高自身各方面的能力，如教学能力、沟通能力、科研能力等，获得更高层次、更大范围内的尊重。三是管理者。大学的行政人员特别是高级行政管理人员是大学政策的具体执行者，是为利益相关者服务的代理人。随着高等教育规模的扩大和复杂性程度的提高，管理高等院校日益成为一项专门工作。不但专职行政人员的人数不断增多，而且行政人员的专门化程度有所提高。当行政人员成为独立阶层时，他们也将成为具有独立利益的利益相关者，这也是高等教育的重要发展趋势之一。③四是合作企业。有的观点认为，合作企业是重点利益相关者，在高职

① 张维迎. 大学的逻辑 [M]. 北京：北京大学出版社，2004（8）：9.
② 尹晓敏. 利益相关者参与逻辑下的大学治理研究 [M]. 杭州：浙江大学出版社，2010：40.
③ 胡赤弟. 高等教育中的利益相关者分析 [J]. 教育研究，2005（3）：38-46.

院校建设中，随着校企合作的不断深入，尤其是在产教融合的语境下，校企合作产教一体、专业建设对接一体、人才培养工学一体、技术研发共成一体，企业的话语地位和院校应当是平等的，彻底实现这种合作的企业应当作为核心利益相关者存在，这也是高等职业教育的独特之处。企业在合作过程中必然要产生投入，比如资金、设备、人力等各个方面，甚至可以说有了"部分所有权"，同时希望得到他们需要的人力资源、科学成果、社会声誉。在进行校企合作平台管理时要充分探讨在"共赢"的基础上保证企业利益的实现，这样企业才能有持续合作的动力，才能真正实现高职院校的内在价值。

②重点利益相关者。这包括三个方面：一是校友。母校的发展意味着校友在不用支付额外费用的情况下文凭的"含金量"提高，而且也可能参与学校建设，投资获益，或是联合办学，满足其技术、人力资源等方面的需要。二是政府。学校发展，政府的财政拨款会发挥更大的效益，扩大国家的人力资本积累，促进地方经济发展，增强国家的竞争力。而对地方职能部门而言也是政绩的体现。政府通过教育政策、法律规范、教育拨款、教育评估等调控手段可实现对高职院校治理的角色转变。三是社会中介组织。社会中介组织在对院校的评估和排名，或者是获得学校的委托对学生的实习、就业情况进行调查，或是相关领域内对企业进行调研等方面起着越来越重要的作用。

③间接利益相关者。这包括以下三个方面：一是家长。每个学生身后都是一个家庭。学生的教育利益得到了保障，家长同样是获益者，反之亦然。二是同类院校。国家开展的高职示范校建设项目和骨干校建设实现了全国和区域内的最佳实践，并对实践成果进行了不遗余力的推广，其他院校自然就成了这些成果的获益者。三是行业协会。通过高职院校建设，相关的行业协会可以放大协会的沟通、指导作用，并在培训领域获得更多的机会和收益。

④边缘潜在利益相关者。潜在学生及其家长、社区、社会公众、媒体等都可能成为高职院校校企合作的利益相关者。如社区会从学校得到一定的利益，社区的商业会因为学校的存在显得很发达。学校的设施也会给社区居民带来好处，但学生的增多也会影响社区居民的生活质量。潜在学生及其家长会根据学校的声望来选择学校，而学校的声望与学校的管理水平有着密切的关系。[①]社会公众和媒体同样是高职院校校企合作的边缘潜在利益相关者。近年来，高职院校凭借自身的办学特色和优势，在人才培养、专业建设、科学研究、社会服务、校园文化建设等方面逐渐得到了社会各方的认可。社会公众和媒体要营造崇尚科技创新的社会风气和氛围，大力宣传高职教育的办学成果，同时对校企合作的办学情况和合作中的各个环节进行监督，对一些违反社会道德和侵犯权益的事例予以曝光，为全民支持高职院校产教融合、校企合作创造良好的条件。[②]

从以上的分析可以看出，高职院校建设中的利益相关者是非常多的，但是每类主体的诉求是不同的，要求高职院校对照自身的战略目标，分析自身特点和内外部环境的变化，明确各方的利益诉求，开展项目化运作，根据长短期计划进行资源整

---

① 孟英伟，桑雷. 利益相关者参与下高职院校治理改革研究 [J]. 职教通讯，2017（11）：4-7.
② 王生. 基于利益相关者理论的高职院校校企合作研究 [J]. 教育理论与实践，2017（33）：28-30.

合和配置。这是一个战略管理的思路，是从长远的、全面的、发展的眼光来看待高职院校的治理，要通过清晰描述组织发展的未来蓝图、建设路径，指导组织的经营决策和运作，与社会各界建立良好的合作伙伴关系，赢得社会各方面的关注和支持，实现多方面共赢，最终实现高职院校的历史使命。[①]

（3）利益相关者理论的启示。我国高等教育正处于利益相关者时代[②]，高校就是由利益相关者组成的联合机构，高校治理制度是各利益相关者之间的"契约集"，高校治理正从中央集权管理范式向利益相关者管理范式过渡，改善高校与利益相关者之间的关系是高校治理结构和管理体制改革的根本目标，其核心就是建立各利益主体间的契约关系。

①引入机制，建立多元主体管理框架。教育资源是所有教育活动的物质基础，教育制度具有配置教育资源的功能。[③]高校管理是为实现学校目标而进行的教育资源优化配置行为，高校是高等教育资源的联合体，既包含学术资源与人才资源，也包含经济资源和社会资源，高校不同于企业，其资源属性为集体所有。高校为非营利性组织，不能对学校资源及经营产生的剩余价值进行分配。任何对高校有投入的主体都应同等享有相应的资源管理及资源使用权力，不同利益主体在管理中承担不同角色，发挥不同作用，高校利益相关者共同治理是寻求一种利益相关者参与共同决策和相互制衡的机制；[④]要改变现有的行政主管部门对高校全权管理的方式，引入利益相关者实施高校多元主体治理，成立利益相关者治理委员会（董事会、理事会等），在资源配置、人事决策、财政预算、专业设置及其他事务方面参与学校决策与管理，委员会各方根据他们参与管理的权力和责任，各行其责、各得其所，实现共同治理。[⑤]

大学利益相关者共同治理委员会由各利益相关者代表组成，包括政府人员、社会人士、大学行政管理人员、教授、学生等，形成党委领导下校长负责制的利益相关者共同治理委员会参与的我国大学治理新模式。在大学治理新模式下，利益相关者各自的利害关系构成了其参与治理的基础，也决定了其参与大学治理的主次地位，即确定大学治理的主体。共同治理不是盲目的分散化治理，而是有目的、有计划的协作治理。[⑥]这样，教育行政部门在管理中的角色逐步由直接管理向间接调控转变，学校管理人员只是为利益相关者提供服务的代理人。

②加强沟通，让利益相关者拥有主人心态。俗话说，心态决定状态，心态决定命运，心态决定一切，可见心态对个人的重要性。如果高职院校的利益相关者都有是学校主人的心态，那么他们对学校的发展有着推动作用。沟通的目的是增进人与人之间的交流，传达真正的爱。沟通是为了一个设定的目标，把信息、思想和情感在个人或群体间传递，并且达成共同协议的过程。加强与利益相关者的沟通是学校

① 王淑萍. 利益相关者理论视角下的高职院校治理主体研究 [J]. 北京政法职业学院学报，2011（4）：107-109.
② 张婕. 高等学校战略管理的若干基本问题 [J]. 教育研究，2006（11）：35.
③ 胡赤弟，田玉梅. 高等教育利益相关者理论研究的几个问题 [J]. 中国高教研究，2010（6）：15-16.
④ 李福华，尹增刚. 论大学治理的理论基础——国际视野中的多学科观点 [J]. 比较教育研究，2007（9）：52.
⑤ 王荣辉，孙卫平. 基于利益相关者理论的高校治理研究 [J]. 中国职业技术教育，2013（30）：34-37.
⑥ 任奉龙. 利益相关者理论视域下大学治理模式研究 [J]. 教育现代化，2015（8）：42-46.

了解他们的利益诉求的重要手段，只有把他们提出的合理意见和建议反映到学校政策中，他们才会有被重视的心态。只有加强沟通，让他们了解学校的利益关系到每个利益相关者的利益，他们才能为学校的发展贡献力量。所以，只有加强沟通，让利益相关者怀有学校主人的心态，他们才能为学校的发展建言献策、努力工作。[①]

③强化监督，实现内外部利益相关者的相互制衡。按照治理结构，高职院校治理可以分为内部治理和外部治理。与此对应，高职院校利益相关者按照其性质也可分为内部利益相关者和外部利益相关者。高职院校内部利益相关者主要包括大学的教师、学生以及行政管理人员；而高职院校外部利益相关者主要指的是社会和政府等一些利益相关者。从利益相关者理论角度看，应该逐步加强高职院校外部利益相关者对大学的监督。随着社会的发展、高职院校体制改革的逐步深入，高职院校的办学自主权也在逐渐扩大。高职院校是一个非营利性组织，评价其管理绩效比评价企业绩效还要复杂困难。由于没有量化的评价指标，因而很难对高职院校的管理绩效进行准确又科学的判断，这时高职院校外部利益相关者的监督就起到了一定的检查和评价作用。高职院校外部利益相关者的这种检查和评价随着其参与程度的加深也就变成了一所高职院校的"名望"。当然，好的"名望"能使高职院校拥有更多的优势资源，以进一步促进其自身的发展；而一所高职院校的"名望"很差，其后果可想而知。从分权制衡的理论视角看，加强高职院校内部利益相关者之间的权力制衡是推进大学治理模式现代化的必然要求。大学内部事务所形成的两种权力——学术权力和行政权力对高职院校各种活动的开展起着巨大的作用，两者并不是各行其是、互不干涉的，而是一脉相承、不可分割的两个部分。孟德斯鸠指出："一切有权力的人都容易滥用权力，这是万古不易的一条经验。有权力的人使用权力一直到遇见界限的地方才休止。"[②]在高职院校的治理问题上，两者在行使着自身的权利，即教授治学——学术权力和校长治校——行政权力；同时，也应该形成两个相互制约的权利主体。此外，作为学校内部利益相关者的一员，学生在参与高职院校治理时，其权利也应该被重视，应该形成行政权力、学术权力、学生权力共存、相互制衡的高职院校治理新局面。[③]

④实施问责，提高社会资源的使用效率。管理不仅仅指高职院校的内部管理，也包含社会对高职院校的管理。当学校不了解能从管理者那里得到什么评价时，高职院校社会问责通常更为有效；问责即确认高职院校是否达成了既定办学目标，考察利益相关者对高职院校的投入情况。世界银行专家组使用了六个维度的参数对社会问责进行分析和评价，这六个维度是：惩罚机制与奖励机制、遵循制度机制与绩效导向机制、制度化水平、参与深度、参与者范围、问责的政府部门。[④]高职院校社会责任是高校对所有利益相关者承担的责任，对高职院校的问责可以有效维护利益相关者的实际利益，加强高职院校与社会的联系，提升公共高等教育的质量与效

① 孟英伟，桑雷. 利益相关者参与下高职院校治理改革研究 [J]. 职教通讯，2017（11）：4-7.
② 陈大兴，张媛媛. 现代大学共同治理中学生参与的研究述评 [J]. 教育与职业，2012（26）：12-14.
③ 任奉龙. 利益相关者理论视域下大学治理模式研究 [J]. 教育现代化，2015（8）：42-46.
④ 世界银行专家组. 公共部门的社会问责：理念探讨及模式分析 [M]. 北京：中国人民大学出版社，2007：22.

益。对高职院校的问责反映了高校对社会资源使用情况的准确回应，客观体现了政府部门、社会机构、个人等利益相关者对高校资源使用效果进行监督与评价的结果；反之，监督和控制的乏力，会导致机会主义行为的增长。因此，应坚持对高职院校管理的理性问责，建立高职院校问责的合法性基础，加强观念融合与共同理解，并在问责中引入更多的外部监督机制，避免参与者观念的趋同性，取得更好的问责效果。[1]

5. 委托代理理论

高职院校与政府机构的关系一直困扰着高等教育理论界，其中很重要的一个原因在于缺乏一种理论分析框架。委托代理理论起初是一种经济学理论，后来被多个学科广泛引入。委托代理理论的内涵实质上是研究委托人和代理人之间的合同关系。在高职院校治理中委托代理理论有广泛的应用。高职院校治理机制引入委托代理理论，目的是深入了解高职院校治理机制的理论，提高其治理水平。

（1）委托代理理论的内容。委托代理理论起源于企业管理实践，是为了解决委托代理关系中由于信息不对称等原因所导致的委托代理问题而产生的经济理论。它是 20 世纪 30 年代美国经济学家伯利和米恩斯在洞悉企业所有者兼具其经营者的做法存在着极大弊端的基础上提出的一种理论，该理论倡导所有权和经营权分离，企业所有者保留剩余索取权，而将经营权利让渡。所谓委托代理关系，是指一个人或一些人（委托人）委托其他人（代理人）根据委托人利益从事某些活动，并相应地授予代理人某些决策权的契约关系。在古典的"企业主企业"中，企业的所有权和实际控制权是合二为一的，不存在委托代理关系。但随着企业规模和经营范围的不断扩大、企业管理者和股东人数的不断增加，经营决策趋于专业化，越来越多的企业所有者不再直接管理企业而交由职业经理人员经营管理，这样旧有的"企业主企业"便发展成现代的公司制企业。其显著特点是所有权和实际控制权的两权分离，委托代理关系由此而产生。

委托代理不仅应用于经济学领域，还广泛存应用在于现代社会生活的其他领域，只要存在两个或两个以上人的合作性活动，就会构成委托代理关系。委托代理理论的产生需同时满足以下三个条件：一是双方存在信息不对称的关系，一方具有信息的优势，另一方处于信息的相对劣势。二是双方存在契约关系。三是双方存在潜在的利益冲突。由于委托人处于信息的劣势，代理人处于信息的优势，处于信息劣势的委托人很难对处于信息优势的代理人的活动进行全程有效的跟踪和监控，而处于信息优势的一方却会利用手中的信息优势偷懒甚至去牟取私利，进而就会不可避免地产生一系列的委托代理问题。[2]正如美国著名经济学家曼昆所说："如果委托人不能完全监督代理人的行为，代理人就倾向于不会像委托人期望的那样努力。"[3]因为在市场经济条件下，委托人和代理人都追求自身效用的最大化，但二者效用最大化的目标往往并不一致。委托代理问题的存在极大地影响了委托人目标

① 王荣辉，孙卫平. 基于利益相关者理论的高校治理研究［J］. 中国职业技术教育，2013（30）：34-37.
② 梁欢. 委托代理理论下的高职院校师资培训管理研究［J］. 学理论，2013（5）：254-255.
③ 曼昆. 经济学原理（下册）［M］. 梁小民，译. 北京：机械工业出版社，2005：78.

的实现，针对这个问题，经济学家提出了一系列的解决办法，如制定比较完善的约束机制和激励机制就是其中最有成效的措施。①

（2）高职教育领域的委托代理问题。现代社会，委托代理关系存在于一切组织和合作性活动中，存在于各种组织的每一个管理层次上，包括高职教育的高等教育领域也不例外。《中华人民共和国高等教育法》第五条规定："高等教育的任务是培养具有创新精神和实践能力的高级专门人才，发展科学技术文化，促进社会主义现代化建设。"管理高等教育事业的行政机构主要是教育部以及省级教育主管部门，各高等学校承担具体的人才培养工作。从管理与被管理的角度来看，我国的高等教育领域存在着多层委托代理关系。首先，教育主管部门和各高等学校之间是一种委托代理关系，教育主管部门是委托人，以党委书记、校长为代表的高等学校是代理人。其次，在高等学校内部，学校和各教学院系之间、各教学院系和教师之间也形成了一定程度的委托代理关系。

鉴于作为代理者的公立高职院校大多是事业机构，其雇佣契约大部分来自政府，因此高职院校与政府机构之间签订的契约即委托代理关系与企业之间的委托代理关系是有较大差异的。一般而言，企业之间的契约关系易于观察和评价，而高职院校与政府之间的委托代理关系则较难观察、评价，其中最大的原因就在于教育效果的长期性和滞后性，一方面是难以观察契约的履行效果，另一方面是观察的结果与契约关系并不完全对应。②因此，评价高职院校履行契约关系的效果和成果较为困难，也较难评判高职院校校长是否达成了原定的委托代理契约的数量与质量。以前委托代理理论从经济学的视角分析大学与政府之间的委托关系就显得不适当了，这就需要我们从多个视角来分析大学与政府之间的契约关系。

在精英化教育阶段，高职院校基本没有办学自主权，高职院校的人事、财务、学科和专业设置、招生、就业等都由国家统一安排，虽然客观上存在着委托代理，但并没有形成明显的委托代理关系。随着我国高等教育管理体制改革的不断深化，尤其是高等教育大扩招以来，高职教育领域的委托代理问题日益突出，主要表现在以下两方面：第一，高等学校的领导作为国家教育行政机构的代理人，他们有利用自己掌握的本来就有限的用于提高教育教学质量的资源从事别的活动的激励，如在职高消费可以满足他们当前的消费欲望，注重政绩工程可以为他们日后的升迁创造良好的条件等。同样，作为高校领导的代理人，院长、处长也存在着类似的激励。第二，在实际的教育教学过程中，教师是"传道、授业、解惑"的主力军，同企业的工人一样，是最基层的代理人。教师花费多大的精力用于自己的本职工作只有他自己最清楚，而作为"雇主"的校长、院长难以完全掌握，尤其是在现行的教育评价体系下，诸如教师重视科研、忽视教学的情况完全有可能发生。③

委托代理问题主要有逆向选择和道德风险两种表现形式。逆向选择是代理人利用事前的非对称性等所进行的不利于委托人的决策选择，是人们隐蔽其"坏"的特

---

① 周伟，李全生. 基于委托-代理理论下的中国高等教育评估问题 [J]. 华东经济管理，2008（12）：121-124.
② 林培锦. 论大学学术同行评议中的利益冲突——以委托代理理论为视角 [J]. 厦门大学学报：哲学社会科学版，2012（4）：133-140.
③ 周伟，李全生. 基于委托-代理理论下的中国高等教育评估问题 [J]. 华东经济管理，2008（12）：121-124.

征而出现的结果。校长对自己有清楚的认知，也了解相应的工资和福利待遇。教育主管部门对校长虽然要多重筛选才决定录用与否，但代理人的"自然"类型如工作态度、工作热情、责任感等还是很难了解，进而无法对代理人的能力水平进行量化和评估。委托人想要全面掌握代理人的信息，就需要投入大量精力、花费高昂的成本。道德风险主要是指代理人借事后信息的不对称、不确定性以及契约的不完全性而采取不利于委托人的行为。如校长在制定学校发展目标时，可能为获得较高的社会地位和声誉急功近利，违背学校发展现状；或为获得短期利益，搞与教育质量提升无关的形式主义。一旦出现这些"偷懒"行为，教育主管部门又不能在不付出代价的情况下观测到，就给代理人违背合同留下了机会。①

（3）委托代理理论的启示。20世纪70年代以来，西方委托代理理论发生了革命性的变化，信息理论、合同理论、激励理论等被引入委托代理理论研究中。研究重点已从过去对企业两权分离现象的描述转向所有者如何约束和激励经营者。对代理人激励约束机制的设计，体现在三个方面：其一，让代理人拥有剩余索取权，使得委托人与代理人的目标尽可能一致。其二，利用市场竞争机制约束管理者的行为，产品市场的竞争将激励管理者节约开支；经理市场的竞争使得经理人员为保持个人资本在市场上的价值而努力工作；资本市场的竞争实质上是对公司控制权的争夺，从而形成对经理的强大的间接控制压力。其三，设计有效的激励约束方案，并对经理的工作进行严格监督和准确评价，在具体操作中，有年薪制、年终红利、奖金、职务消费、送股、虚拟股票、股票期权等措施，并派生出多种激励约束模型，实证研究方法已成为当今委托代理理论中激励约束方案定制的主流。委托代理理论的新发展对提高高职院校治理水平有如下启示：

①建立有效的校长激励机制，解决校长的委托代理问题。校长是学校发展的灵魂，关注学校发展及其效率问题就要关注校长的激励问题。激励包括激发鼓励，以利益来诱导之意，也包括约束归化之意。我国公立学校建立有效的校长激励机制对解决委托代理问题很有必要。第一，要满足校长的自然需要。校长是学校的领导者和管理者，虽有着比其他教职员工多的权利，但他工作仍是为了获得经济回报。校长需要关注教育教学质量的提升、学校的发展，因此对其素质的要求远超出对普通教职工的要求。相应地，要想使校长自愿付出，就要使经济报酬合理，尊重校长作为社会人的最基本性质。第二，要满足校长的社会需要。我国公立学校的校长拥有一定的办学自主权，有利于校长充分发挥自己的才能。学校得到好的发展，校长除了有经济收益外，还会获得良好的社会声誉和社会地位。这种精神补偿使校长更加关注发展自身的才能与价值，关注领导和社会的认可和赞誉，从而更加努力地工作。第三，要加强聘任校长的程序法建设。代理人的物质需要和精神需要得到满足后，并不意味着其对委托人会有求必应。对代理人仅依靠利益诱导还不够，必须加强对其行为的监督和约束，以降低风险，减少其机会主义行为。人有经济人性质，难以做到不求回报。因此，有必要将聘任程序严格化，合同法律化、完备化。一份程序严密、条款清晰的合同会对校长的任职标准做出明确的规定，通过这些标准，

---

① 赵旭. 委托代理理论视角下的公立学校校长激励研究［J］. 人力资源管理，2016（1）：102-103.

就可筛选出真正优秀的校长。如果合同对校长的行为没有明确的规定，校长没有行为依据，就很容易产生机会主义行为。第四，要建立长效契约。教育主管部门与校长之间是连续的、长期性的委托代理关系。这种条件下双方有足够的时间筛选和识别对方的信息，一旦在合同执行过程中发现代理人有不符合规定的行为，就能及时对其进行约束或惩罚，双方不断博弈。我国公立学校校长每届任期 3~5 年，可连任。这种长期关系会遏制校长的机会主义行为。同时，学校发展不是一蹴而就的，校长自身才能与价值的发挥不会在短时间内得到显现，校长如果想要得到良好的社会声誉和较高的社会地位，就会克服自身的短期行为，不会因一时之利而做出有损学校发展的事情。第五，建立有效的校长监督机制。在契约签订之后，委托人要对代理人的行为进行监督，从而保证代理人按委托人的意愿行事，实现委托人的利益最优。在教育主管部门与校长的关系中，校长拥有学校的管理权和领导权，如果教育主管部门没有真正负起学校资产监管之责，就会出现国家公共教育资产管理人与委托人之间相分离的局面，从而在现实中出现所谓的委托人"缺位"现象，故应设立专门机构对校长的行为和工作业绩等进行监督检查。如学校内部设党支部、教代会、工会和校务委员会等机构监控校长的权力、行为。来自学校内部的监控往往更具约束力，校长在做出决策、采取行动时更加注重基层的意见和建议，从而规范自身行为。[①]

　　②采取措施，强化对高职院校教师道德风险问题的防范。高职院校教师的教学活动，本质上也是高职院校与教师之间建立起来的一种委托代理关系。学校（委托人）把实现人才培养目标、完成教育教学任务委托给教师（代理人）；而教师虽然在某种程度上也肩负着学生、家长和社会的委托来完成学校的教育教学任务，但最直接的还是接受学校的委托，是完成学校人才质量培养目标的代理人。在实际运行中，教师和高职院校之间往往存在信息不对称等问题，一方面，学校作为委托方，无法有效获得教师教学行为的真实信息，不能有效观察和监督教师教学工作的努力程度，现实中也确实难以掌控，且因为教师的劳动过程具有鲜明的主体性和复杂性，掌控的社会交易成本很高，因此，教师可以利用这种信息不对称和信息优势采取机会主义的"偷懒"或"搭便车"行为，损害校方利益。另一方面，一些不确定因素的存在，使得教师的努力程度与其工作回报不完全相关。因此，在工作中作为代理人的教师有可能会偏离委托人（校方）的目标，即获聘的教师有可能偷懒或不努力。总之，教师教学过程中存在"代理人追求其自身的目标，而不是最大化委托人的利润"的委托代理问题（Principal-Agent Problem）——道德风险问题。

　　刘朝晖认为，对高职院校教师道德风险问题的防范可采取以下对策：首先，建立明确的契约关系。高职院校与教师建立委托代理关系时，需要签订明确的契约。在契约的签订过程中，应确保双方信息的完整性、真实性和透明性，真实、完整的信息传递，是高职院校与教师委托代理关系建立的前提和基础。因此，作为委托人的高职院校，必须将自己在教学方面的各种要求明确、完整地传递给教师，如对教师备课、教案、课堂表现、考试试卷等方面的要求。契约一旦确定，双方均应按照

---

① 赵旭. 委托代理理论视角下的公立学校校长激励研究 [J]. 人力资源管理，2016（1）：102-103.

契约履行各自相应的义务并享受相应的权利，如果一方没有履行义务，可视为违约。其次，建立健全评价、考核机制。为了增强学校的信息优势，确保教师和学校双方的信息结构相对平衡，高职院校必须对受聘的教师进行全面的考核。学校可以通过组织学生进行教学质量评价、组织专家考评组听课、学生座谈等方法，对教师的教学方法、教学能力、教学态度和教学效果以及对学生的关心度、课后辅导答疑和作业批改情况等进行全面考核，对相关信息进行整理、汇总并及时反馈给教师本人，同时建立教师的个人档案和教师资源库，以促进教师管理工作的日益制度化和规范化。再次，建立竞争、淘汰机制。根据委托代理理论，防范道德风险的重要办法就是引入竞争、淘汰机制。由于竞争、淘汰机制的缺失，教师没有解聘的压力。因此，高职院校要建立以竞争、淘汰为基础的聘任制度，让竞争贯穿教师的选拔、聘任、淘汰的整个过程。竞争、淘汰机制的引入，必然会导致一部分工作不努力的教师被解聘，而竞争、淘汰机制的存在又会对在任的教师形成一种潜在警醒，提醒在任教师必须诚实、努力工作，不能出现"搭便车"和"偷懒"的行为。[①]接下来，建立完善的监督体系，一套完整的监督体系应该包括教学督导、教学检查和考核评价等几个部门。教学督导的主要职责是通过随机听课、评课、反馈等方式对教师的职业能力、教学态度、工作作风、工作纪律、工作方法、工作效果等方面进行督促、检查、评价和指导。教学检查和考核评价部门的主要职责是检查教师的备课教案、考试试卷以及评卷质量等，在此基础上对教师的教学工作进行综合考核并及时反馈给教师本人。同时，要建立纵向与横向交叉的监督体系。纵向的监督体系主要包括学校教务管理部门的监督和各教学院（系）的监督。教务管理部门影响面较广，监督的力度也较大，而各院（系）的监督则直接到位，效果更明显。横向监督体系主要包括学生的监督和教师同行的监督。专业一致或相近的教师同行对课程的要求比较了解，并且同行之间的评价和互相监督对教师行为也会产生一种约束力量。学生是课堂教学的直接见证人和体验者，对教师的教学方法、教学内容、教学态度以及教学效果等最有发言权，评价也相对客观和真实。因此，学校应充分重视教师同行和学生对专兼职教师的监督作用。最后，建立激励相容机制。委托代理理论认为，有效控制代理人道德风险行为的最重要方法是，委托人必须建立一套责任与利益相互影响、相互制约的加强约束和增强激励的激励相容机制。哈维茨创立的机制设计理论认为，"激励相容"就是指在市场经济中，每个理性经济人都会存在自利的一面，并且其个人行为会按自利的规则行动；如果有一种制度安排能够使行为人追求个人利益的行为正好与企业实现价值最大化的目标相一致，那么这种制度安排就是"激励相容"。设计"激励相容"机制的原则是代理人参与工作所得的净收益不低于不工作也能得到的收益，同时代理人让委托人最满意的努力水平也会给自己带来最大收益。实际上，高职院校对教师管理过程中要解决的核心问题也是一个激励相容问题。为了加强对教师道德风险行为的控制，学校可根据其综合考评情况给予一定的物质和精神激励。通过对教师的绩效考评，实行浮动等级制，采取优质优酬政策。对于教学效果好和综合评价分数高的教师，学校应在课酬标准上给予

---

① 张剑波，潘留仙. 民办高校兼职教师中的道德风险及其规避探析 [J]. 现代大学教育，2006（5）：60.

一定的涨幅空间，争取做到优质优酬，尽量使学校的整体目标与教师追求个人利益最大化的自利行为结果相吻合，从而避免因双方偏好不同带来的道德风险。此外，还可以加强对教师的人文关怀和精神激励。学校要为教师创造良好的工作环境，为其配备办公室和必要的教学用品，重视与教师的沟通交流，鼓励教师积极参加各类教学教研活动，营造相互尊重、和谐的工作氛围。①

③完善现行的高职教育评估指标体系，促进委托代理问题的解决。在企业，人们设计了一整套解决委托代理问题的制度，主要是激励和约束机制，包括加强监督、实行效率工资制度等。②解决高等教育领域的委托代理问题也需要借助企业管理实践的成功经验，采取一系列的约束和激励机制，促使相关的代理人合理配置教育资源，把工作重心转到提高教育质量上来，这个机制就是高等教育评估。借助企业领域解决委托代理问题成功的经验，结合高等教育自身的特殊规律，解决高等教育领域委托代理问题需要完善现行的评估指标体系。周伟、李全生认为高职教育评估具体要做到三点：一是评估标准要多元化。我国的普通高校由于历史背景、经济条件等多方面的原因，差异很大，如政府年投入上亿元的高校与边远地区年投入不足几百万元的高校，前者轻而易举就能达到某些评估标准，而后者费尽九牛二虎之力也未必能达到。因此，多元化的评估标准才能更好地发挥评估的激励和监督作用。就评估指标的设立而言，应以学校的隶属关系、投资来源以及学校在社会中的地位为依据而有所区别。二是评估主体要社会化。高职教育人才培养的质量如何，最终是用人单位和社会说了算，因此，用社会的相关指标去评价一所学校的办学水平是理所当然的，也是充分发挥社会对高等学校的监督职能的重要举措。积极鼓励行业协会等社会团体参与高等教育评估是其中的首要环节。要与行业协会合作，逐步开展并扩大高等学校专业教学评估工作，逐步探索建立将专业评估与专业认证、职业资格证书相结合的质量保障体系。专业评估工作量大面广，而且行业性较强，需要动员各行业协会、专业学会等社会组织参与，共同开展好专业教学评估工作。不仅如此，充分发挥用人单位的积极性也是其中的重要一环。学生在工作中体现出来的综合素质如何，直接说明了学校的培养质量，用人单位的评估对高校日后的人才培养具有很好的启发作用，因此，在高等教育评估中要制定与用人单位相关的指标体系及权重。一般来说，可包括以下一些指标：敬业精神、合作精神、进取精神、知识结构、工作能力、适应能力、创新能力、写作能力、语言表达能力、心理素质等，这些与学生在学校所接受的教育是分不开的。三是学校自评要制度化。目前，我国的高等教育评估包括学校自评、专家组进校评估、整改提高三个阶段。从委托代理理论的角度来说，学校自评就是要解决好学校内部存在着的委托代理问题。学校自评制度化就是要求学校将评估纳入学校的日常管理工作中，实现"要我评"向"我要评"的转化。这有利于评估与日常工作的有机结合，使学校及时总结办学经验，找出存在的问题与不足，制定相应的整改措施，使评估的控制作用真正发挥出来；有利于向专家提供第一手的评估材料，保证了评估结果的真实性和公

---

① 刘朝晖. 高职院校外聘兼职教师道德风险及其防范对策研究——基于委托-代理理论 [J]. 湖北工业职业技术学院学报，2015（6）：5-8.
② 陈通. 宏微观经济学 [M]. 天津：天津大学出版社，2006：162.

正性；有利于学校领导和老师把时间和精力更多地投入日常的教学和科研工作中，避免了许多高校曾经出现的在时间上前松后紧的不正常现象。学校自评制度化包括两个方面：一方面是健全教学管理制度，即针对教育部制定的评估标准，结合自己学校的工作实际，制定和完善各项规章制度；另一方面是定期评估，即学校应成立以党政一把手为首的评估小组，采取自上而下和自下而上相结合的方式，在每学年末开展一次评估工作。先由各教学单位和各职能部门根据学校制定的规章制度在学年末进行自我检查，内容可涵盖学年内的各项工作，包括教学、科研、管理等各方面，然后由学校评估小组到各部门进行监督、检查，发现问题及时纠正，最后将评估的材料整理、归档，为教育部专家组的评估提前做好准备。[①]

五、高职院校治理的评价体系

如何衡量高职院校治理的能力和水平，以什么标准去看待它，构建怎样的评价指标体系，对我们加快高职院校治理能力的现代化建设、促进高等职业教育事业的发展意义重大。我们知道，标准是丈量事物的尺度，是衡量和比较事物与事物之间异同的标识。[②]高职院校的治理水平和治理能力不是一个简单的定性或定量能够判别的，它需要我们认清新时期我国高职院校发展面临的具体形势，结合国家推进高职院校发展提出的新任务、新要求，用全新的指标体系去概括和把握。

2014年，国家相继出台了有关职业教育发展的文件，其中《国务院关于加快发展现代职业教育的决定》在我国社会经济新常态下，为高职院校治理考核评价标准添加了新的内涵，在加快构建现代职业教育体系、激发职业教育办学活力以及提高人才培养质量等方面都提出了新要求。在加快构建现代职业教育体系部分，明确提出引导部分普通本科院校向应用技术类型院校转型发展，探索建立有职业教育特色的学位制度，构建较为完善的职业教育层次结构，这为我国高职院校层次结构发展指明了方向。在激发职业教育办学活力部分，创新了高职院校办学方式，提出利用股份制、混合所有制、委托管理、购买服务等方式来兴办高职教育，并通过使用资本、知识等要素享受应有的权利；同时，还从法律角度明确了社会力量相应的地位，指出"制定多方参与的支持政策，推动政府、学校、行业、企业联动，促进技术技能的积累与创新"，使高职院校多元化治理从"有名无实"向"名副其实"迈进。具体到企业参与高职院校治理，该文件要求发挥企业在高职院校办学中的主体作用，给予企业税收方面的优惠政策，并通过企业社会责任报告方式来考核评价企业参与高职教育的状况。而对高职院校内部治理，该文件提出要"扩大职业院校在专业设置和调整、人事管理、教师评聘、收入分配等方面的办学自主权""完善体现职业院校办学和管理特点的绩效考核内部分配机制"。在提高人才培养质量方面，开展现代学徒制试点成为高职院校人才培养模式创新点，专业教学标准与职业标准联动开发机制以及与国际先进标准接轨则成为专业课程体系建设的亮点。不难

① 周伟，李全生. 基于委托-代理理论下的中国高等教育评估问题 [J]. 华东经济管理，2008（12）：121-124.
② 雷世平，姜群英. 高职院校治理能力现代化的内涵及其衡量标准 [J]. 职教论坛，2015（31）：41-45.

看出，新时期考核评价的标准就在于通过提升高职院校治理水平来服务社会经济发展。从根本上来说，就是要实现"高校制度现代化"。因此，把握与彰显"高校制度现代化"成为高职院校治理考核评价指标能否体现实践性与可操作性的关键。①

1. 构建高职院校治理评价体系的意义

随着全球新型工业化步伐的加快以及科学技术的日新月异，欧美发达国家以及不少发展中国家都把加快现代职业教育发展放在重要位置，将其作为提升本国竞争力以及巩固本国经济发展竞争优势的重要手段。在此背景下，强化高职院校治理建设直接关系到高职院校能否培养出大量的高素质技术技能型人才，并在促进社会经济发展中承担起相应的职责。因此，为了在国际竞争中占据人才与技术优势，把我国建设成为高职教育现代化强国与人力资源强国，强化高职院校治理建设成为加快现代职业教育发展的关键。为了提升高职院校的治理水平和治理能力，构建高职院校治理评价体系也引起普遍关注。构建高职院校治理评价体系的意义主要表现为以下两方面：

（1）破除高职院校治理困局，加快现代高职教育发展

从高职院校治理的生成背景与运行状况来看，目前我国大部分高职院校都在积极进行治理探索，这与 20 世纪 80 年代我国高职院校只单纯关注规模扩张以及 20 世纪末期开始关注内涵建设不无关系。在 20 世纪 80 年代以前，高职院校只是作为政府、行业企业的附属品方式存在，政府、行业企业是高职院校的"衣食父母"。改革开放后的十几年，由于企业改制的不断推进，行业企业与高职院校的"母子关系"被"解除"，高职院校的"衣食父母"只由政府来担当，其办学自主权开始被提上议事日程。20 世纪末期到 21 世纪初，随着我国社会经济转型与产业升级的加快，传统的高职院校管理模式已经远远不能适应发展需求，需要在外部发展环境营造、校企命运共同体构建、提升高职院校内部管理水平等方面有所突破，这就为重新界定高职院校、政府、行业企业三者间的关系提供了空间。但在当前高职院校治理背景下，政府在宏观引导方面存在缺位，政策支持与财政支持方面都尚未到位，治理理念还停留在对高职院校治理事无巨细的干涉中。而对高职院校治理主体的社会资源而言，由于其自身对利益的追求以及高职院校在校企合作过程中大多不能提供充分吸引行业企业的资源，因此校企融合深度不够，校企合作只停留在字面上而无实质性内容。至于高职院校本身，当前存在着诸如行政化管理氛围较浓、人才培养质量与社会需求契合度亟待提高、"双师型"师资队伍建设水平不高、实训基地建设水平尚待加强等问题。如何破解新常态下我国高职院校治理进程中面临的困局，或许通过构建高职院校、政府、行业企业间的良性互动机制，特别是构建一套相对完善、操作性强、可量化的高职院校治理评价指标体系并充分用于实践是一个重要措施②，只有这样才能加快我国职业教育特别是高职教育的发展。

（2）严格执行两个"行动计划"，不断推进高职院校治理创新

要强化高职院校治理建设，首先应将完善考核评价提上重要议事日程，毕竟只有建立完善的考核评价体制，才能够对高职院校在治理建设过程中的得与失进行精确的评价，否则只能是"轰轰烈烈"的开始，"悄无声息"的收场，所存在的问题"涛声依旧"。因此，要想强化高职院校治理建设，必须让高职院校治理评价名副其实。为此，教育部分别于 2015 年 8 月与 10 月颁布了《职业院校管理水平提升行动计划（2015—2018 年）》和《高等职业教育创新发展行动计划（2015—2018年）》。前者详细列出了该行动计划的重点任务名称，并对责任主体以及完成时间做出了明确的规定。为了使高职院校治理有章可循，该行动计划还为办学理念、体制机制、章程制度、教师队伍等 10 项高职院校治理内容提供了相关参考点，可以说是对高职院校内部治理进行了全方位考核评价。后者则着眼于高职院校外部治理的考核评价，在形式上不仅延续前者在重点任务名称、责任主体以及完成时间上的体例，还具体列出了各个项目的名称、责任主体以及完成时间进度。因此，要严格执行这两个行动计划，并适时进行必要的监督，从而保障高职院校治理建设顺利开展。[①]

构建高职院校治理考核评价指标体系为创新高职院校治理发展路径提供了可能，为客观评价高职院校治理成效提供了测量尺度。通过测量尺度可对高职院校治理效果进行 360 度无死角扫描，为每个高职院校治理状况的得与失进行科学诊断。另外，这些高职院校治理的探索实践必将为有志于治理探索的其他高职院校带来启示，促使高职院校治理体系不断创新。

2. 高职院校治理评价指标体系的内容

高职院校、政府、社会多元共治型高职院校治理是我国高职院校今后一个时期努力的方向。通过此种高职院校治理类型的构建，高职院校、政府、社会三者真正成为高职院校的治理主体，在享受高职院校治理话语权的同时还承担着相应的责任。可以说，高职院校的发展命运与其息息相关。[②]此类治理是当下高职院校治理建设要追求的目标，并与多元共治状态相呼应。在全面解析目前高职院校治理建设理想目标所包含的要素的同时，针对我国高职院校治理建设的现状，从命运共同体角度出发，基于多元共治理论的指引，孙云志、柳燕分别对此进行了相关研究，将高职院校治理考核评价指标体系分解为若干个一级指标、二级指标以及三级指标，现结合起来梳理如下：

（1）高职院校内部治理的评价指标

高职院校内部治理既是高职院校治理的平台，也是高职院校治理的关键特征。高职院校内部治理指标具体涵盖办学理念、基本权力、组织结构、组织形式、治理制度、治理能力、治理文化[③]等 7 个方面，在此基础上分别进行细分，将办学理念分为发展定位、一训三风（校训、校风、教风、学风）2 个指标；将基本权力分为

① 孙云志. 高职院校治理考核评价指标体系的构建 [J]. 教育与职业，2016（12）：9-14.
② 孙云志. 高职院校教育质量建设路径创新研究 [M]. 南京：南京大学出版社，2014：43.
③ 胡正明. 高职院校内部治理的独特性及其实现路径 [J]. 中国高教研究，2015（5）：91-94.

政治权力（党的领导、党的办学理念和宗旨、办学方向）、行政权力（校长的权限、副校长的权限、中层管理者的权限、低层管理者的权限）、学术权力（教师的决策权及参与权、学生的决策权及监督权）和民主权力（行业企业的决策权及民主参与权、教职工代表的民主参与权、基层系部的民主参与权）4 个指标；将组织结构分为分工协作的高职院校治理结构、开放共治的高职院校治理结构和校企深度融合的教学结构 3 个指标；将组织形式分为党委会、校务委员会、教授委员会、教学委员会、教职工代表会、工会、党代会等 7 个指标，这里每个指标的主要评价要素包括会议的召开、人员构成和决策机制；将治理制度分为党委会制度、校长办公会议制度、教授委员会制度、教学委员会制度、党代会制度、教代会制度、职代会制度、高职院校章程等 8 个指标，这里每个指标的主要评价要素包括制度的制定、制度的完整性和制度的执行①；将治理能力分为治理形成能力、治理实施能力、治理调适能力、治理学习与创新能力 4 个指标；将治理文化分为产业文化与高职院校文化相结合、企业文化与高职院校文化相结合 2 个指标。

（2）高职院校外部治理的评价指标

我国高职院校外部治理主要表现为高职院校与政府、社会之间的关系。因此，高职院校外部治理评价的内容也应为高职院校与政府、社会之间的关系。当前，我国高职院校与政府的关系主要表现为：高职院校是政府教育意志的载体，而政府是高职院校的规划者、协调者、投资者、监督者和相关制度政策的制定者，政府从"全能政府"逐渐向"有限政府"、"服务政府"和"责任政府"转变。高职院校与社会的关系又是怎样的呢？当前，尽管社会参与已经成为教育治理的重要组成部分，越来越多的行业企业、社会组织、民间团体等已经成为学校办学、教育决策、教育评估和监督的重要力量，但是社会参与的力度、深度和广度仍然不足。高职教育是与行业企业关系最为密切的一种教育类型，行业企业是高职院校的重要办学主体，同时也是高职院校"产品"的重要接收者，因此，行业企业理应充分参与高职院校的决策、评估与监督。基于以上分析，不难看出高职院校外部治理评价指标涵盖了高职院校与政府的关系、高职院校与社会的关系两个方面，前者由政府的职权（经费投入、教育规划、宏观协调、评估与监督、政策和制度的制定）和高职院校的职权（自主办学权力、人事任免、课程和专业设置、经费自主使用情况）2 个指标构成。后者由社会参与的权限（社会参与高职院校办学、社会参与高职院校咨询与决策、社会对高职院校的监督、社会参与高职院校评估）和高职院校与社会的联系（高职院校与行业企业的合作情况、高职院校与校外人士的沟通交流情况、高职院校与家长和社区的联系）2 个指标构成。②

（3）政府治理的评价指标

政府是高职院校治理外部环境营造的决定者。政府治理的评价指标具体涵盖优质教育资源、院校办学活力、技术技能积累以及质量保障机制等 4 个方面，进而可以分别进行细分，通过更多的细分指标来体现预测量。具体地，将优质教育资源细分为专业建设水平、境外优质资源利用、信息技术应用、高等职业教育结构、区域

① 柳燕. 我国高职院校治理结构评价体系探究 [J]. 中国职业技术教育，2016（9）：84-87.
② 柳燕. 我国高职院校治理结构评价体系探究 [J]. 中国职业技术教育，2016（9）：84-87.

协调发展和职业教育集团化 6 个指标；将院校办学活力细分为分类考试招生、学分积累与转换制度、混合所有制办学、行业参与职业教育程度、企业办学主体作用、高职院校办学自主权和社区教育 7 个指标；将技术技能积累细分为服务中国制造 2025、服务优质产能"走出去"、校企合作发展、职业教育国际影响和文化传承与传播 5 个指标；将质量保障机制细分为缴费保障水平、院校治理结构、质量年度报告、诊断改进制度、高职院校教师管理和相关理论研究 6 个指标。[①]

（4）社会治理的评价指标

社会治理既是高职院校治理的关键，也是决定高职院校命运共同体成败的关键因素。社会治理的评价指标具体涵盖人才质量培养、运行机制建设以及机构办学活力等 3 个方面，进而可以分别进行细分，通过更多的细分指标来体现预测量。具体地，将人才质量培养细分为人才培养模式、教育质量评价、知识共享、协同创新、生产实训、专业课程和"双师型"教师培养 7 个指标；将运行机制建设细分为技术技能积累机制、职业教育投入机制、职业教育服务社区机制和职业教育区域合作机制 4 个指标；将机构办学活力细分为董事会（理事会）、职教集团、专业指导委员会、社区与高职院校联席会 4 个指标。[②]

以多元共治为价值指向来构建高职院校治理考核评价指标体系，不仅可为高职院校治理提供切实可行的行动路线图，还可对我国现代职教体系的构建起到促进作用。[③]当然，针对当前高职院校治理考核评价体系尚处在初级阶段的事实，在"有条件"吸收国内外考核评价体系"营养"的同时，还应结合我国各个地区、各个行业的实际需求，创新我国高职院校治理考核评价指标体系，完善我国高职院校治理考核评价方法。高职院校治理的评价指标体系具有开放性、动态性以及原则性。在未来的高职院校治理进程中，应不断进行系统优化与及时补充，使其权重体系与指标体系科学合理，从而使我国高职院校治理考核评价指标体系与时俱进。

3. 开展高职院校治理评价应注意的问题

要想构建较为完善的高职院校治理评价指标体系，应关注高职院校在治理过程中遇到的共性问题，将影响高职院校治理的重要因素包括其中，防止重要因素与次要因素的本末倒置，从而使高职院校治理考核评价指标体系体现出较强的普适性。为使高职院校治理评价的过程和结果更为科学、合理和客观，构建高职院校治理评价指标体系，开展高职院校治理评价时应注意以下几个问题：

（1）重视高职院校治理的独特性

我们在设计高职院校治理的评价指标体系时，应充分考虑高职院校不同于普通高等院校的独特之处。这是因为高职教育是融"高等性"和"职业性"于一体的高

---

① 孙云志. 多元共治视域下高职院校治理考核评价指标体系的构建 [J]. 教育与职业，2017（2）：24-29.

② 孙云志. 多元共治视域下高职院校治理考核评价指标体系的构建 [J]. 教育与职业，2017（2）：24-29.

③ 郑金洲，陶宝平，孔企平. 学校教育研究方法 [M]. 北京：教育科学出版社，2003：94.

等教育，其办学定位相对于普通高等院校来说具有独特性，而高职教育办学定位和办学功能的独特性也决定了高职教育治理结构的独特性。职业教育相关法规和政策明确了"政府主导、行业指导、学校主体、企业参与"的职业教育办学机制，这就决定了多元主体共同治理的高职院校治理结构，既需要政府、行业、企业和社区构成的外部治理，也需要学校、教师和学生组成的内部治理。"根据高职教育技术技能人才的培养定位，高职院校不仅要有同时承载现代大学的学术性和现代职业的技术性的制度设计理念，而且要有能够实现行业企业要素有效融入教育要素的治理手段和治理结构"。①

（2）评价要突出科学化、程序化和动态化

首先，在设计高职院校治理评价指标时，应将科学性奉为设计体系的指示明灯，综合考查各个方面的因素，从而争取给高职院校治理一个恰如其分的评价。为了全方位、多维度评价高职院校治理状况，必须不断完善高职院校治理评价指标。那些在实践过程中勇于探索的高职院校，由于其"触犯"了高职院校治理的习惯性思维，再加上目前探索结果尚未有定论，必然会导致各种版本的评说出现。针对这种情况，能否客观公正地评价这些高职院校治理的探索结果，不仅事关高职院校的健康可持续发展，同时也事关高职教育探索精神的培育。其次，要坚持高职院校治理评价程序化。所谓高职院校治理评价程序化，就是严格按照国家对高职院校治理评价的要求，保证对高职院校治理评价不走样。在构建高职院校治理评价指标体系时，对相关程序内容应该有严格的规定，要包括确定评价体系主体、界定治理涵盖范围、选定评价指标次序以及明确相关评价活动程序等方面。可以说，高职院校治理评价指标程序完善与否决定了其考核评价结果的准确度与民众的可接受度。诸如在《职业院校管理水平提升行动计划（2015—2018年）》和《高等职业教育创新发展行动计划（2015—2018年）》的基础上，教育部还相应颁布了《重点任务分工及进度安排表》、《职业院校管理工作主要参考点》以及《高等职业教育创新发展行动计划任务、项目一览表》等相关附件，这些程序性规定表明国家对高职院校治理评价程序化的关注度不断提升。最后，要坚持高职院校治理评价动态化。目前，对高职院校治理评价还停留在是否执行相关规定层面，对执行的效果则较少关注，这使得高职院校治理评价效果大打折扣，并成为亟待改进的重要部分。为此，高职院校治理评价指标应该包含事前、事中与事后整个监督体系，使高职院校治理从开始到结束都处于严格的评价监督之中。另外，必须指出的是，高职院校治理评价指标体系应该是开放式监督制度体系，高职院校、政府、社会都可以随时对其进行有效的监督。②

（3）定量评价与定性评价、过程评价与结果评价相结合

对高职院校治理的评价应采取定量评价与定性评价相结合的方法。由于高职院校治理评价的内容较为复杂和抽象，我们难以对一些指标进行准确的量化，若纯粹使用定量评价方法，就会影响定量评价结果的真实性和准确性。采用定性评价和定量评价相结合的方法则可在一定程度上弥补定量评价的不足。同理，高职

---

① 胡正明. 高职院校内部治理的独特性及其实现路径 [J]. 中国高教研究, 2015 (5): 91-94.
② 孙云志. 高职院校治理考核评价指标体系的构建 [J]. 教育与职业, 2016 (12): 9-14.

院校评价还要注意过程评价与结果评价相结合。过程评价是一种发展性评价，一般并不直接涉及教育结果，而是重视对问题的诊断，并根据所得的反馈信息来改进工作、推动发展；结果评价是一种鉴定性评价，它一般不涉及教育活动的过程而着重对教育结果进行成果鉴定和等级区分，以供优劣筛选。①高职院校治理是一个动态发展的过程，涉及高职院校内部治理的运行机制和外部治理的动态过程，单纯的鉴定性评价并不能全面和有效地诊断高职院校的治理结构状况。因此，评价高职院校的治理结构，应实施过程评价与结果评价相结合的策略。②

（4）确立高职院校治理考核评价主体，做好分类评价

谁来承担高职院校治理考核评价的"裁判员"角色，对高职院校治理考核评价的成效影响重大。传统由政府主管部门单一评价主体的考核评价方式只会造成高职院校对政府主管部门"言听计从"，高职院校沦为政府主管部门的执行工具，其办学自主权受到严重侵害，更不要说社会评价主体的缺失。因此，必须改革过去单一评价主体的模式，将高职院校、社会纳入其中，建立起多元化主体评价模式。具体而言，应在政府、高职院校、社会三者间建立一个平衡点，使三者的利益诉求都能够得到充分表达，形成兼顾各方要求的评价指标体系。既不能对高职院校、政府、社会三者间的差别熟视无睹，也不能"拣了芝麻丢了西瓜"；既不能过分强调政府、社会在高职院校治理中的功能，也不能搞政府、社会"虚无主义"，这样才能够保障政府、社会在高职院校治理过程中成为"最佳主体之一"。高职院校治理评价主体的不同，必然会导致其评价标准的迥异：对政府而言，高职院校治理外部环境的营造是考核评价的重点，及时颁布相关政策引导与资源支持是重点中的重点；对高职院校而言，完善的治理结构与高效的治理运行机制是对高职院校考核的重点；对社会而言，校企命运共同体的构建和社会参与高职院校治理的权益保障是重点。针对以上各个系统与各个层次的内容标准存在不同的差异性，灵活对待不同系统与不同层次考核对象成为决定高职院校治理评价指标科学性的关键。③

（5）重视隐性因素的细化，及时反馈评价结果

高职院校治理评价较其他教育评价来说更为复杂和困难，高职院校的治理结构中存在大量的隐性因素，对这些隐性因素进行显性化处理不是一件简单的事情。然而，各因素和指标的细化决定着高职院校治理评价的科学性和合理性。因此，在确定各指标的评价标准和权重时，应重视隐性因素的细化。尤其是在高职院校外部治理评价中，行业企业参与高职院校的决策和监督、高职院校与家长和社区的联系等，都是难以显性化却又是衡量高职院校外部治理结构状况的重要因素，我们应将这些指标层层细化，进而促进评价的顺利实施。同时，在开展高职院校治理的评价时，评价结果应及时向学校和社会反馈。教育评价结果的及时反馈十分重要，它直接关系到评价目的的全面实现。④开展高职院校治理评价的目的是促进高职院校治理结构的不断完善、治理能力和治理水平的不断提升。但在实践中，我们设计的评

①　黄云龙. 现代教育管理学［M］. 上海：复旦大学出版社，1993：226.
②　柳燕. 我国高职院校治理结构评价体系探究［J］. 中国职业技术教育，2016（9）：84-87.
③　孙云志. 高职院校治理考核评价指标体系的构建［J］. 教育与职业，2016（12）：9-14.
④　王景英. 教育评价理论与实践［M］. 长春：东北师范大学出版社，2002：233.

价指标体系可能并不能取得预期的评价效果，使得评价结果在一定程度上不那么全面和真实，因此，及时向学校和社会反馈评价结果可以通过咨询有关人士的意见，迅速调整方案，进而取得理想的效果。另外，高职院校治理评价结果的反馈，有利于鼓励先进、鞭策落后，促使高职院校自我认识和自我反省，从而促进学校治理结构的调整、提升学校治理能力。①

（6）"古为今用，洋为中用"，促进高职院校治理评价指标体系的创新

当前，西方高等院校已经形成了较为成熟的治理考核评价体系，在我国其他领域中也存在较为丰富的治理评价体系。这些评价体系的共同特征是指标量化度高、分类比较详细。由于国情与区域行业状况都有所不同，原封不动的"拿来主义"并不是构建我国高职院校治理评价指标体系所需要的，但"古为今用，洋为中用"仍是在构建我国高职院校治理评价指标体系时必须遵循的。创建具有我国高职教育特色的高职院校治理评价指标体系，应将高职院校、政府、社会都纳入其中，特别是对政府、社会的评价将成为我国高职院校治理考核评价的最大亮点之一。为了体现这些亮点并使其成为可操作的评价指标体系，在目前尚无现成的经验可做参考的背景下，应加大研究力度与强化创新精神，早日探究出符合高职院校治理特点的评价方法。②

案例研究

高职院校治理的实践探索

思考与讨论：

1. 广东工程职业技术学院治理创新体现在哪些方面？

2. 请对南京科技职业学院"五层七维"治理体系进行评价。

3. 高职院校治理应从哪些方面着手？

随着高职教育的发展，治理改革成为当前高职教育改革与研究的热门话题。许多高职院校适应新形势，积极推进高职院校治理，已经取得了一定成效和宝贵经验，现精选两所高职院校完善治理的实践探索，编录于此，以期给予我国高职院校以借鉴和启迪。

一、广东工程职业技术学院治理创新的实践探索

广东工程职业技术学院是一所具有 50 多年办学历史、以工科为主，文、经、管、艺术协调发展的公办高等职业院校。其前身是创建于 1958 年的广东省成人科技大学，2005 年转制为高职院校。转制以来，学院坚持"三高一融合一服务"（以高质量就业为导向、以高素质为灵魂、以高技术为核心，政校行企全方位融合，服务经济社会发展）的办学理念，以培养产业转型升级和企业技术创新需要的技术技能人才为根本任务，坚持内涵发展、特色发展、创新发展，以提高教育教学质量为核心，以机制体制创新为引领，大力倡导和践行"四个合作"（合作办学、合作育人、合作就业、合作发展），根据区域经济社会的发展变化和高等教育尤其是高等

① 柳燕. 我国高职院校治理结构评价体系探究 [J]. 中国职业技术教育，2016（9）：84-87.
② 孙云志. 高职院校治理考核评价指标体系的构建 [J]. 教育与职业，2016（12）：9-14.

职业教育发展的新常态,积极探索高职院校治理新举措。

1.先行先试开展事业单位法定机构改革工作

2012 年 7 月,学院经省编委批准,成为广东省事业单位法定机构改革的唯一高校试点。以建立现代大学制度为导向,理顺学院内外部权力关系,开展学院法人治理结构改革,探索建立社会广泛参与、产权多元的理事会或董事会决策议事、监督制度,为行业企业参与职业院校办学提供机制性保障。

2.修订《学院章程》,强化治理的制度基础

章程是高校的根本大法,通过建立章程,调整和重构行政权力、学术权力、民主权力的关系,体现多元利益主体的诉求,确保学校办学、行政、治校等行为依法合规,有章可循。根据国家及广东省的高校章程建设计划,学院重新修订章程,并于 2015 年 5 月 12 日经广东省教育厅审核,5 月 13 日向社会公告实施。学院章程界定了政府与学院之间的关系,明确了学院内部不同利益群体间的关系,明晰了内部各个组织及其成员的责任和义务,确立了一系列规范的议事程序,建立了一套规范的可操作性标准(如干部任免、教师聘任和学生入学等)。

3.强化社会参与和开放共治,推行"教育、科技、产业、金融"四融合办学

在高等教育发展新常态下,职业院校是一个利益相关者组织,要求在治理结构上更具开放性,行业、企业、社区、学生等各利益相关者都能有效参与学校治理,学校则能不断地从多元利益主体中获得办学资源和信息。[1]广东工程职业技术学院联合瑞士迅达(中国)电梯公司等企事业单位成立股份制导向的广东工程职业教育集团,以多形式参股共建生产性实训校区和学生实习实训基地,引入与产业对接、专业相关的生产线。为搭建校企合作的实体平台,学院成立了资产经营有限公司,并组建了广东工程职教发展股份公司。学院主要以教育用地使用权作为投入要素,其他合作的企事业单位按合作约定投入资金、设备、技术等资源。集团各成员按章程履行义务,分享成果并承担责任,达到信息互通,以实现优势互补、共同发展。

4.改革干部人事制度,明确行业组织及企业在学院治理中的角色定位

高职院校治理需要解决的首要问题是校、行、企的利益协调与分配问题,明确不同利益相关主体的角色。为此,学院改革干部人事制度,建立柔性的人才引进和管理制度,聘请企业家、行业专家担任二级学院院长,保留高层次人才的"企业+学校"双重身份。例如,学院聘任了从事电梯行业 30 多年的电梯专家、瑞士迅达电梯集团高管担任电梯工程学院院长,聘任了广证恒生证券投资公司金融高管为金融投资学院院长等,实行院长负责制。这样,行业专家既是决策者,也是执行者或者参与者,作为企业方与学院共同参与学院的治理。

5.加强对外交流与合作,推进院校治理的国际化

治理的国际化是院校治理能力现代化的重要指标。在信息化时代,国际交流与合作越来越密切,职业教育的国际化已成为新常态。近几年,学院与新西兰尼尔森理工学院等开展了国际合作办学,并在人才培养方面与发达国家和地区展开合作与交流,学习借鉴他国院校的成功治理经验,提高院校治理能力。[2]

① 查吉德. 推动院校治理现代化 适应职业教育发展新常态 [J]. 中国职业技术教育, 2015 (15): 5-9.
② 劳汉生. 高等教育新常态下的高职院校治理探索 [J]. 南方职业教育学刊, 2015 (11): 1-4, 10.

二、南京科技职业学院"五层七维"治理体系构建的探索

作为国家示范性（骨干）高职院校的南京科技职业学院，在不断强化内涵建设的同时，针对高职院校的资源型组织特点，将推进学校治理体系和治理能力现代化作为学校履行现代职教体系建设使命、加快教育现代化进程的重要课题，坚持"梳理优化组织结构，提高改善组织绩效"的理念，着眼于适应区域经济社会发展需求、整合多元价值诉求的现代性，把握价值的协调性、结构的开放性、制度的民主性、运行的规范性、实践的效率性等五个向度，不断完善治理结构和运行机制，积极建设现代大学制度。在2011—2013年的国家骨干校建设实践中，南京科技职业学院通过对原有治理思想和治理体系的不断梳理和提升，逐步形成包含"标本兼治、重在治本"的治理方针，"授权用权合法合规、责任权利统一对等、执行结果协调效能"的治理原则，"依法治校、民主治校、科学治校"的治理策略和"源头治理、系统治理、综合治理、依法治理、统筹协调"的治理思路等内容的法人治理结构思想，并以此为指导，建立了纵向总管理层、决策层、执行中心、组织执行层和具体执行层（共五层）分工明确，横向党建维、行政维、学术维、咨询维、群团维、监督维和保障维（共七维）相互协同的内部自洽、外部开放的"五层七维"一体治理体系（如图1-1所示），进一步厘清关系、明确方向、规范行为，促进学校管理水平提升，为学校各项事业的健康发展奠定了坚实基础。

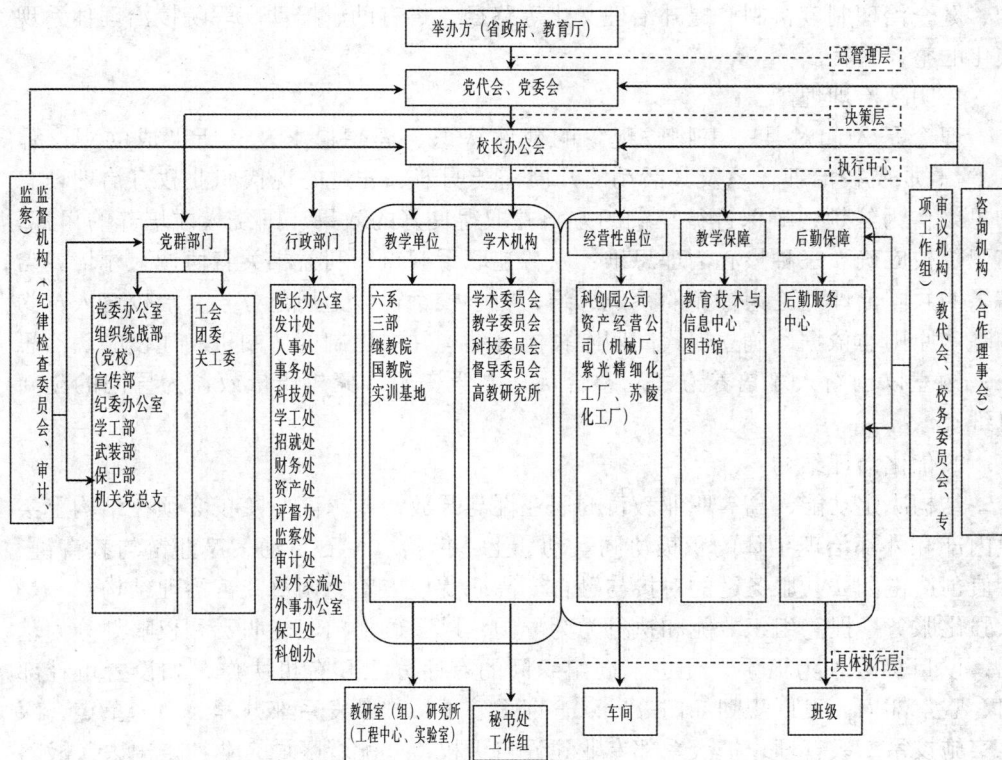

图 1-1　南京科院"五层七维"一体治理体系图①

①　崔炳辉，夏纯灿. 高职院校治理体系构建的实践研究——基于南京科技职业学院"五层七维"的校本分析［J］. 职教论坛，2016（29）：51-56.

在南京科技职业学院"五层七维"一体治理体系中，总管理层为省政府及教育主管部门（省教育厅）；决策层为学校党代会、党委会；执行中心为校长办公会；组织执行层为行政部门、教学单位、学术机构、经营性单位等二级单位；具体执行层则为教研室（组）、研究所（工程中心、实验室）、秘书处、工作组、车间、班组等基层组织；咨询审议维即咨询审议机构，包括合作理事会、教代会、校务委员会、各专项工作组等；监督维即监督机构，包括校党委纪律检查委员会、审计部门、监察部门等；保障维包括教学保障、后勤保障等相关机构。

根据"五层七维"治理体系的顶层设计，南京科技职业学院党委按照"依法设置、科学规范；深化改革、适应发展；党政分开、系统完备；优化结构、责权一致；协调有序、精简高效"五项原则，出台了《机构设置实施方案》，通过新增、拆分、合并、保留等方式合理设置机构和人员，明确了部门（单位）核心职责。

为适应高校特点，加强工作和管理的规范性，提升执行力和效能，南京科技职业学院以章程修订为抓手，通过废、改、立等手段，强化全面系统、科学合理的制度体系建设、高效运行的机制建设和具有适用性、权威性、前瞻性、继承性的规章制度建设，实现制度管权、管事、管人。

基于南京科技职业学院"五层七维"一体治理体系的构建实践，从当前我国高职院校治理体系建设的现状与发展趋势来看，重点围绕明晰治理理念、优化治理结构、健全治理制度机制、提升治理文化等路径，将有助于推动高职院校治理体系现代化的整体进程。

1. 明晰治理理念

理念是人们对某一事物或现象的理性认识、理想追求及其所形成的观念体系。[1]高职院校治理体系及其活动的开展需要明晰、先进的现代职业教育治理理念和思维作为统领，确保遵循正确的方向并取得良好的效果。围绕人才培养的目标，高职院校应确立三种核心治理思维：以普遍联系观点、利益相关者协调人才培养与需求的共同治理理论为视角的系统思维；将学校章程作为规范办学、治校育人行为的基本原则与依据，确立现代高职院校制度结构并强化制度体制机制建设的法治思维；树立以创新人才培养方式、整合优化办学资源、聚焦质量效益为导向的创新思维。

2. 优化治理结构

结构决定功能，高等职业教育的职业性与开放性要求高职院校必须在结构上实现内部和外部治理主体的积极协同互动、上下衔接、左右贯通，产业链与教育链、价值创造链和公共服务链的对接与融合。高职院校应着力调整完善治理结构：一是以强化服务、提高组织效能和执行力为导向，以明确部门职能职责和权限划分为基础，以目标管理为抓手，促进横向组织间的有序分工和有机协作，如设置审计部门、监察部门、发展规划部门等；以管理重心下移、激发系部办学活力为重点，深入实施校系二级管理，扩大系部专业建设自主权，如配合区域企业"走出去"战略和国际化办学需要而设立国际交流教育学院等。二是决策权、执行权、监督权相互

---

① 韩延明. 理念、教育理念及大学理念探析 [J]. 教育研究，2003（9）：50-56.

制约，在坚持党委领导下的校长负责制的基础上，强化民主管理，突出教师代表大会、学生代表大会在学校治理结构中的最高权益中心与主体地位；凸显学术委员会在学科专业建设、学术评价、学术发展、学风建设等事项上的重要作用，促进行政权力和学术权力的相对分离。三是实现多方位开放性治理，建立学校、地方政府、行业、企业、科研院所和社区共同参与的合作理事会，充分发挥决策咨询职能，确保将行业企业、社区等利益相关者的需求、利益和力量通过既定正式渠道渗透到学校人才培养、社会服务等办学工作的各个环节中；建立由校长、副校长、行政职能部门负责人、教学系（部）负责人、教师、离退休教职工、学生、校友代表、行业企业或其职能部门领导组成的校务委员会，发挥对学校行政工作的咨询、评议功能。

3. 健全治理制度机制

任何组织如果没有法规制度赋予它存在的合法性依据及其行为的规范制约，即使其成员素质良好也难保其不乱。良好的法规制度及其有效执行，以及正式或非正式的有效工作方式方法即机制的建立健全，是一个组织成熟的重要标志。[①]高职院校应在"全面依法治国"的总框架下，确立并落实依法治校、民主治校、科学治校的理念，在完善治理结构的同时，不断优化治理制度机制。在制度层面，可以章程制定为契机，以现代大学制度为抓手，建立以高职院校章程为根本制度，包括校务综合规章、教学工作规章、学生工作规章、科研教研规章、财务资产规章、组织宣传规章、人力资源规章、工会团委规章、后勤保卫规章、纪检审计规章、信息管理规章等若干板块的基本制度和具体规章制度相互统一、协调的制度体系，并相应进行工作流程优化与再造。在机制层面，贯彻落实高校领导体制机制要求，制定出台《党委领导下的校长负责制实施细则》，进一步明确党委和行政、书记和校长的职责，以及党委会和校长办公会议事范围和议事规则，并认真组织学习贯彻，同时可根据需要建立健全如决策决定、谋划发展、沟通协调、意见征集反馈、落实检查、学习调研、宣传教育、批评与自我批评、联系指导、信息公开等工作机制及相关规定要求，不断提高治理能力水平。

4. 提升治理文化

文化是"内在于人的一切活动之中，影响人、制约人、左右人的生存方式的深层的、机理性的东西"。[②]治理文化的认同有助于良好治理环境的营造和治理能力现代化进程的合力推动。在强化院校内涵建设、推进转型升级、服务新常态的工作中，应通过文化提升工程，积极培育先进的具有高职院校特色的治理文化，形成"春风化雨、润物无声"的隐性力量，力求与治理体系的构建相辅相成。一是确立"师生为本、立德树人"的治理人本导向，达成"开放合作共赢、服务人的发展、服务区域经济社会发展"的高度价值共识。二是坚持治理中的"合乎程序、合乎规章"，杜绝违规授权用权、权利义务的非对等统一，注重强化执行力建设。三是重视"产业文化进校园、企业文化进课堂"背后的文化融合与引领，树立以质量、效益、效率、效能为核心的经营理念，形成贴近需求、贴近实际、贴近市场、贴近大

---

① 眭依凡. 论大学的善治 [J]. 江苏高教，2014（6）：15-21.
② 韩延明. 理念、教育理念及大学理念探析 [J]. 教育研究，2003（9）：50-56.

学精神的治理文化，促进治理体系中的多元主体及相关组织之间调和利益诉求并采取持续的联合行动，进而不断完善符合现代高等职业教育理念的治理体系。[①]

① 崔炳辉，夏纯灿. 高职院校治理体系构建的实践研究——基于南京科技职业学院"五层七维"的校本分析 [J]. 职教论坛，2016（29）：51-56.

第二章 章程制定——高职院校治理的前提

　　各类高校应依法制定章程，依照章程规定管理学校。尊重学术自由，营造宽松的学术环境。全面实行聘任制度和岗位管理制度。确立科学的考核评价和激励机制。

　　　　　　　　——《国家中长期教育改革和发展规划纲要（2010—2020年）》
　　章程是高等学校依法自主办学、实施管理和履行公共职能的基本准则。高等学校应当以章程为依据，制定内部管理制度及规范性文件、实施办学和管理活动、开展社会合作。

　　　　　　　　　　　　　　　　　——《教育部高等学校章程制定暂行办法》

　　大学章程是在国家法律框架下制定的学校内部的"基本法"，是高校成为法人的基本要件。当前，国家正大力推进教育体制改革和现代大学制度建设，大学章程建设作为现代大学制度的核心和起点，越来越受到教育主管部门和大学管理者的重视。占到高等教育半壁江山的高职院校的办学规模日益扩大，如何保证办学自主权并办出高职特色，改革不适应大学内外部环境变迁的管理制度，已经成为高职院校管理不可回避的重要问题，许多高职院校也将章程制定提上议事日程。

　　高职院校章程的制定是高职院校治理的前提。建立高职院校章程是构建现代大学制度的重要措施，是高职教育内涵式发展的必然要求。当前高职院校在制度建设中应更好地发挥大学章程在维护大学自主办学空间、促进社会合法参与大学管理、建构大学治理结构等方面的功能，从而促进现代大学制度建设以及高职院校内涵式发展。

一、我国大学章程的实践历程

　　高职院校作为我国高等院校的一个重要组成部分，经过近半个世纪的深化发展与制度积累，院校制度正在不断完善，要探讨高职院校章程的制定，必须对我国大学章程的实践历程进行一个梳理。

1. 大学章程的起源

大学章程的产生可以追溯到现代大学的起源时期——12世纪的西欧。当时的国王或教皇以给大学颁发特许状的形式，允许大学拥有开设课程、聘请教师、制定学术标准等一系列学术和管理方面的自治权力。特许状作为中世纪大学取得合法自治权力的载体，开启了大学章程的历史先河，成为大学获得独立自治地位的法律渊源。

到美国殖民地学院建立时期，大学的特许状作为一种法定形式得到了巩固，作为连接国家、教会或殖民地政府的教育立法与大学自我治理之间的纽带，特许状也是当时教育立法的主要形式，但还不是现代意义上的大学章程。

数百年岁月沧桑，从12世纪意大利的波隆那大学，到1810年洪堡创办的"第一所具有现代意义的大学"——德国柏林大学，再到当代大学，大学的功能和影响力日渐扩展，人才培养、科学研究、社会服务和文化传承成为大学的四大功能。当代大学已遍布世界各地，成为现代社会科学发展和人才培养的高地，在国家发展中占据着举足轻重的地位。大学章程已经脱离了与国家或地方政府教育法规混合的状态，获得了独立的法律地位，成为现代大学自我治理的总纲。目前，在大学制度发展比较成熟的国家或地区，如美国、英国、加拿大、日本、德国、法国、澳大利亚以及我国的香港和台湾地区，大多数大学都有成文的大学章程。虽然在名称、组织结构、内容繁简上有所不同，但一般都统称为大学章程，因为其所指是基本一致的，都是大学权力机构根据大学设立时所取得的特许状，以国家或地方政府教育政策法规为基础制定的上承国家教育法规、下启大学内部管理的具有一定法律效力的治校总纲。

大学章程是一所大学个性特征的缩影，对大学的组织机构、权力运行、办学目标、人才培养方向、学科专业设置、经费筹措、学位授予、教师聘任等各方面的管理起着基本法的作用。作为国家法律、教育法规和大学具体规章制度的中转站，大学章程是大学的"宪法"，是高度概括性的规范，体现了组织结构和权力运行的基本态势，以及大学各利益相关方的利益诉求和基本的办学方向。大学章程具有维护大学自治和学术自由、建构大学治理结构、促进社会合法参与大学管理等主要功能。[①]

2. 我国大学章程的制定

（1）民国时期的大学章程。我国的现代大学制度起步于晚清，1898年建立的京师大学堂被称为我国第一所具有现代意义的大学，1902年清政府颁布的《钦定京师大学堂章程》也可以视作我国最早的大学章程。章程中规定了大学的学制、学科设置、办学纲领、招生办法、教师聘用、领导体系和教学纪律等各项内容。京师

---

① 丁黎敏. 试论大学章程的主要功能在高职院校现代大学制度建设中的实现 [J]. 现代物业·现代经济，2012（6）：106-109.

大学堂不仅是全国的最高学府，也是当时全国的最高教育行政机关，具有统辖各省学堂的职权。由政府颁布的《钦定京师大学堂章程》，就不仅是学校的章程，也可视作当时的"高等教育法"。

民国时期是一个战事不断、社会动荡不安的时期，政府控制力的减弱、东西方思想的碰撞、思想自由和教育救国的热情，都为高等教育提供了难得的自主发展空间，高等教育进入了一个大发展的繁荣时期。无论是公立大学，还是私立大学，基本上都有自己的大学章程，制定主体均为学校的权力机关，并通过严格的制定程序和教育部核准程序，作为大学自治的总纲，大学章程获得了独立的法律地位。在治学理念上，主张思想自由、学术独立和教授治校成为民国时期大学的突出特征，教授不仅参与学术事务，还参与学校的管理事务。由于具有先进的大学理念和正确的价值取向，这些大学章程为当时大学的发展提供了制度保证。①

（2）中华人民共和国成立以来的大学章程。中华人民共和国成立以来，在计划经济体制下，教育行政管理长期以政府为主导，政府集大学的举办者、投资者、管理者等多重角色于一身，实行大一统的管理体制，高校只能服从于政府部门的意志和利益，基本没有办学自主权，规范大学依法办学、自主办学的大学章程也就没了用武之地。

改革开放以来，随着国力的增强和高等教育向大众化、国际化方向发展，教育体制改革和现代大学制度建设日益受到国家层面的重视。1995年颁布的《中华人民共和国教育法》（以下简称《教育法》）首次提出设立学校及教育机构必须要有组织机构和章程，并应按照章程自主管理。随后，《国家教委关于实施〈中华人民共和国教育法〉若干问题的意见》对各级各类学校及其他教育机构做出了应实行"一校一章"的严格规定。1998年，《中华人民共和国高等教育法》（以下简称《高等教育法》）颁布，明确要求新设立的高等学校必须提供章程，并明确高等学校的章程应当包括办学宗旨、学科门类的设置、内部管理体制、经费来源、举办者与学校之间的权利和义务、章程修改程序等十个方面的内容。2006年，教育部在吉林大学召开了直属高校依法治校工作经验交流会，对大学章程制定工作做了明确要求和广泛动员。

1995年《教育法》和1998年《高等教育法》的颁布和实施为高校推进依法治校和章程的制定提供了根本制度支持，随后我国部分高校纷纷制定了相对完善的大学章程。根据有关数据统计，截至2007年年底，共有563所高校（包括本科、专科、独立学院）已按相关文件要求报送章程或已对章程草案进行审议，占当时全国高校总数的21%。②

2010年7月颁发的《国家中长期教育改革和规划纲要（2010—2020年）》，从完善中国特色现代大学制度和推进依法治校的高度再次提出加强章程建设，"各类高校应依法制定章程，依照章程规定管理学校""学校要建立完善符合法律规定、体现自身特色的学校章程和制度，依法办学、从严治校，认真履行教育教学和管理

---

① 丁黎敏. 试论大学章程的主要功能在高职院校现代大学制度建设中的实现 [J]. 现代物业·现代经济，2012（6）：106-109.
② 王大泉. 我国高校章程建设的现状与路径 [J]. 中国高等教育，2011（9）：16-17.

职责"，这是现代大学制度首次出现在党中央、国务院的文件中。规划从研究制定党委领导下的校长负责制实施意见，探索学校理事会或董事会，学术委员会发挥积极作用的机制、探索教授治学的有效途径，完善大学校长选拔任用方法，健全社会支持和监督学校发展的长效机制等方面提出了现代大学制度的建设重点，为推动通过大学章程建设取得教育体制机制改革的突破指明了方向。同年 12 月，北京大学等 26 所大学被列为"推动建立健全大学章程"的试点单位。

2011 年，教育部出台《高等学校章程制定暂行办法》（以下简称《暂行办法》），该办法是大学章程制定的政策依据和方法指导，对大学章程的制定提出了具体操作办法。《暂行办法》明确指出，"章程是高等学校依法自主办学、实施管理和履行公共职能的基本准则"。

2013 年，教育部颁布的《全面推进依法治校实施纲要》提出："到 2015 年所有高校都要制定章程，形成'一校一章程'的格局。"[①]这对所有高校的章程建设都提出了明确的目标和时间要求。由此，高校章程建设工作摆上了各级教育行政部门和高等学校的工作日程，2013 年 11 月 28 日，中国人民大学、东南大学、东华大学、上海外国语大学、华中师范大学、武汉理工大学等 6 所高校的章程第一批通过教育部正式核准备案，标志着我国高校章程建设取得了实质性进展。[②]此后先后分 7 个批次，84 所"211 工程"高校章程核准发布，本科院校的章程建设取得了标志性成果，我国高等学校依法治校办学取得显著进展，形成了"有章可循、依章治校"的局面。

从 20 世纪末开始，高职院校在数量和办学规模上快速扩张，2017 年我国高职院校数量已达 1 388 所[③]，占据了高等教育的"半壁江山"。与本科院校相比，高职院校总体办学历史较短，文化积淀、治校理念、制度建设等方面都存在不小差距，其管理体制还需进一步完善，管理能力还需进一步提升。因此，高等职业院校的章程建设还处在摸索制定阶段，尚不够成熟，进展也较为缓慢。如何破解其中的难题，构建具有校本特色的高职院校章程，需要我们对高职院校章程建设的内涵、现状、进展及问题等予以深入剖析，对构建校本特色高职院校章程作进一步思考和探讨。章程建设作为现代大学制度建设与内部治理结构调整的一个契机，是高职院校发展从规模扩张转向内涵发展的必由之路，更是高职院校走向依法治校的迫切要求。

二、高职院校章程的定义和特点

高职院校章程作为大学章程建设的一个分支，既属于职业教育的范畴，也属于高等教育法学的范畴[④]。要对高职院校章程进行探讨，首先要对大学章程的内涵进行研究与探索。

① 教育部. 全面推进依法治校实施纲要［EB/OL］.［2013-01-16］. http://www.moe.gov.cn/publicfiles/business/htmlfiles/moe/s5933/201301/146831.html.
② 董凌波，冯增俊. 我国大学章程制定的困境与出路［J］. 复旦教育论坛，2014（12）：56-60.
③ 教育部. 全国高等学校名单［EB/OL］.［2017-06-14］. http://www.moe.edu.cn/srcsite/A03/moe_634/201706/t20170614_306900.html.
④ 鲁柏铮. 高职院校章程建设现状的调查研究［D］. 重庆：西南大学，2014.

1. 大学章程与高职院校章程的定义

对于大学章程的内涵，学者观点多样，仁智互现。有关大学章程的定义问题，我国首部《学校章程》专著的作者陈立鹏把章程定义为"为保证学校正常运行，就办学宗旨、任务、内部管理体制及财务活动等重大的、基本的问题做出全面规范而形成的自律性基本文件"[①]；陈于后认为，"高等院校的章程是指为保证高校工作正常运行，就办学宗旨、内部管理体制和各项重大原则制定的全面的规范性文件"[②]；米俊魁认为，"大学章程是指，为保证学校自主管理和依法治校，根据《教育法》等法律、法规的规定，按照一定的程序，以条文形式对大学重大的、基本的事项做出全面规定而形成的规范性文件"[③]；鲁晓泉认为，"高职院校章程是为了保证高职院校自主管理和依法治校，根据《教育法》等法律、法规以及高职院校客观实际，按照一定的程序，由高职院校自己制定的对涉及学校重大的、基本的事项做出全面规定而形成的规范性文件"[④]；袁本涛认为，"大学章程是大学自治和学术自由及现代大学制度的法律保障，是处理大学内、外部关系的基本法律依据"[⑤]。国家教育委员会人事司组织编写的《教育法制概论》一书中认为，"章程是指为保证学校教育教学活动的正常运行，主要就办学宗旨、内部管理体制及财务活动等重大的、基本的问题做出全面规范而形成的自律性的基本文件，是学校自主管理的基本依据"[⑥]。

从以上几种对大学章程内涵的界定来看，学者分别从不同角度揭示了大学章程的本质，但在表述上仍存在偏颇或不全面的问题，如章程制定的主题不够明确、内容过于狭窄、法律依据和效力不完全等。王明达在 1996 年的全国职业教育工作会议上指出："高等职业教育是高等层次的职业教育，是高等教育的一部分，是一种特殊类型的高等教育。"高职院校章程属于高校章程的范畴。要深入理解大学章程的内涵本质，不仅要把握章程的基本文本内容，而且要把握章程的深层内容：一是组织要素，即组织的宗旨和组织结构；二是体现高职教育的规律和特色；三是紧密结合高职院校的办学实际。[⑦]

基于以上对大学章程的定义，我们认为，高职院校章程应当是根据《教育法》和《高等教育法》等法律、法规，针对高职院校的办学定位与特点，由高职院校的举办者或其委托机构及其他利益相关者共同制定，并经批准举办学校的机关批准，以书面形式对涉及高职院校性质、宗旨、任务、组织结构、教师与学生的基本权利与义务、校企合作等重大的、基本的事项做出全面规定而形成的纲领性文件。[⑧]

①　陈立鹏. 学校章程 [M]. 北京：光明日报出版社，1999：16.
②　陈于后. 高等院校法律地位探析 [J]. 四川理工学院学报：社会科学版，2004（4）：32-36.
③　米俊魁. 大学章程价值研究 [D]. 武汉：华中科技大学，2006：16.
④　鲁晓泉. 我国高校章程及其制定研究 [D]. 上海：华东师范大学，2007：43.
⑤　袁本涛. 现代大学制度、大学章程与大学治理 [J]. 探索与争鸣，2012（4）：69-72.
⑥　国家教育委员会人事司：教育法制概论 [M]. 北京：教育科学出版社，1997：87.
⑦　林春明. 高职院校章程建设的现状、问题与对策 [J]. 教育评论，2015（12）：54-57.
⑧　徐元俊. 对制定高职院校章程的几点思考 [J]. 现代教育科学，2012（2）：170-173.

2. 高职院校章程与本科院校章程的区别

高职院校作为我国高等教育的一个重要组成部分，已成为现代职业教育发展的核心力量，为实现社会经济发展与产业行业提升以及高等教育发展提供了基础性支撑。高职院校章程与本科院校章程同属高校章程的范畴，但二者又有所区别，不能完全等同。①

（1）高职院校章程属于高校章程的范畴。章程指"书面写定的组织规程或办事条例"（《现代汉语词典》）。大学章程是指为了保证高等学校的规范管理与正常运行，依照国家相关法律，在办学宗旨、主要任务、内部管理体制及财务活动等重大的、基本的问题上做出的较为全面、规范的自律性基本文件。高职教育是高等层次的职业教育，是高等教育的一部分，是一种特殊类型的高等教育。高职院校章程属于高校章程或大学章程的范畴，应依据国家教育法律、法规，结合高职院校自身的历史传统、校风学风教风作风、行业特点、办学特色等实际自主制定。

在章程的内容上，《高等教育法》第二十八条对此做出具体规定，包含学校名称、校址，办学宗旨，办学规模，学科门类的设置，教育形式，内部管理体制，经费来源、财产和财务制度，举办者与学校之间的权利、义务，章程修改程序以及其他必须由章程规定的事项。《高等学校章程制定暂行办法》也认定章程应当按照《高等教育法》的规定，载明上述内容。因此，可以看出，在大学章程的相关内容以及文本框架设计上，二者是相似的，没有区别。不管是高职院校还是普通本科院校，都应该遵循上述规定的内容，并以此为依据起草章程。②

（2）高职院校章程不同于普通高校大学章程。高职院校与普通高校虽然都属于高等学校，但两者又分属于两种不同类型的教育，所以两者在功能定位方面各有侧重，在人才培养目标和培养方式上也不尽相同，在师资队伍、科研要求、技术服务等方面也有很大区别，高职院校体现出明显的职业性、区域性。因此，高职院校章程应不同于普通高校的大学章程，或者说与一般意义上所说的大学章程有所区别。如果高职院校的章程不能体现高职院校的特点，照搬普通高校的大学章程，那么，它与其他类型的高校也就缺乏了明显的区别与界限，从而导致高职院校不能明确自身的办学定位，不能按照高职教育规律办学，最终影响高等职业教育的发展，甚至影响整个高等教育的错位发展和科学发展。③

高职院校章程除了要依照《教育法》和《高等教育法》来制定外，还要依照《中华人民共和国职业教育法》（以下简称《职业教育法》）等法律、法规，根据高等职业教育的规律，针对高职院校的办学定位和特色、特点来制定。与高职院校利益相关者，如政府、行业、企业等，都应参与高职院校章程的制定。在高职院校章程中，校企合作等内容必须充分强调、详细制定，从而体现高职院校的特点。

---

① 邓志良，任占营，等. 关于高职院校章程制定的几点思考 [J]. 中国职业技术教育，2014（18）：21-23.
② 林杨芳，王巧萍，苏晓琳. 基于校本特色构建高职院校章程的思考 [J]. 湖北广播电视大学学报，2016（4）：17-20.
③ 赵玲珍. 现代高职院校制度建设初探 [J]. 教育与职业，2012（21）：23-24.

3.高职院校章程的特征

高职院校章程从性质上看，具有以下特征：

（1）法定性。从制定依据来看，大学章程，包括高职院校章程是依据国家教育法律而制定的。现代大学承载着科学研究、人才培养和社会服务三大功能。在法治社会中，一切权力都应当受到法律的约束。在民主法治的社会中，国家对大学的控制与管理更多的是通过国家法律的制定与实施来实现的。然而，在我国现行的高教行政法体系内，除去《高等教育法》和《教育法》对大学章程做出简略规定外，只有教育部颁布的于 2012 年 1 月 1 日实施的《高等学校章程制定管理办法》对大学章程的制定做出了较为详细的规定，但该办法属于部门规章，其法律位阶太低、效力不强，仅作为法院审理案件的参考，而且该办法也未规定和区分我国现行大学的性质，更未设定不制定章程或者章程违法的法律后果。因此，完善大学章程制定依据是大学制度改革的必要前提。在民主法治的社会中"游戏的规则比游戏本身更重要"①。

（2）自治性。大学章程是大学自治管理的基本依据，其主要目的在于平衡大学自治权。高职院校章程是学校其他规章制度的基础和依据，是高职院校管理和运行的"宪法"，在制度体系中是"母法"或"上位法"，要经过上级主管教育行政部门核准后向社会公布。它要明确组织内部的权利和义务，协调高职院校的内部程序，体现高职举办者的意志。②

（3）多元性。当今，高职教育校企合作办学、产学研结合的人才培养模式等特征，以及高职院校更强调吸引行业、企业等社会组织参与办学的特点，使高职院校已经不再是独立的个体，而是与区域经济社会发展、科技进步、公民素质提高密切相关的利益相关者组织。高职院校的社会性更强、开放性更高、利益多元性更加突出，高职院校章程呈现出主体多元性的明显特征。从制定主体来看，高职院校章程是与高职院校设立和运行息息相关的各方利益主体协商一致的结果。这就要求章程建设须以利益相关者理论为基础，完善高职院校章程，减少内部治理中的利益分歧与矛盾冲突。③在高职院校章程中，应充分体现参与办学的社会组织成员的共同利益和意志，必须使章程成为保证高校自主管理与依法治校，并具有一定法律效力的治校纲领性文件。

高职院校多元主体只有参与学校管理的机会平等、责任共担和权力共享，才能实现大学自治权的平衡。由于高职院校章程设定了大学内部各利益主体的权力边界，因而其制定过程必定是各利益主体背后的利益博弈、分配和协调过程。因此，高职院校章程建设的重点不在于制定一部什么样的章程，而在于在章程的制定过程中，各利益主体是否得到充分的尊重，尤其是学术研究者的"话语权"是否有足够的影响力。只有理顺高职院校内部利益主体间的关系，才能实现高职院校章程制定

---

①　欧阳恩剑. 法治视角下高职院校内部治理现代化研究［M］. 广州：广东高等教育出版社，2017：79.
②　林春明. 高职院校章程建设的现状、问题与对策［J］. 教育评论，2015（12）：54-57.
③　王荣辉，孙卫平，等. 基于利益相关者理论的高校治理研究［J］. 中国职业技术教育，2013（30）：34-37.

的合理化、正当化、民主化。只有充分尊重利益主体，提升学术研究者"话语权"的影响力，才能有效地防止行政权力对学术权力的侵蚀。①

（4）局限性。高职院校的章程建设，其主要目的在于更好地发挥高职院校内部治理，不断推动高职院校实现规模化发展。从这一目的来看，即使当前最新修订的院校章程，也不一定会发挥长久的效力，对院校未来发展势必存在一定的局限性。这样的局限性首先体现在人类个体思考和解决问题的局限性，时代的不断进步会导致人们目前所掌握的知识处于落后状态，这对章程的可持续建设将产生极为不利的影响。而在章程制定的政策导向方面，也存在局限性，将导致章程的针对性与稳定性不断降低。章程建设实践的局限性还体现在章程的制定过程中，所有参与章程制定的主体如何把握自己所应发挥的作用，如何分配章程制定后院校内部治理改革的利益，都存在不可预判性，这些内容也同样制约着章程的制定。②

（5）程序性。从规范性质看，高职院校章程既是实体性规范，也是程序性规范，是实体性规范与程序性规范的统一体。程序正义既是行政法治化的基本要求，也是高职院校治理民主法治化的重要体现。高职院校章程必须体现"正当程序"之基本精神，如大学章程的制定与修改程序、重大事项的决策程序、日常事务的处理程序等。只有通过正当程序来制定和实施章程，才能获得大学内部成员的普遍服从，使高职院校章程对内部成员具有约束力。高职院校治理改革的目标能否得到实现，高职院校自治权能否得到落实，从某种意义上讲，正当程序是其决定性的影响因素之一。③

三、高职院校章程建设的目标和意义

高职院校章程是高校实施办学自主权的重要依据，回顾早些时期计划经济时代背景下的高职院校办学完全依赖于政府的主导，章程的建设并没有任何意义，更谈不上目标。时至今日，我国市场经济体制的完善性仍待进一步加强，政府集权在高职院校中的管理模式依然遗留，致使高职院校章程建设并没有受到重视。④在社会主义市场经济体制逐渐趋于完善的新形势下，行政管理体制改革进程亦随之深入，现代高职院校章程的建设在现代大学制度的发展与高等教育大众化时代，目标更加明确，意义与必要性也越发凸显。

1. 高职院校章程建设的目标

依法治校要求大学依据法律、制度来治理、管理学校事务，学校章程是大学治理的"基本法"和依据。大学章程建设的目标主要包括以下两方面的内容：

（1）推进大学民主法治进程。党的十八届四中全会通过了《中共中央关于全面推进依法治国若干重大问题的决定》，"法治"就是要求大学在法律的授权下制定章

---

① 欧阳恩剑. 法治视角下高职院校内部治理现代化研究 [M]. 广州：广东高等教育出版社，2017：79.
② 潘旭. 高职院校内部治理章程建设探讨 [J]. 高教论坛，2017（16）：9-10.
③ 欧阳恩剑. 法治视角下高职院校内部治理现代化研究 [M]. 广州：广东高等教育出版社，2017：81.
④ 解瑞卿. 高职院校章程建设与示范校建设的二维互进 [J]. 职教论坛，2015（1）：47-50.

程并以此作为治理学校的根本依据。"民主管理"就是充分保障师生群体、相关方参与学校的管理与决策，使学校的行政行为接受师生群体、相关方的监督与制约。通过大学章程明晰学校管理的决策体系、执行体系、监督体系，推进大学民主法治的进程。

（2）建立现代大学制度。现代大学制度是高校管理体制改革的目标，现代大学制度的关键是通过大学章程建立高等学校法人制度，正确处理学校主办者、学校内部、社会三者之间的关系，优化学校发展环境。建立现代大学制度的过程，实质上就是高校逐步走向依法治校的过程。①

2. 高职院校章程建设的意义

高职院校章程的作用体现在多方面，纵观国内外章程建设的过程可以发现，章程在大学成立之初是大学存在的依据和合理保障；在高校日常运行中，章程是学校运行的依据和治理的制度基础；涉及高校内部各种利益的分配时，章程又是调节这些利益关系的平衡器。总之，对高职院校来讲，其章程建设的意义主要表现在以下方面：

（1）制定章程是高职院校设立的基本条件。依法制定学校章程并严格依照章程治校，既是高职院校依法设立的基本要求，也是高职院校依法运行、发展的前提。如前所述在《教育法》、《高等教育法》、《国家中长期教育改革和发展规划纲要（2010—2020年）》以及《高等学校章程制定暂行办法》等中都明确指出章程的重要性，强调章程是高等学校依法自主办学、实施管理和履行公共职能的基本准则。可见，制定章程是高职院校"合法化"的基本条件②，是高职院校办学的重要基础。高职院校只有严格按照章程进行管理，才能够切实推动学术自由，使学术环境全面更新，实现高校的良好运转。③

（2）高职院校章程是指导高职院校办学的最高准则。高职院校章程的制定，象征着对传统人治管理模式的突破。现代高校建设将依法治校定为基本准则，高校的法治管理已成趋势，高职院校章程的实施作用于高职院校的自主办学，也就对法治化原则提出了最高的要求。结合我国诸多相关法律法规能够看出，诸多教育相关法律均为高职院校章程制定的重要依据，包括《教育法》、《高等教育法》以及《职业教育法》等，所有相关法律中对于高职院校章程建设均提出了明确的规定，高职院校的依法治校、民主建设与自主办学等都需要严格遵循高职院校章程，作为高职院校办学的最高准则，现代高职院校章程建设的意义也就显而易见。④正因为高职院校章程是规范高职院校办学行为的最高准则，它也就成为高职院校制定其他规章制度的基础和依据。高职院校章程既是举办者对高职院校进行监督的依据和手段，更是高职院校自主办学的根本依据和纲领性文件。其他规章和制度是高职院校章程的具体化，不能与章程相抵触。章程一经审批通过，包括学校领导、教职员工及其他

① 田立忠. 加强学校章程建设 推动高职院校规范发展 [J]. 中国成人教育，2015（24）：121-123.
② 张茹，孙永芹. 高职院校章程建设的研究 [J]. 河北软件职业技术学院学报，2012（12）：30-32.
③ 廉依婷. 对高职院校借助章程建设完善学校治理结构的思考 [J]. 湖北函授大学学报，2015（16）：3-4.
④ 王振杰，唐振华，池云霞. 内部治理视野下高职院校章程建设：实践与思考 [J]. 中国职业技术教育，2015（28）：105-109.

利益相关者在内的所有参与高职院校办学的主体、组织机构、运行机制及办事程序都必须遵循章程的规定,其他关乎高职院校发展的基本问题和重大决策也不得违背章程规定。[①]

（3）高职院校章程是高职院校制度建设的重要指南。现代高职院校制度基于现代高职院校的文化背景,以符合应用型教育人才成长规律为目标,通过对内外部各种关系的全面协调来为高职院校的持续化发展护航,由此成为现代职业教育发展的大方向。现代高职院校章程既是现代高职院校制度的准则,同时又是基础,然而由于受到传统时期多方面因素的影响,高职院校章程的作用被忽视。因此,现代高职院校制度的建设要想进一步完善,势必需要现代高职院校章程的支撑,通过两者的高度统一促进现代高职院校的发展。[②]加强高职院校制度建设,构建现代高职院校制度,是高职教育改革与发展的方向和趋势。章程涉及的办学宗旨、教育形式、内部管理体制、经费来源等问题,正是现代高职院校制度的核心内容。高职院校章程是在上级精神的引领下制定的,它充分尊重大学自治和学术自由,完善了高职院校的治理结构。高职院校要在不违背大学章程的前提下,制定其内部各类管理办法。高职院校章程作为学校办学的基本准则,在学校依法治校中发挥着不可替代的作用。

（4）高职院校章程是实现高职院校依法治校的根本保证。学校章程是高校自主管理、依法治校的基本依据,对传承学校精神、明确学校定位、突出学校特色起着引领作用。2010年通过的《国家中长期教育改革和发展规划纲要（2010—2020年）》中,明确提出了大力推进依法治校的总要求。依法治校是在学校落实依法治国基本方略的必然要求,是教育事业深化改革、加快发展,推进教育法制建设的重要内容,是建设现代大学制度的必由之路。章程作为学校的纲领性文件,明确了学校的办学性质、办学宗旨和目标定位等内容[③],一方面确立了学校的法律地位,另一方面从制度上明确了学校的决策依据和发展方向,保证了依法治校能够在以章程为核心的制度保障下真正落到实处。高职院校章程作为学校精神的集中体现和学校行为的总规范,既是举办者对学校进行监督的依据和手段,更是学校自主办学、依法治校的法律基础和重要保证。高职院校应根据相关法律法规政策结合自身实际研究制定实施章程,推动学校从人治管理转向法治管理。[④]

（5）高职院校章程建设是现代大学治理的重要抓手。高职院校章程是"为保证学校自主管理和依法治校,根据国家《教育法》等法律的规定,依据一定的程序,以文本的形式对大学重大、基本的事项做出全面规定所形成的规范性文件"[⑤],一方面,其要理清学校内部各权力主体的责权利关系,明确党委领导、校长治校、教授治学、企业参与的领导体制,明确行政权力与学术权力的边界;另一方面,其要理清学校与政府、学校与社会的关系,明确学校与政府、社会组织的权力界限,明确社会参与学校建设的范围和方式等。所以,章程在大学治理中起着无可取代的作

① 张茹,孙永芹. 高职院校章程建设的研究 [J]. 河北软件职业技术学院学报,2012（12）：30-32.
② 李淼. 多元主体参与视角下现代高职院校章程建设 [J]. 宿州教育学预案学报,2016（3）：103-104.
③ 张国有,胡少诚. 中国大学章程建设的历程与形态 [J]. 北京大学教育评论,2012（2）：140-153.
④ 许俊生. 高职院校章程建设的原则与路径探索 [J]. 中国职业技术教育,2015（4）：74-77.
⑤ 米俊魁. 大学章程价值研究 [M]. 青岛：中国海洋大学出版社,2006：18.

用，制定和完善章程与推进现代大学治理有着密不可分的关系，高职院校章程是现代大学治理的核心组成部分，是学校办学和管理的"宪法"，是学校内部各项规章制度的"纲领"与"顶层设计"，内外部环境和谐有序、相互依存，才能使现代大学治理更有成效。①

（6）高职院校章程建设是推进学校民主管理的必由之路。随着高等教育大众化，高职院校功能多样化，高职院校的管理问题变得更为复杂，需要适应世界潮流和大学发展趋势，变革管理模式，推进治理改革，强化民主管理，以便使学校各利害关系人在权利、责任和利益上相互制衡，实现学校内外部效率和公平的合理统一。民主管理是现代大学制度的重要组成部分和重要特征，是建设现代大学制度、促进高职院校科学决策、深化高职院校改革和发展的需要。只有加强民主管理，师生的民主权利才能得以保障，师生的积极性和主动性才能被激发。高职院校应通过章程来规范和优化治理结构，推动高职院校按照教育规律、办学规律改革和完善管理体制，扭转高职院校内部管理行政化的倾向，从而有效地发挥高职院校的功能，实现治理能力现代化。②

（7）高职院校章程是维护大学自治和学术自由的根本要求。现代意义上的大学最早产生于欧洲国家，其办学许可证类似于现代大学章程的雏形，主要功能就是获得皇权和宗教力量的支持，有了这一许可证，大学可以自由进行教学等活动，类似于现代的大学自治和学术自由。随着大学的演变和发展，这一功能日益得到加强，并从最初的"许可证"演变为大学章程，章程的作用就是大学在获得各种社会力量支持办学，并取得相应的回报的同时，也要规定学校自身的一些特有权利，保持大学的自治和学术的自由。这些权利是不容社会力量侵蚀和影响的。③

（8）高职院校章程对确立以人为本的办学理念、维护各方利益起着保障作用。高职院校坚持以人为本的办学理念，深入贯彻"一切为了学生、为了学生一切，为了一切学生"的办学宗旨，要求学校一切以学生为中心，管理和决策要维护师生的利益。高职院校章程还对明晰学校内外部关系，明确管理主体与管理对象，明确学校和师生的权利、义务与责任起到了规范和约束作用。一方面，它明确了学校与政府和社会的外部关系，确立了高校的办学自主权，同时指出了高校对社会发展所承担的责任和义务；另一方面，它也指明了学校内部各组成要素之间的关系，明确了各单位、各部门应当履行的职责和义务，为学校各项工作的开展确立了制度规范，保障了学校内部不同行为主体的合法利益，共同推进了和谐校园的建设。④

四、高职院校章程建设存在的问题

随着依法治国的深化和推进，高职院校依法治校的意识普遍增强，都制定了自

---

① 秦虹. 高职院校章程建设的认识与实践 [J]. 职业技术教育，2014（25）：21-25.
② 许俊生. 高职院校章程建设的原则与路径探索 [J]. 中国职业技术教育，2015（4）：74-77.
③ 徐晴，张晓雁. 大学章程建设对推动高职院校内部管理体系改革的探析 [J]. 机械职业教育，2015（10）：13-14，24.
④ 李硕，王世震，吴二刚，等. 高职高专院校章程共性及其成因——以承德石油高等专科学校等高职高专院校为例 [J]. 承德石油高等专科学校学报，2015（3）：75-79.

己的章程，但由于高职院校章程建设基础薄弱，还处于边学边干的阶段，因此高职院校的章程建设还存在一定的问题。只有认识问题，并把握造成这些问题的原因，才能从根本上加强高职院校的章程建设，促进高职院校治理能力的提升。高职院校章程建设存在以下问题：

1. 普遍缺乏章程，形成四个"不一"

近几年我国高职教育的飞速发展，为高等教育大众化做出了贡献。由于高职教育是跨越式的发展，举办高职院校时根本就没有顾及章程建设，没有把章程作为最根本、最重要的制度来指导其他具体制度。许多公办高职院校尚未制定大学章程，只有新批办的民办高职院校基本上制定了章程，就已公布的章程来看，大多处在试行阶段。公办高职院校应尽快补制大学章程，不然将影响依法治校与现代大学制度的建立进程。

尽管我国有多个法律条文规定，教育行政部门也多次要求高职院校积极对待章程制定工作，以实现"依法治校"的目的，但是一些高职院校的章程建设始终未得到实质性的进展。这些高职院校忽视了章程的作用，对制定章程积极性不高，有观望等待、"走过场"和视章程为"摆设"的思想，有的一直没有制定章程；有的虽然制定了章程，也只是应付之作、流于形式。由于思想不重视，高职院校章程建设的理论研究也显不足。

这种普遍的"章程"缺乏集中表现为以下四个"不一"：[1]

（1）重视程度不一。有的院校在章程制定之后就将其束之高阁，再没修订过；有的院校比较重视章程建设，能做到依规制定章程、定期修订章程、依章程治校。

（2）了解程度不一。有的高职院校管理人员基本不关心章程建设，学生不知道章程的作用和意义，教师不知道章程制定与修订的程序；有的高职院校师生对章程的确立程序、内容结构和作用有很全面的了解。[2]

（3）制定过程不一。高职院校章程建设工作是一项政策性很强的工作，具有严肃性、规范性。然而，一些高职院校的章程起草工作过于随意，章程起草人员未能深入了解章程制定的规范要求，章程起草过程不符合规定程序，没有广泛听取各方意见，有的只是象征性地召开了座谈会和教代会，师生的参与程度较低。一些为了完成上级任务应景而制的章程，连基本的民主程序都省略了，因而根本不能体现师生及利益相关者集体的智慧和意志。有的高职院校章程只经过了备案程序而没有经过核准程序，有的高职院校章程甚至没有报备，严格来说，这样的章程难以产生应有的法律效力。

（4）内容体系不一。高职院校章程的内容应该包括：高职院校的性质功能、教育形式、办学宗旨、培养目标、办学规模、领导体制、校长职责，教职工、学生和校友的权利义务，学校重大事项的决策方式及程序，举办者和学校之间的权利义务关系、财产和财务管理规定，章程的制定、核准、修改程序等。从一些高职院校近年颁布的章程可以看出，有的章程内容体系不完整，表述不明确，未对学校治理权

① 许俊生. 高职院校章程建设的原则与路径探索 [J]. 中国职业技术教育，2015（4）：74-77.
② 华战胜. 高职院校章程的确立及推行 [J]. 教育与职业，2017（4）：63-67.

力结构进行规范和完善，对行政管理人员、学术人员、教学人员的定位不清晰，对学术权力运行与监督的规定不具体；有的章程不能应政行校企合作的要求，规定相关主体的权利和义务；有的章程未能明确校友的权利和义务；还有的学校章程对修改程序的规定过于笼统等。

2. 个性特色不鲜明，简单移植本科章程

中国"重学轻术"的传统观念、改革发展进程中行政权力的强势、职业教育薄弱的办学基础等是现代职业教育特色难以充分彰显的主要原因，这种不充分的发展自然使得职业院校的章程建设难以充分彰显现代职业教育的特色，使得高职院校章程的个性特色不够鲜明。[①]

高职院校章程是高职院校依据国家教育法律法规，充分考虑本校的历史传统、校风学风、办学特色、目标定位等实际情况自主制定的校内"宪章"。因此，高职院校章程应具有鲜明的个性特点。然而，目前高职院校章程雷同现象严重，存在"千校一面"的情况。一些学校的章程虽然具备了《高等教育法》第二十八条关于高校章程内容的规定，但很多是对法律法规的简单套用和对其他学校现成文稿的过度"借鉴"，结合自身学校的实际不够，很少有对法定内容进行的创设性规定，未能充分体现学校的办学理念、培养模式、文化传承与创新、科技和社会服务等方面的个性特征，缺乏地域性、层级性、现实性和可操作性。[②]

高职院校还存在比较突出的章程简单移植问题。简单移植普通大学章程内容和结构而形成的高职院校章程往往"得形而忘意"。对普通高等教育理论和实践的模仿与移植在一定时间和范围内已经成为高职教育发展的惯性。在章程建设进程中，独立的高职院校缺乏重构职业教育内外部治理新框架的能力，在有限的时间和资源条件的制约下，嫁接和移植现有普通高校的大学章程，针对差异部分进行整形易装，成为高职院校章程制定的便捷路径。这样形成的高职院校章程往往在结构框架、文化精神等各方面都带有学术型高等教育的基因，作为高职院校的纲领和规范容易使人产生偏差、错位之感。如将研究型大学中的"学术权力""学术自由"移植到"准学术机构"的高职院校后，"学术权力"的合法性遭到质疑，职业院校内部治理的特征未能得到合理体现。[③]

简单移植窒息了职业院校的创新思维，难以用独立的品格、独有的理论体系和独特的思维方式来构建作为"另一类型"教育的职业教育制度。应该说，现代职业教育发展已经取得了长足的进步并形成了独有的特色，职业院校必须抛弃移植性依赖的惯性，基于内外部办学环境，致力于解决困扰现代职业教育办学和发展面临的难题，将相关解决问题的办法通过章程来固化，形成制度并产生效力。只有持续不懈地努力，才能创造具有现代职业教育特色的章程和制度。[④]

① 蓝洁，唐锡海. 高职院校章程如何体现现代职业教育特色 [J]. 现代教育管理，2015 (8)：86-89.
② 许俊生. 高职院校章程建设的原则与路径探索 [J]. 中国职业技术教育，2015 (4)：74-77.
③ 张胜元. 论职业教育的术科导向 [J]. 职业技术教育，2005 (25)：5-10.
④ 蓝洁，唐锡海. 高职院校章程如何体现现代职业教育特色 [J]. 现代教育管理，2015 (8)：86-89.

3. 作用发挥不够充分，过度依赖政策资源和行政权力

高职院校大都由中专校单独或合并升格，在建校之初往往面临诸多内外矛盾，未能按照法律规定及时制定学校章程。现实中没有章程的高职院校日趋行政化，严重影响学校的健康发展。少数高职院校虽已制定章程，但从其制定过程与执行效果看，因举办者、师生、学校利益相关方的参与程度不足，所起的作用有限，未能达到以施行章程来推进学校内部治理改革的目的。一些高职院校章程制定后即束之高阁，形同具文，学校对章程的内容、理念、精神和价值宣传不够，使得各利益主体对章程缺乏了解、认同，未能树立起尊重章程的信念和意识，这势必会影响章程作用的发挥。[①]

高职院校章程作用发挥不够充分，与高职院校章程建设过度依赖政策资源和行政权力直接相关。当前，有相当一部分高职院校从完成行政任务的角度来着手进行章程建设工作，成立负责起草或修订章程的领导小组，学习各级教育行政部门的政策文件要求，完全依赖政策给定的内容框架、时间进度、规定程序来编制本校章程的文本。这种单线运行模式呈现高效率的资源配置状态，但过度依赖行政政策。当政策文件缺乏某些内容的明确导向时，职业院校往往缺乏创新的动力，自觉回避。如《高等学校章程制定暂行办法》中没有明确提出高职院校与普通大学的差异，在《国务院关于加快发展现代职业教育的决定》要求制定体现现代职业教育特色的职业院校章程后，高职院校章程如何建设凸显现代职业教育的特色，缺乏明确的导向，这也是高职院校章程制定缓慢的一个重要原因。[②]

4. 章程执行落实不利，未形成推行体系

首先，高职院校对章程的宣传不够。在高职院校，关于宣传章程的主题日活动基本没有。学校的各类宣传媒体也极少对章程进行宣传，导致学校师生和管理人员不知道学校是否有章程、章程的内容是什么、如何落实章程，没有章程意识。其次，章程的执行落实不够。高校章程在推行过程中受到行政化因素影响，执行力不足。大家在日常工作中，把上级部门的要求看得很重，遇到问题后普遍优先考虑的是是否符合上级会议精神和文件要求，极少考虑到是否符合章程。章程推行情况到底如何没有评价机制，落实章程的情况如何也缺乏监督机制，违反章程的法律责任不明确，没有建立奖罚明确的监督制度，导致大家不重视章程，或者对违反章程不以为然。高职院校章程要不断进行修订和完善，以适应学校发展的要求。虽然大部分高职院校都将修改章程的具体条件和程序写入了章程，但往往内容过于简单，章程修订的条件和内容要求不具体，修订门槛低，缺乏针对章程修订的相关制度。高职院校章程推行的效果到底如何，没有可量化的测评标准。以上这些方面直接造成难以形成章程的推行体系。章程推行体系包括组织机构建设、人才队伍建设、体制机制建设（制度建设）、经费保障等。大多数高职院校没有保障章程推行的组织机构、专门人才、配套制度和专项经费，在这些方面许多高职院校都缺乏体系性

---

① 许俊生. 高职院校章程建设的原则与路径探索［J］. 中国职业技术教育，2015（4）：74-77.
② 蓝洁，唐锡海. 高职院校章程如何体现现代职业教育特色［J］. 现代教育管理，2015（8）：86-89.

建设。①

在高职院校章程建设过程中，造成上述"无章可循"局面的原因，徐元俊认为应从四个层面加以分析：②

一是政府层面的原因。我国现行的行政管理体制仍然不能与高职教育的快速发展相适应。政府管理高职教育的职能和方式未能较快转变，集举办者、管理者、办学者和监督者等多重角色于一身，高职院校难以享有充分的面向社会办学的自主权。

高职教育在我国发展的历史不长，大多是由市（地区）级人民政府主办，地方政府仍然沿袭以行政命令为主的统一计划和管理方式，高职院校成为地方政府的附属机构，政府几乎包揽了高职院校申办前后的一切事务。虽然《教育法》规定了设立学校及其他教育机构的第一项基本条件是"有组织机构和章程"，但地方政府可以凭政策和特权成功申办高职学院，因而无论是政府还是高职院校，都缺乏制定和实施章程的动力。

二是学校层面的原因。我国高职院校办学历史不长，基础薄弱，管理经验不足，对高职教育的规律和特色的认识还不够深入。近十年高职院校普遍注重招生规模快速扩张，而高职教育发展的理论研究相对滞后，对高职院校章程制定的实践缺乏有效的理论指导。对大部分高职院校来说，章程的制定更多地被看作一项行政性任务，趋于形式。按现有法律规定，是先有章程再有学校，但我国的高职院校大多是从普通中专学校合并升格而成的，因此，由地方政府领着绕过了复杂的审批程序，在没有大学章程的情况下顺利进入了高等教育行业。高职院校在建校之初面临诸多内外矛盾，无力顾及制定高职院校章程，现有法律、法规并没有明确规定由谁来制定或补充制定高职院校章程，现实中大学组织的学术本性被遮蔽，没有章程学校仍然照样运转，且领导的权力可不受"大学宪法"的制约，少数已经制定章程的也只是徒具形式、应付上级检查而已。因此，也就没有遵循法律规定制定或补充制定高职院校章程。

高职院校内部治理结构不够健全，内部治理结构改革正在探索之中，党委领导与校长负责的关系、集中决策和民主管理的关系、行政权力和学术权力的关系、管理部门和二级学院的关系等问题还未能较好地理顺，内部运行机制还不够顺畅，学校党委会、校长办公会、学术委员会、教代会等制度建设还不尽完善。因此，高职院校内部管理制度的完善与否也必将影响章程这部"总纲"的制定和实施。③

三是法律层面的原因。国家有关高等职业教育的专项立法滞后，迄今为止直接关联高职院校章程的制度建设严重缺失，教育部颁布的《高等学校章程制定暂行办法》中缺乏专门针对高职院校章程的具体规定和要求，高职院校章程的法律地位不明确，法律效力得不到保证，这是高职院校缺乏章程的直接原因。国家未能建立高职院校法人财产权制度，现行的相关规定与高职院校的法人地位不符，由谁来代表国家行使国有资产所有权的相关权能、非国有资产又如何行使权能，以及怎样处理

---

① 华战胜. 高职院校章程的确立及推行 [J]. 教育与职业，2017（4）：63-67.
② 徐元俊. 对制定高职院校章程的几点思考 [J]. 现代教育科学，2012（2）：170-173.
③ 林春明. 高职院校章程建设的现状、问题与对策 [J]. 教育论坛，2015（12）：54-57.

国有资产和非国有资产的关系等问题都没有明确的规定。不明确的高职院校财产权主体地位，决定了地方政府会过度干预高职院校的办学，这是高职院校不重视制定、实施高职院校章程的重要原因。

四是理念层面的原因。虽然《教育法》《高等教育法》《职业教育法》等法律相继出台，《教育改革规划纲要》《全面推进依法治校实施纲要》等政策文件先后颁布，依法治校的呼声越来越高，但受传统主客观思想观念的影响，教育主管部门、高职院校领导和管理者办学理念和依法治校的意识依旧淡薄，对章程建设重视不够，对章程的目的、意义、作用、内容等宣传不够，广大教职工、学生和社会认为章程只是规范学校和职能部门的行为准则，导致章程建设得不到各利益相关方和社会的认可与支持，进而难以推进和实施。[①]

理念层面的不足，直接导致章程在理论研究和实践操作层面的欠缺。这些在高职教育的快速发展时期主要注重外延式扩张，关于高职教育发展的理论研究相应滞后，对高职院校章程的理论研究力量极为薄弱，理论上缺乏对高职院校章程制定的指导作用；实践上缺乏制定高职院校章程的经验；具体操作上对如何体现高职办学特色、产学研合作办学的主体、章程的制定、修改、审批等程序要求不清楚，导致高职院校章程在制定时存在主体单一、内容空泛、格式趋同、高职教育特色不明显、法律效力差等诸多弊端。[②]

五、高职院校章程建设的原则

制定、实施高职院校章程，是确保高职院校正常运转、实现依法治校、构建现代高职院校制度以及提升高职院校治理能力的最有效途径。制定高职院校章程是新设高职院校的首要工作。制定高职院校章程既不能照抄照搬其他普通高校章程，也不能随心所欲或凭个人主观偏好，必须体现如下五个原则：

1. 遵守现有相关法律、法规，依法建章

依法是高职院校章程建设的首要前提。章程具有行政法性、契约性、自治法性及可诉性。制定学校章程，必须遵循国家法律、法规，坚持依法而制。《高等学校章程制定暂行办法》第四条规定："高等学校制定章程应当以中国特色社会主义理论体系为指导，以宪法、法律法规为依据，坚持社会主义办学方向，遵循高等教育规律，推进高等学校科学发展。"可见，"法治性"是高职院校章程的基本属性，"法治原则"也应当成为确定高职院校章程要素的基本原则。高职院校章程，上承国家高等教育法律法规，下接学校内部管理制度，是高职院校实现自主办学和民主管理的根本保证，是高职院校"依法治校"工作的重要载体，"法治"理念在章程制定中的意义不言而喻。

（1）确保章程的每个条款都符合法律法规的原则和精神。章程要调整学校内部以及学校与政府行政部门、社会、市场方面的等关系，因此其法律基础包括广义的

① 林春明. 高职院校章程建设的现状、问题与对策 [J]. 教育论坛，2015（12）：54-57.
② 徐元俊. 对制定高职院校章程的几点思考 [J]. 现代教育科学，2012（2）：170-173.

教育法、行政法、民法和刑法等其他法律、行政法规、地方性法规和规章，高职院校要确保章程的每个条款都符合法律法规的原则和精神。

（2）章程的制度设计与内容表述不能僭越"上位法"，即国家的高等教育法律法规。尽管现代大学制度倡导高校办学的自主权，但这种"自主"应以"法治"为前提。只有在法律和制度的框架内确定章程要素，才能实现章程制定的目的，才能使章程成为高职院校有效建章立制的依据，才能使章程最大限度地发挥其"依法治校"的作用。《高等教育法》中规定了章程制定应当包含十个方面的内容，《高等学校章程制定暂行办法》将这十个方面的内容具体化，从大学名称到大学的分立、合并及终止，都要求有所规定，这些内容构成了高职院校章程的主体结构，应作为大学章程框架体系的依据，成为高职院校章程中不可或缺的要素，指引着高职院校章程的起草和修订。高职院校在章程制定中应当以这些要素为基础，在此基础上构建体现自身办学特点和规律的规则体系。①

（3）制定章程的程序必须合法。高职院校章程制定的每一个步骤、每一个环节，都要遵循着严谨、规范的程序，确保章程的合法性、规范性和有效性。②

2.遵循高等职业教育规律，科学建章

高等职业教育有其自身的规律和特点。高等职业教育不同于其他类型的高等教育，是一种特殊的高等教育类型，同时它又属于职业教育。要制定高职院校章程，就必须准确定位高职院校，并坚持遵循高等职业教育规律的原则，科学建章。从某种程度上说，是否做到遵循高等职业教育规律、科学建章，是决定高职院校章程是否具有实效性和针对性的关键因素。

（1）准确把握高等职业教育规律。要使高职院校章程遵循高等职业教育规律，必须准确把握高等职业教育规律。与普通高等教育相比，高等职业教育具有更为显著的发展规律，这主要体现在如下方面：在培养目标上，注重面向生产、管理、服务和经营第一线培养动手能力强的高技能人才；在办学指导思想上，体现以服务为宗旨、以就业为导向，走产学研相结合的发展道路；在专业设置及课程教学上，专业设置要紧扣劳动力市场，灵活应对劳动力市场需求变化，课程教学要以工作过程为导向；在办学模式上，强调校企合作，重视建立健全行业企业参与高职院校办学的长效机制；在内部管理体制上，强调形成包括政府、高职院校、行业企业、劳动部门等在内的多元主体参与的内部治理结构；在教师队伍建设上，重视从行业企业以及社会聘请具有丰富经验的专业技术人才或技术能手，加强专兼职教师队伍建设；在监督评价上，重视高等职业教育质量评价的社会参与，就业率、就业质量以及企业满意度才是检验高等职业教育质量的根本标准。高职院校章程只有与高等职业教育规律相吻合，高职院校才能办出特色，为经济社会发展更好更快地培养高技能人才，真正实现高等职业教育的价值。③

（2）充分体现高职教育规律。制定高职院校章程，既要充分反映党和国家赋予

---

① 李淼. 高职院校章程的构成要素分析 [J]. 中国成人教育，2015 (13)：108-110.
② 许俊生. 高职院校章程建设的原则与路径探索 [J]. 中国职业技术教育，2015 (4)：74-77.
③ 孙卫平，吕红. 现代高职院校制度建设中的高职院校章程 [J]. 职教论坛，2010 (25)：51-54.

高职教育的使命，又要整体考虑我国高职教育正处于发展转型期，充分体现时代特征；既要以完善治理结构为基础，厘定多方关系，规范办学自主权，又要以学校成员为切入点，规范权利体系，体现成员主体地位；既要立足现实，求实求用，遵循教育规律和高职办学规律，认真总结、凝练和固化学校的办学经验和优良传统，使之得以传承和坚守，又要着眼长远，追求理想，有所探索、有所创新，通过深入的专题研究，不断深化对教育规律和办学规律的认识，使章程能够充分体现现代高职教育的精神和理念，更好地指引学校未来发展，从而突出高职院校章程的内容纲领性、动静协调性和行为指引性。①

3. 紧密结合高职院校实际，特色建章

特色是高职院校章程建设的必然要求。一部好的章程，不仅应该反映所有高职院校共有的特质，突出高职教育的高等性、职业性、行业性、区域性，体现"以服务为宗旨，以就业为导向，走产学研相结合的发展道路"的办学宗旨，还需要充分展示特定学校的个性，不拘一格，强化学校的自然身份、社会身份、文化身份和功能身份识别，彰显学校特色。与其他类型的高校相比，高职院校具有自己独特的个性。高职院校与高职院校相比，每所高职院校的章程也应具有各自鲜明的个性。这既是形成每所高职院校办学特色的保证，也使得高职院校章程的顺利实施具有一定的可行性。为此，高职院校应深入开展调查研究，突出学校的历史继承，全面总结学校的办学经验和传统，细致分析学校的发展优势和需求，准确把握学校的定位和发展阶段，凝练学校的办学理念和特色，以开阔的视野、浓重的笔墨书写学校的个性。制定高职院校章程要紧密结合高职院校实际，主要从以下方面着手：②

（1）要认真研究学校所处区域的地方经济发展水平、产业结构现状和发展趋势、地方优势产业和特色产业以及地方传统文化，基于此分析、预测劳动力市场的需求，以此作为专业结构调整以及课程教学改革的依据。

（2）要深入总结学校办学经验以及基础能力建设方面的情况，主要包括办学经验及模式、教育教学设施、内部管理体制现状、学校可容纳规模、校内外实习实训基地建设、生源素质、专兼职教师队伍建设等。

（3）要研究地方政府关于鼓励、扶持高职院校的法规、政策以及设想，调查研究社会各界参与高职院校建设的现状、问题及需求。

上述所有因素都是制定高职院校章程的重要依据，也是高职院校章程顺利实施的重要保证。只有紧密结合高职院校实际，才能真正形成高职院校发展的特色和优势。

① 许俊生. 高职院校章程建设的原则与路径探索 [J]. 中国职业技术教育，2015（4）：74-77.
② 孙卫平，吕红. 现代高职院校制度建设中的高职院校章程 [J]. 职教论坛，2010（25）：51-54.

4.保障各利益相关者的权益，民主建章

在《现代汉语词典》中，"权益"是指"应该享受的不容侵犯的权利"①。不同于其他类型的普通高等教育，由于高等职业教育的特殊性，参与高等职业教育的主体众多，不仅包括政府、教育主管部门、高职院校及其教职员工、学生，还包括行业企业、职业介绍机构、劳动部门等组织和成员。而制定高职院校章程，就是对这些利益相关者的利益进行调整，高职院校章程就是这些利益相关者之间博弈的结果。

要顺利实施高职院校章程，就必须充分保障各利益相关者的权益。这应该成为制定高职院校章程的重要价值取向。这些权益主要包括：相关行政领导在行政上的权利，教师或专业骨干在学术、专业以及教学上的权利，相关组织和人员在经济上的权利，行业企业在享受高职院校提供的社会服务上的权利，学生要求接受高质量教育的权利以及各利益相关者参与学校决策与管理的权利等。

高职院校在章程建设过程中必须充分考虑各方利益的协调及保障，充分考虑各个办学参与主体的权益和诉求，明确各利益相关者的责任和义务，并制定有力举措促使各利益相关者能履行其职责和义务，使得各利益相关者的责、权、利相统一，充分保证各利益相关者的合法权益。在章程理念中充分强调共赢，在具体制度建设中以章程为引导，制定对应的规范及细则，全面保证参与办学的各方在争取自身权益的过程中有章可循，从而确保合作办学各方的参与热情。②

民主是高职院校章程建设的重要保障。章程制定主体分决策主体和影响主体两类。章程的出台，是一种持续的活动，整个过程包括草拟、审议、表决和通过、审核、公布和修改，每个阶段参加的主体不完全一致，必须在不同阶段听到不同主体的声音，让各类主体的合理意愿和需要在学校管理过程中得到满足和实现。因此，高职院校在制定章程的过程中要遵循权利原则、最大多数人的最大利益原则，充分发扬民主，积极组织学校内外各方代表参与研讨，通过不同形式和途径广泛吸收各方面的意见和建议，使章程成为全体师生普遍认同的集体智慧的结晶。③

5.体现高职教育改革的理念和思路，自主建章

《高等学校章程制定暂行办法》第四条规定，"应当促进改革创新，围绕人才培养、科学研究、服务社会，推进文化传承创新的任务，依法完善内部法人治理结构，体现和保护学校改革创新的成功经验与制度成果"。高职院校的章程制定工作处于刚刚起步阶段，很多学校更是处于从无到有的摸索阶段。在章程制定过程中，应当谨防将章程作为现有制度规范的简单集结汇编或者现有管理体制的重复描述，而应体现出高职教育改革的理念和思路，通过章程的制定实现包括机制体制改革在内的各项管理体制改革成果的制度化、规范化，将章程作为学校改革发展的切入点，使章程成为高职院校特色办学制度的集成载体。

① 中国社会科学院语言研究所词典编辑室. 现代汉语词典 [M]. 北京：商务印书馆，2005：1131.
② 金亚白. 以章程建设为核心推进高职院校制度建设——试论常州信息职业技术学院章程建设实践 [J]. 职业，2016（12）：18-19.
③ 许俊生. 高职院校章程建设的原则与路径探索 [J]. 中国职业技术教育，2015（4）：74-77.

《高等学校章程制定暂行办法》第四条还规定，"应当着重完善学校自主管理、自我约束的体制和机制，反映学校的办学特色"。大学办学自主权是大学办学的基础，是大学自治的前提，实现办学自主权是建立现代大学制度的核心价值目标之一。尽管受法治原则制约，但自主原则仍是高校章程的核心属性。《高等学校章程制定暂行办法》第二章"章程内容"中的诸多条款都体现了国家教育行政管理部门对高校办学自主权的肯定。如《高等学校章程制定暂行办法》第八条明确规定了高校办学自主权的行使与监督，该条明确了国家法律是划定高校自主权边界的依据，在此基础上，学校内部具体管理制度应当按照"决策、执行和监督相分离"的自主权运行原则进行自主设计，这充分体现了自主原则在高校章程制度中的核心地位。[①]

六、高职院校章程建设的对策

高职院校章程既是衔接国家高等教育法律法规和高职院校内部规章制度的桥梁和纽带，是统领学校内部制度管理体系和运行机制的关键，是高职院校实现依法办学和依法治校的根本所在，也是厘清并明确高职院校内外部权利和义务关系、促进高校完善内外部治理结构、建设现代大学制度的重要载体和推动高校科学发展的基本保障。高职院校章程建设是一项系统性工程，具有全局性、长期性和稳定性，应把握以下建设对策和建设路径：

1. 提高高职院校章程建设的意识

谭寒认为提高高职院校章程建设的意识，必须涵盖高职院校的利益相关者，如政府行政主管部门和高校的管理者、高职院校内的各部门、各单位、广大教职员工和学生以及校友、学生家长和社会相关人士都需要提高认识，关心和重视高职院校的章程建设。[②]

（1）政府行政主管部门、高校管理者应增强大学章程意识。"章程建设就是要对'完善中国特色现代大学制度'的主要内容进行一种制度性的回应。"[③]政府行政主管部门、高校管理者应该充分意识到大学章程是最能体现大学治理理念的载体，是大学的"宪法"，在大学内部治理和高等教育改革中占据着十分重要的地位。

上级教育行政部门要厘清政府与高校之间的关系，从原来的政府"管制"转变为"宏观指导"和"服务"身份。同时在核准大学章程以后，还要持续关注大学章程的运行，用法律、行政等手段引导和规范高校尊重章程和运行章程。

高职院校领导、党政部门、二级学院要统一思想，充分认识加强章程建设的重要意义，把章程建设作为深化高职教育体制改革、推动学校教育科学发展的重要工作，组织和动员各相关方积极参与和支持高校的章程建设；要在高校内部对院校章程的目的及意义进行全面而深入地学习宣传，充分认识章程建设在学校改革发展中

① 李淼. 高职院校章程的构成要素分析［J］. 中国成人教育，2015（13）：108-110.
② 谭寒. 大学章程运行与推进高校治理体系和治理能力现代化研究［J］. 甘肃广播电视大学学报，2017（2）：83-86.
③ 秦惠民. 有关大学章程认识的若干问题［J］. 教育研究，2013（2）：85-92.

的基础性地位和重要作用，高校管理者应该具有开放包容的心态，让利益攸关方都能以不同的形式参与高校管理，大学章程应当有此明确的条款保障参与权，从而树立大学章程的公信力；要把章程建设作为高职院校现代大学制度建设的一个重要切入点和着力点，作为凝聚集体智慧、凝结员工感情、凝集发展思路、凝练大学精神的重要途径，不断提高推进章程建设的积极性、自觉性、创造性。①在高校治理过程中，依靠章程、落实章程和完善章程，不因领导的换届而导致章程得不到有效的落实，不因个人的好恶而不执行章程，树立坚定的依法治校、科学治校的治理理念。

（2）校内各部门、各单位要以大学章程为准则开展各项工作。校内各部门、各单位都应该深入学习大学章程，积极转变工作观念，从被动地被章程约束，变成主动地遵守章程和运用章程，要意识到章程对本职工作的指导作用和积极意义，充分挖掘章程的内涵和价值，为工作的开展提供依据。在运行高职院校章程的同时，要积极主动地宣传章程、解读章程，并为章程的修订积累素材。简而言之，就是在工作中言必称大学章程。如高职院校在制定或修订各项规章制度的时候，首要的是查阅高职院校章程的相关规定，所有规章制度都必须确保遵循高职院校章程，将高职院校章程作为"上位法"。高校党委宣传部、党委学工部等职能部门应当充分发挥职能优势，举办各类高职院校章程学习宣讲活动和知识竞赛活动，使得章程的基本知识和内涵深入人心。

（3）广大教职员工和学生要认识到大学章程对维护自身利益的重要作用。经上级部门核准的大学章程，在高校具有最强的约束力。章程应明确规定教职员工和学生的权利和义务，教职员工和学生可依据章程维护自身的合法利益并履行相应的义务。因此，广大教职员工和学生应深入学习贯彻章程，并义务宣传章程，积极参与学校决策，维护和支持学校发展。

（4）校友、学生家长和社会相关人士需提高章程意识。校友、学生家长和社会相关人士都是高校的利益攸关者，高校的发展与之息息相关，他们有责任、有义务学习、贯彻章程，并通过各种不同的形式监督大学章程的运行，维护高校的改革、发展与稳定。如校友可以通过校友会等组织表达自己对学校改革发展的建议，同时要力争在大学章程文本里有校友权益的明确表述，使校友可以依据大学章程有效行使其权利。②

强化章程意识，学习很重要。章程意识集中表现为师生对章程的认知和评价，对章程的主动了解、掌握和运用。民要知其法，才能守其规。学校要通过开展讲座、座谈会、知识竞赛、考试、案例分析、演讲、朗诵、专题晚会、章程日等主题活动，增强大家对章程的了解和认识，为章程推行进行舆论铺垫。同时，强化章程意识，宣传也很重要。学校要通过宣传栏、广播站、网站、微信平台、报纸、宣传册等媒介广泛宣传章程。③

---

① 福建省教育厅. 福建省教育厅关于贯彻实施《高等学校章程制定暂行办法》的指导意见（闽教法〔2013〕10号）[A]. 2013-06-06.
② 谭寒. 大学章程运行与推进高校治理体系和治理能力现代化研究[J]. 甘肃广播电视大学学报, 2017（2）: 83-86.
③ 华战胜. 高职院校章程的确立及推行[J]. 教育与职业, 2017（4）: 63-67.

2. 把握高职院校章程建设的内容

章程内容是章程建设的重点和核心，是学校依法管理、依法办学的基本依据和行为准则。因此，章程制定工作要严格遵循《高等教育法》和《高等学校章程制定暂行办法》的规定，章程应严谨、规范、稳定，经得起时间的检验。高职院校要从办学实际出发，结合学校改革创新的需要，制定体现学校文化传统与发展定位、反映学校办学特色和办学理念的章程，鼓励因地制宜，避免"千校一面"。高职院校章程必须区别于普通高等院校，在内容上要突出高职教育的鲜明特点。第一，高职院校要遵循"以服务为宗旨、就业为导向，走产学研相结合的发展道路"的办学宗旨，坚持校企合作的办学模式，以及为生产、管理、经营和服务一线培养技术技能型人才的办学目标等。第二，高职院校章程内容在专业设置方面的规定必须尽量贴近产业和行业发展的人才需求，在课程教学方面的规定则需着重强调学生实践操作能力的培养。第三，章程内容对建立行业、企业参与办学的长效机制以及政府、高职院校、行业企业、劳动部门等在内的多元主体参与的内部治理结构等要有所体现。①同时，要以完善高校法人治理结构为重点，完善"党委领导、校长负责、教授治学、民主管理"体制，对学校决策机制、办学自主权、内部管理体制、学术管理制度、民主管理机制等做出明确规定。②在内容上，李淼认为高职院校章程由一般性要素和特殊性要素构成，具体如下：③

（1）高职院校章程的一般性要素。高职教育是我国高等教育的重要组成部分，因而高职院校当然归属于高等学校的范畴，《高等学校章程制定暂行办法》即当然成为确定高职院校章程构成要素的上位法依据。从立法层面看，高职院校章程的一般性构成要素包括两个层次，即法定要素和自主权要素。

①法定要素。根据《高等学校章程制定暂行办法》第七条的规定，章程应当按照高等教育法的规定，载明如下内容：办学资源、办学宗旨、办学规模、学科门类的设置、教育形式、内部管理体制和经费来源、财产和财务制度、举办者与学校的关系、章程修改程序以及其他需要章程规定的事项。这其实是对《高等教育法》第二十八条内容的进一步细化，是法律规定的高职院校章程的必备要素。

②自主权要素。《高等学校章程制定暂行办法》关于章程内容的规定只给出了一个基本框架，具体内容还是要由各高职院校根据实际情况自主设计。其中法定要素与自主权要素具有内在的统一性。第七条规定了章程的必备法定要素，而第八条至第十二条则针对内部管理体制这一核心法定要素划定了自主权的边界，即在法定的范围内，高职院校在具体制度设计上可以享有自主选择权。自主权要素主要包括以下四项核心要素：

一是高职院校领导体制要素。我国法律规定高职院校的领导体制是党委领导下的校长负责制，这是高等教育法律明确规定的原则，而这项原则的具体实现方式则是各高职院校在章程制定中需要首先思考和解决的问题。一方面是将法律原则具体

① 任君庆. 如何制定高职院校章程 [J]. 职业技术教育，2013（27）：25.
② 林春明. 高职院校章程建设的现状、问题与对策 [J]. 教育评论，2015（12）：54-57.
③ 李淼. 高职院校章程的构成要素分析 [J]. 中国成人教育，2015（13）：108-110.

化，根据本校实际制定实施原则或意见；另一方面是制度建设空间的弹性化，通过制定事项的提交、审议和决策的机制，实现决策的科学民主化，同时要明确党委会和校长的职权范围，使法律原则明确化。

二是高职院校的内部治理结构要素。高职院校的内部管理体制是章程的法定要素之一，但具体如何搭建学校的组织机构框架，则由各高职院校自主选择。高职院校要遵循"精简机构、整合职能"的法定原则，通过章程的制定认真梳理和反思学校在内部治理结构中存在的问题，搭建起一套既符合高等教育发展趋势，又符合学院发展要求的组织机构框架。

三是高职院校学术管理体系构建要素。维护学术的独立性是高校的重要特征，高职院校也不例外。在学术管理体系的构建中，高职院校可以在两个方面实现自主权：一是学术体系的构建与监督；二是处理好学术权力的边界与行使规则。此外，各高职院校在章程建设中还要确定学术评价的基本原则，学校要有自主制定学术标准的权利，当然这种标准一方面要体现对学术的尊重，另一方面还应进行细化描述，使之具有可操作性。

四是校内民主监督与管理机制要素。实现校内的民主监督是现代高校制度的重要内涵之一。高职院校的章程中应当明确校内民主管理的组织和机制，如教职工代表大会、学生代表大会等组织的功能和职责等。

上述四项核心要素是高职院校彰显办学自主权的集中表现，高职院校在章程制定中应当集思广益，为自主办学奠定制度方面的基础。

（2）高职院校章程的特殊性要素。这主要由职业性要素和行业性要素构成。

①职业性要素。大力发展现代职业教育，是今后一段时期内职业教育发展的核心目标。现代职业教育的"终极产品"是打造出适应劳动力市场的需求，培养兼具学术知识、职业技能、职业素养与可持续发展能力的综合性职业人才。实现这一目标既需要国家宏观政策层面的把控，更需要各高职院校在衔接政策的章程中通过具体有效的制度设计加以保障。职业性要素包括以下四个方面：

一是校企合作机制体制要素。根据《高等学校章程制定暂行办法》第十三条规定，章程中应当包含"学校与社会关系"的要素，学校应采取设立董事会或者理事会的方式，进一步加强与政府、行业企业以及社会各界的实质性合作，形成多赢的格局。究竟建立何种机制，采取何种合作方式，才能真正使政、校、行、企形成合力，共同推动高职院校发展，是各高职院校章程制定过程中急需明确的问题。简言之，政府的推动、企业的自觉、高职院校合作方式的选择，是解决问题的三个着力点。董事会、理事会、职教集团、专业建设指导委员会，无论选择哪种方式，都应当在章程中有所体现，并且需要从组织形式、地位作用、议事规则、决策机制等方面使合作形式制度化、规范化，这样才能真正发挥合作组织的作用。

二是"双师"队伍建设要素。教师或教职员工是高职院校章程中必备的要素，但职业性的特征要求高职院校的教师队伍应当区别于本科院校。除了规定教师的权利和义务、师德建设、教师的培养与考核以及教职员工参与民主管理等制度，还应当在章程中体现对"双师型"素质教师的规范，包括双师素质教师的认定原则、权利义务以及管理制度等内容。

三是社会服务要素。社会服务是高校的四项基本职能之一，而加强产学研合作、提高高职院校社会服务能力，更是评价高职院校发展水平和能力的重要指标。因而社会服务应当作为高职院校章程的一项基本要素，在总则部分加以体现，具体可以包括社会服务的范围、类型、功能以及形式等。

四是实验实训体系要素。高水平的实践技能型人才是高职院校人才培养的终极目标，实验实训体系是考核高职院校办学水平与人才培养能力的重要参数。高职院校可以在章程中"人才培养"部分规定实验实训体系的相关制度，可以结合本校实际情况和办学特色，通过章程将实验—实训—实习三个层次的实操体系制度化，使人才培养过程更加规范。

②行业性要素。由于高职院校着力培养职业技能型人才，因而很多高职院校在办学过程中行业背景鲜明，都是依托于地方经济的支柱性产业或者某些特殊行业不断拓展办学空间，比如交通类高职院校、化工类高职院校、信息类高职院校、经贸类高职院校等。这些行业特色鲜明的高职院校在章程制度中无疑要体现与行业人才培养相关的特殊制度。

高职院校章程既要包含高校章程的共性要素，即法定要素和自主权要素，也要包含高职院校的特色要素，即职业性要素和行业性要素。它们要有机结合，协同发挥效力，这样才能实现高职院校内部权力合理配置、外部多方利益主体多赢合作，提高高职院校的办学效益，实现高职院校的自主办学，推动高职院校的发展。

3.明晰高职院校章程的确立程序

高职院校章程建设必须按照相应的程序有序进行。章程制定工作既包括章程的拟定、讨论、通过、公布等环节，也包括以章程为依据，对学校规范性文件的清理、修订和完善，还包括根据学校和社会发展的需要，不断对章程进行修订和完善。高职院校应严格规范章程制定工作程序。据徐元俊总结，高职院校章程的制定程序包括如下六个步骤：①

（1）章程制定的准备。制定大学章程是一项十分严肃而慎重的工作，为了提高章程的科学和合理性，必须做好前期准备工作。一般来说，制定大学章程的准备工作主要包括三个方面：

①在学校党委的统一领导下成立章程制定或修订工作委员会，领导章程的制定或修订工作，研究本校章程制定工作的实施方案或计划，明确章程制定的方向、程序和时间表。该委员会必须是由院校级主要领导牵头，由副校级领导、各职能处室负责人、院校内各方面代表以及法律专家参与的具有广泛代表性的机构。

②广泛收集国内外同类高校的有关章程及相关的法律法规、规章政策等的文献资料及研究成果，分类研究，用于参考和借鉴。

③拟定章程草案，通过召开座谈会、专家论证会、网络征求意见等多种形式，广泛征求教职工、学生、管理人员、社会相关组织、行业和教育主管部门及专家等的意见，充分吸收有益意见并反复推敲、斟酌、修改，以便在提交审议之前能提供

---

① 徐元俊.对制定高职院校章程的几点思考 [J].现代教育科学，2012（2）：170-173.

较为成熟与完备的章程草案。

（2）章程草案的审议。审议是指具有章程制定权的机构或者主要的章程影响主体对章程草案进行审查、讨论和修改的专门活动。一般地，章程草案需提交院校教职工代表大会讨论、校长办公会议审议、学校党委会议审定，形成章程核准稿后报送上级教育主管部门进行初步审核和高校章程核准机构评议，经核准的章程正式文本向本校和社会公布。[①]章程审议的内容包括四个方面：一是章程草案中的条款是否与宪法、教育法律法规相抵触。二是章程条文的结构是否符合逻辑，章程规定用语、概念是否规范、准确、清楚，文字表达是否清晰、无歧义，以保证章程文本的质量。三是章程条款是否有必要性和可行性，以保证学校章程颁布后有效调整和规范利益关系。四是章程内容是否全面、正确地反映了学校各方利益。[②]审议过程首先要听取提案人的说明、就草案进行质疑，在质疑过程中阐述自己的意见，再经过讨论，提出修正、补充的意见，综合汇总意见，进行章程的修改完善。

（3）章程草案的表决。表决是指具有制定权的机构对审议、修改后的章程草案表示赞成还是不赞成的态度。表决一般采取公开表决和秘密表决。公开表决是指在表决草案的过程中，不掩盖表决者所采取的态度。秘密表决是采用不记名投票方式对草案表示赞成、反对或弃权的态度。草案通过的原则通常是少数服从多数，出席会议人员 2/3 以上赞成即为通过。

（4）章程的审核。审核是指学校将已经通过的章程呈送教育行政主管部门审核批准，这是学校章程的重要法律渊源之一。《教育部关于加强教育法制建设的意见》《教育部关于加强依法治校工作的意见》中明确指出：章程制定完毕后都必须"报请教育主管行政部门审核"。由政府有关部门审核章程，这也是国外大学章程制定的惯例。[③]

（5）章程的公布。公布是指将已经通过的章程以特定的方式向公众公开发布的行为。章程经教育行政部门核准后，虽然具有了法律效力，但尚不为人所知，还不能发挥其调整高校利益相关者之间的关系、规范高校利益相关者行为的作用，必须将章程公之于众，以便使广大师生员工、校企合作单位、社会人员等都能够了解、执行和遵循章程。章程的公布涉及三个问题：一是谁拥有章程的公布权。一般来说，章程的公布权和签署权是紧密相连的。在我国，校长是学校的法人代表，理当承担管理校内事务、理顺校外各种社会关系的责任。因此，章程应由法人代表——校长行使公布权。二是公布的方式。章程一般应该在特定的刊物和校园网上公布。三是公布的内容。公布的文字材料应该包括已正式通过的章程文本和颁布章程的文件。其中，章程文本是核心。颁布章程的文件应明确章程制定的目的、章程制定的机关、章程通过和审核的时间、章程生效的时间、颁布章程的机关等。

（6）章程的备案。高职院校章程制定好后，应该按照规定向学校教育行政主管部门备案。如果不报上级主管部门备案就直接生效，其法律效力就会受到质疑。缺乏备案程序的大学章程也是不符合教育法、高教法等有关法律规定以及章程制定要

① 李淼. 高职院校章程的构成要素分析 [J]. 中国成人教育，2015（13）：108–110.
② 鲁晓泉. 我国高校学校章程及制定研究 [D]. 华东师范大学，2007：30.
③ 鲁晓泉. 我国高校学校章程及制定研究 [D]. 华东师范大学，2007：31.

求的。

4. 促进高职院校章程的推行

高职院校章程的确立仅仅是迈出了第一步，还要坚持不懈地贯彻落实，大力推行，才能最大程度地发挥高职院校章程的作用，为高等职业教育在依法治校的前提下持续、快速、健康的发展做出贡献。

（1）以章程为统领，构建系统完善的配套制度体系。章程是高职院校发展建设的主干和指导，相关配套的制度体系则是学校建设的枝叶和辅助，是章程能够切实发挥作用的保障。首先，结合学校实际构建科学完善的制度体系。深入教学和管理一线调查研究，全面清理、完善、更新现有的规章制度。进一步理顺内部管理体制，扎实开展各项管理改革，着力调动全员工作的积极性，形成管理体系顺畅、制度体系清晰、责任体系明确的工作状态。其次，建立操作性强的具体考核体系。按照过程管理和目标管理并重、分项考核与综合考核相结合的原则，形成制度体系完备、监督体制健全、考核评价机制科学的校内规章制度体系。再次，建立学校各项制度违反章程检查制度，制定其他制度前必须进行符合章程审核制度、违反章程追责问责制度、章程推行例行检查制度，用制度的刚性保障章程的推行。最后，把章程建设和实施情况作为学校信息公开的重要内容，应积极主动地接受学校举办方、上级教育行政主管部门、全校师生员工和社会各界的监督，并且把相关的意见和建议作为章程修订的重要依据。[①]

（2）建立章程推行监督机构，开展章程推行效果测评。如果仅规定章程的法律地位，而没有相应的问责机制，推行章程就会受阻。《高等教育法》应从更高的层面规定违反章程的法律责任，否则章程在运行时就不会得到尊重。高职院校成立监督委员会，监督委员会对校长负责，专门对章程的推行情况和遵守情况进行监督和检查，对违反章程的现象有检查权、调查权、建议权、处分权。教育主管部门要强化章程推行效果的测评工作，建立可量化和分解的高职院校章程推行效果测评体系。按照测评体系要求，组织章程确立及推行方面的专家针对高职院校章程推行效果进行标准化测评。测评要按照量化指标评出章程推行情况的优劣等级，对测评结果为优秀的高职院校要鼓励和表彰；对测评结果不达标的高职院校要求其限期整改，确保达标。以章程推行效果测评推进高职院校章程建设，达到"以评促建、以评促改、以评促管"的目的。高职院校自身也要适时开展章程推行效果自我测评。[②]

（3）不断健全完善党委领导下的校长负责制，充分发挥学术委员会的作用，为章程推行创造条件。

①不断健全完善党委领导下的校长负责制。高职院校应根据教育部和地方教育主管部门要求以及章程自身建设要求，结合高职教育的实际情况进一步健全和完善党委领导下的校长负责制，理顺学校党委、行政和学术之间的关系。高职院校应按

---

① 徐维东. 依法治国视域下高职院校章程建设的实施路径探究［J］. 辽宁省交通高等专科学校学报，2015（12）：44-46.
② 华战胜. 高职院校章程的确立及推行［J］. 教育与职业，2017（4）：63-67.

照党中央颁布的《关于坚持和完善普通高等学校党委领导下的校长负责制的实施意见》，结合学校自身的办学实际和办学特点，坚持党委的领导核心地位，保证校长依法行使职权，认真贯彻落实党的民主集中制原则，坚持集体领导和个人分工负责相结合，建立党委统一领导、党政分工合作和协调运行的工作机制。这是中国特色现代大学制度建设最重要的特征，也是中国大学沿着社会主义方向发展的保证。

②充分发挥学术委员会的作用。有了章程，就意味着高职院校有了自己的"宪法"，有了自主管理最基本的文件，有了制定其他规章制度、设立管理部门和学术机构、开展管理工作和学术活动的依据。章程将学术委员会作为最高学术机构，在学校发展规划制定、专业布局优化、教风学风建设、师资队伍培养和人才培养模式建设等方面发挥着至关重要的作用，因此，高职院校要充分发挥学术委员会的作用，保证学术委员会工作的独立性和客观性，这样才能将教授治校、教授治学落到实处。①

5. 章程建设过程中要处理好几个关系

高等职业教育作为我国高等教育改革和发展中出现的一种新的教育类型，有别于普通高等教育，具有"跨界"的特点，高职院校在章程制定过程中，涉及一些带有普遍性的难点问题，尤其要注意通过处理好几大关系加以解决。

（1）举办者与学校的关系。由于和地方经济更加紧密的联系和以区域人才培养为重点，国家教育主管部门将高职院校划归省级地方政府管理。以工学结合的高技能专门人才培养为特色的高职教育在校内外实训基地、双师型教师队伍等方面需要更大的投入，人才培养的成本高于一般本科院校，而政府的低投入却是目前高职教育较为普遍的状况。时至今日，除少数经济发达地区外，不少省份尚没有形成拨款机制和投入办法，仍将升格前中专（中职）的办学经费作为基数适当增长拨付；至于民办的高职院校，经费和设备投入就更为可怜了。校企合作、产学结合是高职教育最大的特色，在校企合作过程中缺乏对企业参与合作的激励机制和政策引导，致使企业参与办学的积极性不高，也使高职院校在寻求校企合作中举步维艰，高职教育的发展急需政府加大财政投入和提高政策扶持的力度。此外，高职教育直接为生产、建设、管理、服务第一线人才培养服务，对人才和就业市场的反映最直接，更需要灵活主动地适应市场变化，而在教育主管部门和行业主管部门的双重束缚下，高职院校自主办学的空间十分缺乏，自主发展的积极性和创造性都无法发挥。②基于这一背景，高职院校应充分利用章程制定契机，逐步改变这一现状。

高职院校章程制定的过程，既是理顺管理体制、科学管理大学的过程，也是高职院校不断落实和扩大办学自主权的重要过程。《高等教育法》第二十八条规定，高等学校的章程应当规定以下事项：举办者与学校之间的权利、义务。《章程制定办法》第七条明确，章程应当按照《高等教育法》的规定，载明以下内容：学校的举办者，举办者对学校进行管理或考核的方式、标准等，学校负责人的产生与任命

---

① 徐维东. 依法治国视域下高职院校章程建设的实施路径探究 [J]. 辽宁省交通高等专科学校学报，2015（12）：44-46.

② 丁黎敏. 试论大学章程的主要功能在高职院校现代大学制度建设中的实现 [J]. 现代物业·现代经济，2012（6）：106-109.

机制，举办者的投入与保障义务。作为中国大学章程的特色条款，"学校与举办者的关系"是大学章程的必备内容。举办者的权利与义务、学校的权利与义务，在章程中应适当集中表达。相关条款可集中为一章，也可将有关内容分散到相关部分。其中，举办者权利应包括审核章程草案、任命学校领导、监督学校执行法律法规和章程的情况、依法监督学校国有资产与财务管理等。"义务"则应涵盖投入保障、办学自主权保障等。其主要目的在于理顺政校关系，明确职权，规范举办者的行为，落实办学自主权，这也是章程中表达难度较大的内容。①

高职院校在制定大学章程的过程中，应重点明晰大学和政府之间的权责关系。作为高职院校举办者的省级政府应切实肩负起财政投入、政策引导和监管的职责，放手让高职院校根据市场需要去办学。在其义务表述中要特别强调其主导作用的充分发挥：第一，精心谋划顶层设计。作为举办者，在顶层设计中首先要考虑高职院校规模、结构的设计和规划与地方经济社会发展规划同步；其次要考虑高职院校的办学层次、规格的提升要满足经济社会发展的要求，满足人的发展需求。第二，积极进行权力下放，切实落实《高等教育法》和《教育规划纲要》中关于高校办学的自主权，着力推进依法行政、依法治教，强化服务职能。在指导思想上只考虑培养什么人，而把怎样培养人的权利下放给学校。第三，实质推进校企合作。当务之急是在总结成功经验的基础上，制定地方性法规，规范企业在高职教育中的责任和权利，从制度层面上有效发挥职业教育"双元"中企业这一元的作用，通过出台激励政策，调动企业参与的积极性。第四，加强宏观评估监督。动员社会力量，尤其是行业、企业参与对学校人才培养质量的评估和监督，向社会公布学校人才培养质量报告书，科学评价学校的社会贡献度。

高职院校应按照章程自主决定院校内部的各项事务，承担起学校发展的各项职责。在学校办学权利的表述中要十分注意对办学自主权的积极争取：一是人事权。学校要积极争取各类专业人才的招聘权。依法按照学校专业建设、人才培养和事业发展的需要自主招聘、使用和管理各类专业人才。在依法、集体研究确定后，只需上级人事部门备案，不需上级审批。二是专业设置和调整权。学校可以根据市场需求和自身资源，依法自主开设专业；可以根据行业、企业的要求，对现有的专业及时进行调整，以适应、满足经济社会的发展变化和企业技术升级的需要。三是招生自主权。学校自主制订招生方案，确定招收学生的条件、标准、办法和程序；扩大学校自主招生比例，实现入学渠道的多样化和生源结构的多样化。四是检查评审的协商权。对教育主管部门开展的一般性检查评比，学校有选择参加的权利，对政府统一开展的有关评审，在时间、方式等问题上，学校有和政府协商的权利；五是机构设置权。学校根据实际需要和精简、高效的原则，可以自主进行教学、科研及行政职能部门等内部组织机构的设置和人员配备。②

（2）行政权力与学术权力的关系。如何处理行政权力与学术权力的关系，是现代大学制度建设中需要解决的核心问题。现阶段我国高校内部行政权力与学术权力

① 顾斌. 高职院校章程建设刍议 [J]. 唯实，2013（12）：46-47.
② 钱闻明. 关于高职院校管理章程的思考 [J]. 江苏师范大学学报：哲学社会科学版，2014（7）：146-149.

的关系可视为"鸟之两翼""车之两轮"的关系，缺一不可。但是，目前我国高校内部治理的基本现实是学术权力和行政权力失衡，学术权力势微。因此，必须重塑学术权力和行政权力的关系，因为它是现代大学制度建设的重点，是高校内部治理的核心，是能否真正建立起现代大学制度的关键，也是高职院校章程建设的重点章节和核心内容。

目前，我国大多数高校由于越位、专权或异化等诸多原因，行政权力相对于学术权力往往占据强势地位，行政权力不仅过大，而且过于集中，几乎代替了学术权力，致使学校学术权力的行使得不到有效保障，教授治学的积极性受到很大影响，这种现状在高职院校更为明显。科学合理地界定、正确行使行政权力，实现"两权"分离、理性回归，将学术权力归还学术组织应是章程表述的重点内容之一。要尊重高校的组织特征，因"校"制宜，积极探索、构建内部治理结构。章程要倡导学术自由和教授治学，教授对学术事务拥有决定权，教职工代表大会以教师为主体等。高职院校章程对党委决策权、行政管理权、教授学术权、学生参与权应做出明确界定，并通过建立相应制度确立各利益相关者在学校重大事务决策中的应有地位，要明确党委、行政权力的边界，规范权力行使程序。与此同时，要建立健全教师、学生参与机制。不同国家和地区的高校组织结构差异很大，不能完全套用，但国外以及港台地区高水平大学教师、学生参与学校决策和管理的做法，值得学习和借鉴，高职院校应结合自身实际加以完善并在章程中有所体现。章程应凸显"办学以学生为本、发展以教职工为主"的基本理念，注重保障教职工和学生的基本权利。学生是高等职业教育的主要参与者，章程尤其应当突出学生的主体地位，明确学生依法参与学校管理的形式，并完善学生权益保障机制。[①]

高职院校由于从事的是职业教育，人才培养规格有别于本科高校，加上院校历史较短，因此学术权力一直处于势微状态。在章程制定过程中，首先必须充分认识到建立、培养和规范学术权力的重要意义，明确规定学校各种学术组织（如教授委员会、学术委员会、教师职务评定委员会等）的领导构成、职责与权限，在保证普通教授成为其主要力量的基础上，普通教师也应参与其中，使各种学术组织真正成为保证学术公平、发扬学术民主、促进学术自由的民主组织，充分发挥各种学术组织在学校改革发展中的重要作用。[②]鉴于高职院校教授总量少、学术权力特别薄弱以及高职教育的"跨界"属性等特殊性，学校在学术组织的名称、构建及权力的行使等方面完全可以有别于本科院校。在校级层面，可设立教授委员会作为学校的最高学术机构，统筹行使学术事务的决策、审议、评定和咨询职权。教授委员会下设学术委员会、教学委员会和质量评估委员会等专门委员会，具体负责相关学术事务。在二级学院（部）层面，设立二级学院（部）学术委员会。二级学院（部）学术委员会是在二级学院党政联席会议领导下的教授治学基本形式，是在专业建设、师资队伍建设、科研规划、学术评价和人才培养质量评估等方面行使审议、评定和

---

① 顾斌. 高职院校章程建设刍议 [J]. 唯实，2013（12）：46-47.
② 吕世彦，郭德红. 关于大学章程制定过程中几个关键问题的思考 [J]. 高教发展研究，2012（2）：19-21.

决策权力的机构。[1]

（3）学校与社会的关系。高职院校章程除了要规定好与政府组织的关系之外，还要规定好与社会组织的关系。

校企合作是我国高职教育改革、建设和发展中的重要特征，是培养高端技能型人才的有效模式。相比较本科院校，高职院校一般都有鲜明的行业背景，在培养高技能人才的过程中更加离不开行业、企业和校友的支持，更加需要社会力量参与办学。[2]所以，高职院校章程应该规定好行业企业与高职院校在专业建设、校内外实训基地建设、双师型师资队伍建设、订单培养、共编教材、共同制订人才培养方案、接收高职毕业生等方面的合作关系，促进高职院校与行业企业的合作更加深入。高职院校应该吸引社会各方力量参与办学，其中校友资源越来越得到高职院校的重视。尤其是具有行业背景的高职院校，由于其本身的行业定位，校友资源在校企合作、订单班培养、就业导向等方面具有更加直接的促进作用。

国家大力推进中国特色现代大学制度建设，鼓励探索建立高等学校理事会或董事会制度来扩大社会合作，一些高职院校已经走在了前面。通过成立包括政府、行业企业代表、社会投资者、杰出校友代表、社区代表等参加的学校董事会或理事会，为社会各方合法参高职院校的管理提供了合法通道。[3]高职院校应该积极探索办学理事会或董事会制度，规范理事会或董事会的成员组成、权利义务以及参与高职院校管理的合法通道，将这一制度以法定的形式固定下来，从而更好地促进高职院校形成科学合理的外部治理结构。[4]

（4）学校与二级学院的关系。学校和二级学院是整体和局部的关系。高职院校普遍实现了二级管理，但是学校和二级学院两级管理的权限如何进行科学合理的划分，一直未能得到很好的解决。二级学院往往从自身利益考虑，总是希望学校放权，扩大自主管理的范围。但就目前我国高职院校的管理水平和管理现状来看，学校究竟要下放哪些权力给二级学院，确实需要做出科学合理的界定。否则，由于缺乏自律、监督和制约机制，在实践中，往往会出现这样或那样的问题。因此，在章程制定过程中，一定要发扬民主，广泛征求全校广大教师的意见，对哪些权力应下放给二级学院，如何监督这些权力的实施，需要在广泛调研、充分论证的基础上，做出明确规定。具体地，钱闻明分析应在章程中分别做如下呈现：[5]

章程中关于学校管理体制的一般规定，首先要明确学校实行两级管理。按照精简、高效的原则，设置党政职能部门和直属单位；根据专业建设和人才培养工作的需要，设置二级学院；学校党政职能部门根据分工和学校的授权，对二级学院的教学、科研、学生以及党建等工作履行管理和服务职责。其次是清晰界定校院两级的权力与责任，根据"事权相宜"和"权责一致"的原则，在人、财、物方面赋权二

① 钱闻明. 关于高职院校管理章程的思考 [J]. 江苏师范大学学报：哲学社会科学版，2014（7）：146-149.
② 葛志亮. 高职院校章程制定应遵循的基本原则 [J]. 中国农业教育，2014（3）：55-56.
③ 丁黎敏. 试论大学章程的主要功能在高职院校现代大学制度建设中的实现 [J]. 现代物业·现代经济，2012（6）：106-109.
④ 邓志良，任占营，赵佩华，等. 关于高职院校章程制定的几点思考 [J]. 中国职业技术教育，2014（18）：21-23.
⑤ 钱闻明. 关于高职院校管理章程的思考 [J]. 江苏师范大学学报：哲学社会科学版，2014（7）：146-149.

级学院，对于二级学院的发展规划制定、专业建设、师资队伍建设、教学、科研等方面所行使的职权应给予足够的自主权，以充分调动学院办学的积极性，增添改革、发展的动力，激发创新的活力。最后是加强指导监督，一方面规定二级学院必须建立并不断完善学院内部治理结构（以党政联席会议制度、教授或学术委员会制度和教代会、学代会制度为基本形式），另一方面规定对二级学院实行年度工作目标考核制度。

章程在关于二级学院的章节中要明确学院的权责和主体地位：学校层面以宏观调控为主，重在建立指导、服务、考核和监督的运行机制；二级学院层面具体负责教学、科研、专业建设、师资队伍建设、质量控制、人才培养、学生管理及其他日常管理工作，在人才培养、科学研究、社会服务等方面充分发挥主体作用，确立二级学院的办学主体、质量主体和责任主体地位。要清晰二级学院的领导决策制度：在强化学院党政共同负责制的基础上，实行二级学院校企合作委员会、教授或学术委员会、二级学院教代会、二级学院学代会等参与决策制度。明确二级学院的决策权，学术事务决策以教授或学术委员会为主，将新专业开设、重大合作项目等方面的决策权交给校企合作委员会，涉及教职工和学生重大利益的事项交给二级教代会、学代会决策，党政联席会议主要抓综合性的重大决策。要建立约束机制，自觉接受学校的监督考核，使二级学院严格按照学校的授权行使权力、承担责任。

6. 加强高职院校章程的基本理论研究

伴随着高等职业教育改革的深入推进及其面临的社会经济政治形势的变化，高职院校章程在构建现代高职院校制度中的作用日益重要；相反，关于高职院校章程的研究仍然极为薄弱，无法为制定、实施高职院校章程提供有力的理论指导。因此，高职院校章程研究作为高等职业教育理论研究的重要领域，亟待引起人们的高度重视。可以考虑采取如下举措：①

（1）以科研课题立项推动相关研究。各高职院校要针对本校实际，把制定、实施和修订高职院校章程研究作为校级重点课题立项，由校领导主持带领一批人员开展相关研究，为制定、实施和修订本校章程服务。

（2）围绕重点内容开展研究。与高职院校章程建设相关的研究内容有：高职院校章程的目的、意义、结构以及理论基础研究；积极开展国外特别是发达国家同类院校章程的国际比较研究，寻求制定、实施高职院校章程的共同规律；国内制定、实施高职院校章程的现状、问题和经验的实证研究，进而为制定、实施高职院校章程提供依据；高职院校章程和其他类型普通高校章程的比较研究，探讨制定、实施高职院校章程的性质、特点和规律。

（3）上级教育科学规划部门要发挥研究引领作用。上级教育科学规划部门要立足于构建现代高职院校制度的需要，对包括制定、实施高职院校章程研究在内的相关课题进行立项，进而为制定、实施高职院校章程的实践提供理论指导。

高职院校章程建设是一项系统工程，其涵盖的内容非常丰富，牵扯的面也非常

① 程海东，孙卫平. 制约高职院校章程的不利因素及应对策略 [J]. 职教论坛，2010（25）：47-50.

广，既要与国家政治体制、经济制度和历史文化传统紧密相连，又要符合章程建设的内在规律和高职教育办学历史和发展实际，需要国家、教育主管部门、高校统筹协调和密切配合，需要高等教育管理者和教育工作者认真思考、不断探索，才能做好章程建设工作，为高职教育事业持续健康发展做出贡献。

案例研究

高职院校章程建设的实践探索

思考与讨论：

1. 高职院校的章程具体应该包括哪些方面内容？

2. 高职院校的章程建设应从哪些方面着手？

3. 本案例中的 3 个高职学院在章程建设上各有何亮点？

章程在国家法律、法规、高校规章制度中起承上启下的作用，是高职院校内部治理结构完善及治理水平提升的出发点和落脚点。我国高职院校章程建设虽然仍处于起步阶段，但令人欣喜的是，一些高职院校已经在这方面先行一步了，近年来它们从自身办学实际出发，积极探索，大胆实践，以章程建设为突破口，强化顶层制度设计，厘清高职院校多元利益相关者之间的职责、权限边界，深化高职院校内部治理改革，在实践中取得了丰富的经验和成果，为高职院校以章程建设为核心，实现依法治校，提供了可供参考的实践理念及路径。

一、江苏财经职业技术学院章程建设的实践及经验

为贯彻党的十八大、十八届三中全会和江苏省委十二届六次、七次全会精神，落实《高等教育法》、《高等学校章程制定暂行办法》（教育部令第 31 号）、《教育部办公厅关于加快推进高等学校章程制定、核准与实施工作的通知》（教政法厅〔2014〕2 号）等法律和文件的要求，江苏省教育厅于 2014 年 9 月初发布了《省教育厅关于加快高校章程建设的通知》（苏教法〔2014〕8 号）。随即，江苏财经职业技术学院第一时间成立了由书记和校长任组长的学院章程起草小组，着手开展对原有章程的修订工作，经过近 6 个月的探讨与完善，江苏财经职业技术学院章程（以下简称财院章程），于 2015 年 3 月 20 日上报江苏省教育厅，并于 2015 年 9 月正式获批通过。

1. 章程建设的实践

财院章程是在结合学院实际情况和自身特色，广泛调研基础之上精心拟定的，由序言、总则、学院管理体制、组织机构、学生、教职员工、经费财产和财物管理，以及附则八个部分构成，共计 63 条、9 300 余字。

（1）章程的制定思路。财院章程的 8 个组成部分，以"总—分—总"的逻辑思路，先总体说明学院的情况，再分别阐释学院内部的管理体制、组织机构、学生、教职员工，以及经费财产和财务管理，最后落脚到章程的生效和应用。

①序言部分，对学院的发展历史进行了概括介绍。

②总则部分，规定了学院的名称、地址、机构性质、发展定位、培养目标、办

学层次、办学方向、办学规模、学院院训、学院精神、院徽、院歌、院庆日等彰显学院特色的内容。

③学院管理体制部分，对党代会、党委、党委书记、纪委、党委领导下的校长负责制、教代会、院长、学术委员会、教学委员会、校企合作理事会、学生代表大会、共青团、民主党派等组织的管理体制、运行机制进行了梳理。

④组织机构部分，针对学院实行的二级管理体制，对二级单位的党政联席会、教师委员会、职工代表大会、党总支等组织的设置和运行，进行了详细规定。

⑤学生部分，从招生、培养、成才等维度，对学生的权利和义务做出了详细规定。

⑥教职员工部分，对学员教职员工的聘任制度、教学科研保障、发展保障，以及具体权利义务做出了详细规定。

⑦经费财产和财务管理部分，对学院经费的来源、使用、监督等做出了规定。

⑧附则部分，规定了章程的生效、修改程序，以及应用要求。

（2）章程的制定原则。

①依法制定。财院章程无论是内容还是程序，都严格遵循相关法律、法规、规章的要求，并要求依据章程制定或修改各项内部规章制度，从而保证学院各项工作的开展都能够"有法可依"。

②民主集中。财院章程的制定遵循民主协商的原则，从章程起草之初，到章程草稿形成提交教代会讨论，共经历了起草小组讨论、教师代表讨论、教授及博士讨论、学生代表讨论、离退休教师讨论等多次民主商讨，几易其稿，后又经校长办公会、校党委会讨论决定，最终形成教代会讨论草案，并获教代会通过。

③权力制约。财院章程作为学院内部的"最高法"，应发挥规范学院权力运行的作用。为此，章程依据"党委领导、院长负责、教授（师）治学、民主管理与监督"的思路，对学院内部党政分工，行政权力与学术权力、监督权力的相互制约，以及上下级部门之间的领导与被领导关系等进行了梳理，明确了权力的运行和监督机制。

④彰显特色。财院章程对学院院训、学院精神、学院奋斗目标、院徽、院歌等学院的独特文化内容，以及学院已经成熟的人才培养理念、人才培养模式、人才培养机制、政行企校办学新体制、学生学历提升、就业创业等制度进行了总结概括。[①]

2. 章程建设的经验

（1）强调内容完整。财院章程内容严格按照《高等学校章程制定暂行办法》以及《江苏省教育厅关于加快高校章程建设的通知》的要求，涵盖了章程应包含的全部内容，此外还增加了学院文化、校企合作等办法和通知未作要求的内容。

（2）突出改革创新。财院章程全文渗透着对改革与创新的要求，内容涉及管理体制、人才培养、校企合作政策、教学模式、教学方法、科研政策、学生管理等与学院发展息息相关的内容。

---

① 韩香云. 高职院校章程的理论界定与实践探索 [J]. 金融理论与教学，2015（8）：103-106.

（3）申明权利义务。财院章程对学院教职员工的权利义务、学生的权利义务，以及服务管理部门的职权、职责，都做出了规定，力求做到权利与义务对等，权力与职责一体。

（4）倡导服务宗旨。财院章程倡导构建服务主导型的教育教学体系，所有机构设置、权力运行机制，都紧紧围绕服务这一宗旨，强调为教学服务、为学生服务。

（5）紧跟时代步伐。财院章程着力体现 2014 年全国职教会议精神、教育部有关发展高等职业教育的精神，以及高校治理现代化的文件精神，突出治理能力的现代化，强调"产教融合、工学结合"的高职教育发展要求，落实校企合作、现代学徒制。

3. 章程建设的意义

财院的章程建设，不仅仅是教育部、省教育厅对我学院的任务要求，更是财院规范管理体制和运行机制、完善治理结构、提升治理能力、建立现代大学制度的必经之路。

（1）章程的正式出台结束了财院长期以来"有制度、无章程"的办学现状，使各项具体的规章制度，有"法"可依、有"根"可循，为学院规范发展、健康发展、稳步提升提供了制度保障。

（2）为财院依法办学、规范办学提出了新的要求，章程生效以后，学院需要针对内部管理进行制度上的"立、改、废"，即按照章程要求，订立尚未制定的制度，修改与章程不符的制度，废除与章程相悖的制度。

（3）为保障师生权益，实现师生民主参与学院管理，提供了制度保障。财院章程作为学院的"宪法"，从根本上规定了师生的权利义务，以及师生民主参与的途径。

（4）财院章程的出台体现着学院党委、行政坚持依法办学、民主管理的决心。学院党政领导班子一直十分关心学院章程的建设，其目的是通过章程建设，助推学院的科学发展，而章程草案的出台也凝结着党政班子成员的心血，表达了学院领导班子志在提升治理能力、调整治理结构、建立现代大学制度的决心。[①]

二、无锡工艺职业技术学院章程建设的阶段推进

1. 准备启动阶段

无锡工艺职业技术学院为强化落实章程建设责任，准备阶段即建立章程起草领导小组，分别由主要领导担任组长、副组长，由相关职能科室负责人、教授、学生代表、校友等各利益主体代表担任成员。领导小组旨在研究章程建设实施方案与部署工作计划，确定具体结构、步骤与内容，加强监督落实。为对章程起草工作有明确的进度规定，特拟定实施方案，细化了具体工作流程与内容。

2. 学习调研阶段

学院积极组织人员关注教育部、省、市其他高校的章程建设动态，通过不同渠道搜集了解相关法律条例，并结合当前的时事新闻与学术前言成果，为章程建设提

---

① 韩香云. 高职院校章程的理论界定与实践探索［J］. 金融理论与教学，2015（8）：103-106.

供有力的理论基础。同时，学院多次组织全院教职员工参加特邀专家的章程建设理念交流会，要求大家借助不同的信息来源学习章程资料。同时，学院积极开展针对性的专题调研，着重研究国内普通高校的办学理念与发展经历；重新研究解释本校的校旗、校徽、校训，力求融入最新的时代气息，加强现代感和正能量；对学院对接国际平台要求的英文译名也重新进行了科学化修订。

3. 框架起草阶段

学院在原有规章文本的基础上，加强了对现行章程框架的解读，力求保留原有相关规章制度的内容，同时融合最新的教育教学理念。经过章程起草领导小组的授权，学院章程编写组认真起草章程初稿，本着"边起草、边讨论、边修改"的原则，内容上重视学生主体地位，重视教师的发展本位，重视学院的内部治理机制。特别强调建立教职工代表大会、学生代表大会等民主管理机构和学术委员会、教学工作委员会、专业技术职务评审委员会等学术机构，加强各组织机构的参考决策与咨询作用。同时，章程建设坚持"党委领导，校长负责，教授治学，民主管理"的基本治理思想，对学院与不同社会组织的关联予以肯定，强化学院的财务、资产、后勤等管理制度，明确了学院章程的制定与修订程序。

4. 修改论证阶段

学院章程起草领导小组在初稿完成后，面向全院广大教职工和学生征集意见和建议，通过专项会议，组织人员对章程初稿进行讨论，将存在的疑问、建议与意见整理成文并上报编写组。同时，学院多次邀请法律权威专家对章程文本的法律常识错误进行甄别修正。通过不同形式、不同途径的讨论审议，学院章程编写组就所收到的修改意见反复论证，不断完善章程。

5. 提交核准阶段

经过修改的学院章程，在经过教职工代表大会讨论通过后，提交到院长办公会进行审议。随后，学院党委会审定通过章程后上报到本省教育厅申请核准。学院针对教育厅的核准评审意见修改章程后再次提交，最终核准后予以实施。[①]

三、常州信息职业技术学院章程建设的主要路径

常州信息职业技术学院将章程建设过程作为梳理学校内部管理结构的重要契机，同时章程建设与学校依法、依规办学的理念，有效推进了学校的制度化建设。在实践中，学院主要从以下路径出发，开展相关工作：

1. 完善治理结构

按照现代大学制度建设要求，学院以依法健全和优化内部治理结构诸要素为重点，在学院章程中明确了"三重一大"决策制度；调整了学术委员会的构成与职能，学院党政主要领导将不再在学术委员会任职；明确组建校企合作委员会；健全教代会、学代会民主决策制度；提出成立经营性资产监督管理委员会履行国有资产保值增值职责。此外，为了从体制机制上保证政府、行业、企业以及社会各界、各方力量对学院办学的实质性参与和支持，确保在办学过程中与区域经济和现代产业无缝对接，学院将建立办学理事会也写进了章程。由此，基本确立了学院的整体治

① 潘旭. 高职院校内部治理章程建设探讨 [J]. 高教论坛，2017 (16)：9-10.

理结构。

2. 完善领导体制

为了提升学院的整体治理效率和质量，理顺领导主体权责，学院在章程的"治理结构与运行机制"一章中进一步明确阐述了党委领导下的院长负责制。以此为依据，制定了《党委领导下的院长负责制实施细则》，进一步明确党委与行政、书记与院长的职责，规范党委会、院长办公会议事规则，强化党委统一领导、党政分工合作、协调运行，并建立党委委员分工负责制，制定了《党委、党委领导班子成员党建工作责任清单》，做到领导班子成员党建工作任务项目化、项目责任化、责任具体化，确保把党的领导落实到把好办学方向、深化综合改革、推进依法治校、促进内涵发展的全过程，党委的领导核心作用得以充分体现。同时，修订完善了《关于落实党风廉政建设党委主体责任、纪委监督责任的实施办法》《学院党政领导干部选拔任用工作条例》《关于调整党委委员分工的通知》等一系列制度，确保党委领导下的院长负责制得到充分落实。

3. 完善学术规范

为了保证学院的学术建设和管理朝着更加专业的方向发展，学院在章程的"教育教学管理"一章中，明确阐述了学院坚持学术管理独立化的理念，提出学院的所有学术管理工作均由学术委员会统筹负责，确保行政的归行政、学术的归学术，使行政管理从繁杂的学术事务中解脱出来，让学术管理变得更加精细准确。同时以此为依据，制定完善了原有的学术委员会章程。

4. 完善民主管理

为了坚持细化民主管理，畅通民主渠道，充分倾听全体师生的心声，学院在章程中进一步明确了教代会、工代会、团代会、学代会的地位和管理职责，并提出二级学院也应建有相应的二级代表大会制度。在章程的信息公开制度中，明确师生员工可以通过递交提案的方式向学院提出合理化建议，党委书记信箱、院长信箱及师生信箱必须公开，对于师生员工递交的问题限时答复、限时落实。教代会的非常设机构执委会有监督提案执行情况和教代会决议执行情况，以及定期听取学院重大事项汇报的权利，同时也有将相关情况及时向全体师生员工公开的义务。此外，针对接待全院师生来访交流的每周一次的院长接待日活动，也以明确的管理条款予以制度上的保证。

5. 完善两级管理

为了保证学院章程的有效实施和落实，致力于不断激发基层办学活力、实现自身可持续发展，学院在章程的机构设置及职责条款中明确了学院的两级管理制度，以统一领导、分级负责、重心下移、权责对等、目标管理和分类考核为原则，把人员岗位聘用、运行经费管理、人员经费分配、资产设备管理、综合绩效考核下放给二级部门，赋予二级部门在人、财、物方面更多的支配权，实现管理权限重心下移，强化职能部门和二级教学部门的目标管理和绩效考核。以此为依据制定并完善了学院的《两级管理》具体实施办法，从而有效激发了二级学院（部）的积极性、创造性，实现了办学活力和办学效益的全面提升。

6. 完善章程学习

学院于 2014 年年初启动章程建设和规划工作，2015 年 12 月新章程获江苏省教育厅厅务会议审议通过，予以核准，于 2016 年年初面向全院全文发布。为了保证学院在章程建设中贯彻的理念、思路及部分全新的规章制度能够被全体师生理解、领会，政策法规处将学院《章程》分发到全院每一位成员手中，做到人手一册，并利用教职工代表大会的机会，就《章程》的发布、学习、贯彻向全体代表做解读。学院校园网在首页醒目开设《章程》专栏，便于全院师生学习和下载。学院官方微信开设专题，用通俗易懂的图文形式对《章程》进行解读。学院还邀请教育部政策法规司专家来学院开设专题讲座，围绕《章程》建设对高校法治化建设的核心作用来阐述学院章程的建设意义。学院主要职能部门在新职工入职培训班、学生干部培训班开设专题讲座，进行章程学习宣传，并分赴二级学院，与广大师生员工共同学习和解读《章程》，以提升广大教职员工对《章程》的理解和认识程度。

常州信息职业技术学院以章程建设为核心，逐步建立健全了以"党委领导、院长负责、教授治学、民主管理、社会参与、依法治校"为特色的治理结构，有效推进依法治校、依法治教和依法治学工作，将学院各项改革发展事业纳入法治化轨道，形成了学院依法办学，教师依法执教，社会依法评价、支持、参与和监督的良好发展局面。①

四、四川信息职业技术学院章程建设推动高职院校内部治理

四川信息职业技术学院由中专独立升格为高职院校后，经过 10 余年的快速发展，综合办学实力显著提升。目前，学院正处在加快内涵建设、争创国家优质高职院校的关键时期。因此，以学院章程建设与配套的治理结构改革为突破口，以创新行动计划为载体，完善内部治理制度与机制，提升学院治理水平，意义重大。

1. 章程建设推动学院办学机制创新

学院以章程建设作为改革的切入点和系统集成的载体，按照现代大学制度的内涵与要求，以委市共建为支撑，强化政行企校四方联动，搭建了四大发展平台，形成了"一支撑、四联动、四平台"的"144"办学模式，为学院拓展了更为广阔的发展空间。

在政府主导下，整合行业区域内各种优质资源，不断创新深化校企合作、校地合作，着力强化"政行企校"四方联动共育人才机制，合力搭建发展平台：一是创新创业平台。目前，联合政府、企业建成创业孵化园、双创俱乐部以及一批创新创业实践基地。二是校企合作平台。与联想集团、智翔集团、中兴通讯等知名企业合作，分别成立了联想学院、智翔软件学院、中兴通讯学院，企业先后投资 600 余万元，共建了联想客服授权站、移动应用开发中心、ICT 产教融合创新基地、FANUC 数控系统应用中心，形成了"五保障、四共建"紧密型长效合作关系；与广元经开区共建校企合作产业园，每年为教师提供锻炼岗位 7 个，为学生提供实习工位 350

① 金亚白. 以章程建设为核心推进高职院校制度建设——试论常州信息职业技术学院章程建设实践 [J]. 职业，2016（12）：18-19.

个，接纳学生实习 1 000 人次。三是集团化办学平台。学院牵头成立了广元职教集团、四川电子信息行业职教联盟，汇集了 47 家企业、17 所职业院校、7 个行业协会和 5 个工业园区。四是技术服务平台。联合企业和地方政府，建成了全省高职院唯一的院士工作站和四川移动应用协同创新中心，建成了广元市云计算研究中心和广元经开区高端技能人才培训中心，打造了 7 个技术服务团队。

2. 章程建设促进内部管理机制完善

大学章程是依法治校的需要，是明确党委和校长职责的途径，是权力下放、形成合理的管理体制的保障，是处理学校内部各种关系的准则。①因此我们完全可以通过大学章程的制度建设来健全管理体制、明晰责权分工、完善管理制度。

在章程建设过程中，学院根据《关于坚持和完善普通高等学校党委领导下的校长负责制的实施意见》，多次修订学院党委会议事规则和院长办公会议事规则，严格执行党政一把手不直接分管人事、财务、工程等规定，进一步明确党委班子成员职责，建立健全党委统一领导、党政分工合作、协调运行的工作机制；制定《学院二级管理实施意见》，进一步落实系部教学管理、学生管理的自主权，逐步实现职、责、绩、利的有机统一；有序推进人事管理制度改革，建立起以岗位职责和全员聘用制为核心的用人制度；大力加强干部队伍建设，完善干部考核办法，努力探索干部队伍选拔、培养、管理的长效机制；进一步完善和改革收入分配制度，逐步建立起向有突出贡献的人员及关键岗位倾斜的分配激励机制；全面深化后勤改革，规范办事程序，提高管理水平与服务质量，构建完善的公共服务和后勤保障服务体系，学院内控管理制度日趋完善。

3. 章程建设健全民主治理机制

学院在章程制定的相关学术机构中，提高了高职称人数的比例，扩大了在专业及学科建设和教学研究方面的责权范围，对党委会、院长办公会、学术委员会、职代会、理事会等内部治理结构作了明确界定。如章程规定理事会是学院重大决策的咨询和监督机构，由四川省经信委、省教育厅、广元市政府、行业协会、企业、社会组织、杰出校友和校外资深专业人士代表等组成。理事会的主要职权是审议学院章程、发展与改革规划等重大事项；推进共建相关工作的具体落实，对学院办学给予政策、经费、信息等方面的支持；面向社会筹措资金、争取资源的规划或者计划，监督筹措资金的使用；统筹行业协会资源，推进学院的校企合作、工学结合；协调学院与社会各方的关系、促进学院的国际与国内交流；监督和评价学院办学质量与效益等。

在具体落实过程中，学院依法建立了教职工代表和工会会员代表大会制度，分设 9 个分工会，组建完善了女工委员会、工会经费审查委员会等机构，制定了《学院教职工代表大会实施细则》等规章制度。近年来，学院的重大决策，如学院发展规划、岗位津贴分配制度、师资队伍建设、住房改革、新校区建设等都是经职代会讨论通过的。学院始终坚持院务公开，制定了《学院校务公开工作制度》，对院务公开的内容、范围、形式作了明确的规定。依法建立教职工、学生权利保护和救济

---

① 徐先凤. 从大学章程看高校内部治理结构的再定位 [J]. 齐齐哈尔大学学报，2011 (12)：162-164.

机制，设立教职工和学生申诉委员会。通过章程建设和内部管理制度的规范及完善，学院依法治校、依法执教、依法管理的水平不断提高，师生的法制观念和民主意识不断增强，学院建设法治校园、和谐校园取得了良好效果。①

---

① 母中旭，何方国，王飞. 章程建设推进高职院校内部治理改革实证研究——以四川信息职业技术学院为例 [J]. 经贸实践，2016（22）：3-4.

第三章　结构优化——高职院校治理的关键

完善中国特色现代大学制度，完善治理结构。公办高等学校要坚持和完善党委领导下的校长负责制。健全议事规则与决策程序，依法落实党委、校长职权。完善大学校长选拔任用办法。充分发挥学术委员会在学科建设、学术评价、学术发展中的重要作用。探索教授治学的有效途径，充分发挥教授在教学、学术研究和学校管理中的作用。加强教职工代表大会、学生代表大会建设，发挥群众团体的作用。

——国家中长期教育改革和发展规划纲要（2010—2020年）

要在学校内形成决策权、执行权与监督权既相互制约又相互协调的内部治理结构，保证管理与决策执行的规范、廉洁、高效。

——教育部关于印发《全面推进依法治校实施纲要》的通知

《中共中央关于全面深化改革若干重大问题的决定》明确提出，全面深化改革的总目标是完善和发展中国特色社会主义制度，推进国家治理体系和治理能力现代化，并把完善学校内部治理结构列为深化教育领域综合改革的重要内容。《国家中长期教育改革和发展规划纲要（2010—2020年）》提出了"完善中国特色现代大学制度，完善大学治理结构，深化校内管理体制改革"的制度创新目标。《国务院关于加快发展现代职业教育的决定》（国发〔2014〕19号）（以下简称《决定》）提出："职业院校要完善治理结构，提升治理能力。[1]"教育部等六部委印发的《现代职业教育体系建设规划（2014—2020年）》（以下简称《规划（2014—2020年）》）提出"要完善现代职业院校治理结构"[2]。2015年10月19日，教育部正式印发了《高等职业教育创新发展行动计划（2015—2018年）》，明确指出："高职院校必须走创新发展之路，不断完善治理结构，持续推进高职院校的章程建设，

---

① 佚名. 中共中央关于全面深化改革若干重大问题的决定［EB/OL］.［2013-11-16］. http：//politics. people.com.cn/n/2013/1116/c1001-23560979.html.
② 教育部，国家发展和改革委员会，财政部，等. 现代职业教育体系建设规划（2014—2020年）［EB/OL］.［2014-06-16］. http：//www.moe.edu.cn/publicfiles/business/htmlfiles/moe/moe_630/201406/170737.html.

切实将教育教学改革与治理能力提升相结合，建立健全依法自主管理、民主监督、社会参与的高等职业院校治理结构。"①国务院和国家部委对职业院校的治理结构给予了充分的重视，治理结构直接影响着高职院校的办学质量与服务水平，良好的治理结构是高职院校高效有序运行的保障，也是"善治"的前提条件。可见，加快治理结构改革已成为高职院校普遍面临的一项重要且迫切的战略任务。

一、高职院校治理结构的内涵

在现代大学制度中，高校治理结构制度处于核心地位。它是针对高校内外部各个权力主体之间决策权配置的制度设计。高等职业教育是一种特殊类型的高等教育，现代高职院校制度是体现高等职业教育特点的大学制度，而建立健全高职院校治理结构是构建现代高职院校制度的核心问题。高职院校的治理必须建立在合适的治理结构基础之上。

1. 高职院校治理结构内涵的界定

不同的学者从不同视角对高职院校治理结构的内涵进行了界定。周衍安认为，高职院校治理结构包含内部治理结构和外部治理结构两个方面，后者是高职院校举办者对办学者的日常管理活动和办学绩效进行监督与控制的一系列制度体系，前者是内部不同利益群体、高职院校与社会之间的影响力配置②。董仁忠认为，高职院校内部治理结构是指在办学权与所有权相分离的基础上，关于高职院校内部的组织结构设置、权力配置以及各方利益相关者之间权责关系的制度安排③。曹雪明认为，高职院校内部治理结构是其内部权力关系结构的集合④。陈根寿、刘涛认为，高职院校内部治理结构是实现高职院校有效治理的一套完善的组织架构和权力运行准则，不仅包含保障高职院校办学和管理活动的正式制度，也包含高职院校内部治理的组织文化⑤。林春明认为，高职院校内部治理结构是指决策权、执行权以及监督权在高职院校内部的各种分配⑥。由此可见，当前学术界对高职院校内部治理结构的界定未能形成统一的认识，但学者们认同高职院校内部治理结构具有的共性特征，即强调高职院校内部权力在不同主体之间的分配与调解。⑦

作为提供公共教育服务的公益法人，高职院校既具有公益性、公共性、教育性、知识性等共性，又具有实践性、社会性、行业性、技能性等个性。这就决定了高职院校治理机构理应既不同于公司制企业，也不同于其他类型高校以及公益类事业单位⑧。高职院校治理结构是现代高职院校制度在治理层面形成的制度化结构，它通过高职院校各利益相关者之间的权力配置和制度安排实现彼此权力的制衡，以

① 教育部关于印发《高等职业教育创新发展行动计划（2015—2018 年）》的通知（教职成 [2015] 9 号）[Z]. 2015-10-21.
② 周衍安. 公办高职院校内部治理探析 [J]. 黑龙江高教研究，2007（1）：102-104.
③ 董仁忠. 高职院校治理结构研究 [J]. 教育发展研究，2011（7）：36-39.
④ 曹雪明. 关于高等职业院校治理结构的思考 [J]. 中国职业技术教育，2012（16）：88-90, 96.
⑤ 陈寿根，刘涛. 高职院校内部治理结构的制度设计 [J]. 教育发展研究，2012（17）：59-63.
⑥ 林春明. 高职院校内部治理现状与改革对策 [J]. 教育与职业，2015（34）：9-12.
⑦ 赵晓妮. 高职院校内部治理结构的内涵、实践迷思及变革趋向 [J]. 教育与职业，2016（6）：12-16.
⑧ 董仁忠. 高职院校治理结构研究 [J]. 教育发展研究，2011（7）：36-39.

达到公正与效率契合的状态。根据高职院校治理运行机制和治理对象的不同，可以将高职院校治理结构划分为内部治理结构和外部治理结构。其中，后者主要是高职院校与政府主体之间的权责分配与制度安排；前者是高职院校内部利益相关者之间在权责分配上的正式和非正式关系的制度安排。通过对高职院校内部利益相关者进行科学的权责分配以及制度优化设计，进一步明确高职院校内部主体之间的权责范围和相互关系，以达到各利益相关者诉求的"最大公约数"，实现高职院校内部治理的公平与效率相契合的理想状态。①

需要说明的是，本书从高职院校治理出发，更多地研究高职院校内部治理结构，当然也会兼顾到高职院校的外部治理结构问题。

2. 高职院校的权力系统

高职院校治理结构以"权力"的合理配置与运行为核心。要深入领会高职院校治理结构的内涵，必须对高职院校内部权力构成和运行规则有比较清晰的认识。所谓权力，是根据行使者的目的去影响他人行为的能力。其内容包括主体、客体、目的、作用和结果等几方面。高职院校由于其身份的复杂性，决定了其权力主体的多元化与权力客体的多样性。高职院校内部权力在各个不同利益群体之间进行分配并产生相互间的作用关系，而内部治理结构则是高职院校内部各个权力主体之间的决策权配置模式，包括权力主体的界定和决策权限的归属两方面内容②，通过高职院校内部管理体制得以具体体现。

现阶段，我国高职院校内部权力主要有管理权力和监督权力（参与管理权力）两大方面来源③。管理权力由政治权力、行政权力和学术权力三大块构成。具体而言，高职院校的政治权力就是"从价值、信仰与国家治理角度确定高校性质与管理权力，它是政府及社会的代理人，体现为党委领导下的校长负责制制度设计"。④党委领导下的校长负责制具体是指省委组织部门负责任命高职院校的党委书记和校长并赋予其相应的行政级别，党委书记作为党委的首要负责人，负责在高职院校中执行党的路线、方针和政策，确保学校办学的社会主义方向。校长作为行政负责人，对校内行政事务负全责。院校层面的事务一般通过党委会议、校长会议、党政联席会议三种形式进行讨论协商，具体的讨论协商内容、规则、程序一般由党委书记和校长协商决定。⑤

高职院校的行政权力是建立在科层制基础上，以包括国家法令、学校规章等在内的强制手段为依托所形成的影响和支配高职院校内部成员和机构的一种权力形式。行政权力以行政管理机构和行政管理人员为主体，追求的是行政效率与管理绩效。其权力主要来源于部门在整个管理组织中的层级以及被委派或任命的职务，并通过层级效力体现其作用。行政权力的作用方式主要是强制性地推行政令⑥。在现

① 赵晓妮. 高职院校内部治理结构的内涵、实践迷思及变革趋向 [J]. 教育与职业，2016（6）：12-16.
② 王绽蕊. "大学治理"内涵析 [N]. 科学时报，2008-06-24（4）.
③ 李宏昌. 高职院校内部治理结构改革与创新问题探讨 [J]. 职教论坛，2015（19）：46-51.
④ 时伟. 大学内部治理结构改革的逻辑、动力与路径 [J]. 中国高教研究，2014（11）：11-14，42.
⑤ 董仁忠. 高职院校治理结构研究 [J]. 教育发展研究，2011（7）：36-39.
⑥ 谢冰松. 基于高校内部治理的教代会制度建设——教代会与现代大学制度关系研究 [J]. 南阳师范学院学报（社会科学版），2010（11）：90-92.

代高职院校制度中，行政权力的根本目标是通过贯彻执行国家法律、法令和各类政策以及学校内部规章制度来有效实现学院的办学目标。

高职院校的学术权力是指高职院校中从事科研及教学的学术人员、学术组织所拥有和控制的权力，亦即对学术事务和学术活动施加影响和干预的力量。学术权力以（技术）专家、学者为核心，植根于学科专业背景，追求的是学术自由与学术自治。其作用方式是以主体的学术地位使得他人自发地追随、信服。与行政权力相比，学术权力具有松散性、自主性和民主性的特征。学术权力的运用以学术自由为前提和基础，遵循学术（技术）管理的特点与规律，有程序的约束和规制，使它沿着规范性和程序性的轨道运行，以避免学术权力行使过程中的绝对性、无序性和随意性。学术权力的基本目标是保证高等职业教育的科学发展、学术标准的贯彻以及学术人员基本权益的实现。

高职院校作为大学的一种类型，其学术权力和行政权力之间存在着一纵一横两种价值追求的权衡。在横向上，高职院校是按知识（技术）与学科（专业）逻辑组织起来的学术机构，追求的是学术自由和学术自治；在纵向上，高职院校又是带有明显行政管理倾向的科层化组织，追求的是行政效率和管理绩效。在现代高职院校制度中，高职院校学术权力和行政权力均有各自的运作路径及运作方式，既相互独立，又相互依存；学术权力侧重于对学术事务的管理，行政权力侧重于对非学术事务的管理，重大事务则应由两种权力共同协商决策。[1]

高职院校的监督（参与管理）权是高职院校成员（教职工和学生）依照国家法律和学校规章，通过多种方式和身份直接或间接参与学校管理事务（包括决策、执行、监督等）的一种权力。管理或监督权力的主体是全体教职工和全体学生。其权力来自于法定的教职工或学生的特定组织形式，即教职工代表大会或学生代表大会（简称教代会或学代会），并通过程序化、制度化的活动形式来发挥其作用。管理或监督权力作为学校成员（教师和学生）的一种利益表达和协调机制，沟通、整合和协调学校成员个体以及不同群体的利益要求。其目的是依法保障教职工或学生参与民主管理和监督，维护教职工和学生的合法权益，推进教职工和学生民主意识与能力的提升，促进高职院校决策的科学化、民主化，从而更好地促进高职院校组织的和谐发展。[2]

优化高职院校治理结构（尤其是内部治理结构），实现政治权力、行政权力、学术权力、监督权力（参与管理权力）均衡配置，是我国现代高职院校制度建设的迫切需要。这些权力只有相互影响、相互制约，才能保持高职院校内部权力运行的动态平衡。[3]

二、高职院校治理结构的价值

我国高职教育在经历了十多年的大发展之后，目前已从规模扩张向内涵提升、

① 谢冰松. 基于高校内部治理的教代会制度建设——教代会与现代大学制度关系研究 [J]. 南阳师范学院学报（社会科学版），2010（11）：90-92.
② 雷世平. 我国高职院校治理结构存在的问题及其优化研究 [J]. 职教通讯，2013（10）：33-37，59.
③ 李宏昌. 高职院校内部治理结构改革与创新问题探讨 [J]. 职教论坛，2015（19）：46-51.

从经验管理向制度建设全面转变。加快现代大学制度建设，推进内部治理结构改革，已成为高职院校顺应经济社会发展需求、突破内涵发展瓶颈、增强发展活力、实现治理能力现代化的一条重要途径。优化高职院校内部治理结构的价值体现在以下六个方面：

1. 落实办学自主权

随着市场经济体制的建立和完善，高职院校面向市场依法自主办学成为历史的必然。自主办学有两层含义：一是学校要有办学行为的决定权；二是学校具有明确的办学责任①。虽然我国《高等教育法》明确规定了高校的相关自主权力，但在实际操作中却未有效落实，其根本原因在于包括高职院校在内的各级各类高校仍处于封闭的管理模式下，成为无权无责的"虚位"存在。在这种情况下，高职院校完全可以不考虑市场的需求，只要能从政府那里获得招生计划和办学经费，再按政府的指令完成任务就能生存。这不仅阻断了高职院校行使办学自主权的路径，而且消解了高职院校对办学自主权的自觉意识和追求。因此，只有打破封闭的管理模式，创建开放的治理模式，高职院校办学自主权才有望得到真正的落实②。正是在这个意义上，高职院校要通过改革与创新实现其内部治理结构的不断优化，从而构建中国特色现代大学制度。当然，其前提是必须坚持党的领导。加强党对高校的领导，加强和改进高校党的建设，是保持大学的社会主义办学方向的关键所在，是推动我国高等教育可持续发展的根本保证，也是加快高等教育治理体系和治理能力现代化建设、推动内涵式发展的强大动力。③

2. 建设现代大学制度

建立中国特色现代大学制度是重要的时代命题，其核心内涵包括两个方面：一是理顺政府、社会与高校之间的关系；二是完善高校内部治理结构。因此，优化高职院校内部治理结构是建设中国特色现代大学制度的重要任务和根本要求。大学治理结构是现代大学制度的基石，是推动和完善高校依法自主办学的重要配套工程，其实质是建构能够应对"冲突和多元利益"需要的权力结构。大学治理结构必须体现以社会为本的现代精神，有能力吸纳各种利益相关者的资源，将大学的各项权力合理地分布给不同的治理主体④。

现代大学制度是指一所大学内部的组织结构和运行机制，包括组织结构的分层、内部权力体系的构成等。学校内部治理的核心是完善决策、执行、监督的机构设置和运营程序，把决策、执行和监督三者分开，并使其相互制约。重建高职院校内部治理结构主要应从四个方面入手：一是制定学校章程，实现依法治校；二是坚持和完善高校党委领导下的校长负责制和建立二级学院党政共同负责的决策机制；三是加强学术权力，实行行政权力与学术权力的相对分离；四是完善教代会民主监

① 张海峰. 论高职院校的制度创生 [J]. 职教通讯，2005（10）：9-11, 33.
② 张海峰. 高职院校治理结构创建初探 [J]. 江苏技术师范学院学报，2008（10）：17-19, 22.
③ 陆先亮，张德高，唐琳. 大学内部治理结构中完善党委领导的思考 [J]. 常州大学学报：社科版，2015（1）：100-104.
④ 龚怡祖. 大学治理结构：现代大学制度的基石 [J]. 教育研究，2009（6）：22-26.

督机制。由此形成学校党组织、行政班子、学术机构、教代会"四位一体"的内部治理结构。遵循高等教育规律和职业教育基本特性，建立健全高职院校治理结构是现代高职院校制度建设的核心问题。①

3. 推动利益协调与整合

建立现代大学制度、优化大学治理结构的精神实质就是有效保障高校利益相关者合法权益及其诉求的充分实现。因此，在改革与优化大学内部治理结构时，要"权衡和兼顾利益相关者的利益诉求，积极建构一套能有效协调大学内部利益相关者关系的利益平衡机制，明确利益相关者及其组织的权责，规范利益相关者组织的运作规则与方式，解决利益矛盾，化解利益冲突，改善利益失衡，保障利益诉求，促进利益和谐②"。对高职院校而言，其利益相关者在校内主要包括专职教师、教学科研人员、管理服务人员、学生及家长，在校外主要包括政府、有合作关系的行业、企业、社会团体和校友等。所以，"高职院校内部治理结构改革，首先要梳理和尊重他们的利益诉求。在此基础上，将学校的决策、执行和监督权力合理地分配到他们手中，建立起利益相关者真实参与'相互制约的决策'执行和监督制度"③，从而促进高职院校各利益相关者之间的利益协调与利益整合。

4. 坚持学术本位和学术自由

对于建立现代大学制度，英国著名教育学家阿什比明确指出："我们不要忘记，每个大学能否健康发展就在于校内工作由哪些人主持。"④美国教育学家亨利·罗梭福斯基进一步强调："在大学里，有知识的人拥有更大的发言权。"⑤作为我国高校的重要组织部分，高职院校在内部治理结构改革与创新中，同样要坚持学术自治与学术自由原则，明确教授（由于高职院校的特殊性，行业技能大师和实践专家也应被纳入教授群体）在诸多利益相关者中的独特地位与不可替代的价值。建立现代大学制度就要强调学术权力在高职院校内部治理结构中的主体地位，始终坚持学术本位，倡导教授治校、彰显学术价值、推崇学术自由，树立教授等专家学者及其学术组织在学术事务中的绝对权威，而政治权力与行政权力都要服务并服从于学校教学、科研和学术发展。⑥

5. 提升管理绩效和办学效率

绩效是组织期望的结果，是组织为实现其目标而展现出的不同层面上的有效输出⑦。高职院校治理绩效既反映在人才培养质量、专业服务产业水平、科学研究能力和产教融合程度上，又反映在高职院校内部治理进程中各组成部分的高效合作、良性运行与协同创新上。因此，完善高职院校内部治理结构，使其由传统的管理向

① 王作兴. 完善高职院校内部治理结构的现实选择 [J]. 江苏高教, 2011 (4): 134-136.
② 徐木兴. 依法治国视域下大学内部治理结构优化新探 [J]. 教育探索, 2015 (2): 68-71.
③ 刘涛. 共同治理视阈下公办高职院校内部治理结构改革的实践探索 [J]. 职教论坛, 2013 (18): 14-17.
④ 阿什比. 科技发达时代的大学教育 [M]. 滕大春, 滕大生, 译. 北京: 人民教育出版社, 1983: 63.
⑤ 罗梭福斯基. 大学有效管理的七条原则 [J]. 外国高等教育资料, 1996 (1): 10.
⑥ 李宏昌. 高职院校内部治理结构改革与创新问题探讨 [J]. 职教论坛, 2015 (19): 46-51.
⑦ 孙柏瑛. 公共部门人力资源开发与管理 [M]. 北京: 中国人民大学出版社, 2009: 190.

现代治理转变，有利于高职院校灵活、高效运作，以实现其职能和发展目标。[①]

高职院校要通过内部治理结构改革与优化，积极构建有效提升内部治理绩效的规章制度、组织程序与制度安排，从而实现内部组成部分的积极配合、协调统一，确保决策科学、政令畅通、执行有力和运行高效。只有这样，才能在内部治理结构不断优化的进程中，实现高职院校各利益相关者之间的系统性、有序性、协同性和动态发展性，提高内部治理结构的科学性与有效性，促进高职院校和谐发展。

6. 实施工学结合人才培养模式

高职院校治理结构创建和优化是实施工学结合人才培养模式的需要。人才培养模式涉及三个根本性问题：培养什么人、怎样培养人、由谁来培养。对高等职业教育来说，"培养什么人"的问题已经形成比较一致的认识：培养高技能人才。"由谁来培养"这个问题也形成了一致的看法，即由学校和企业共同培养。为此，高职院校要围绕培养目标，提出社会职能，跳出围墙办教育、瞄准市场设专业、结合实践搞教学，以实现学校教育教学与企业生产实际的无缝对接。国内外的经验表明，实现无缝对接的根本途径就是校企合作。按理说，这是实现学校、企业和学生"三满意"的好形式，对学校、企业和学生都有利。然而，我国的校企合作总是"剃头挑子一头热"，企业对此兴趣不大。为什么会这样呢？根源是封闭的管理模式。在这种模式下，高职院校实际上是行政主管部门的附属机构，缺少实质性的自主权力。企业如果不能从政府那里获得关于校企合作利益方面的许诺和保障，是不会开展真正意义上的校企合作的。因此，高职院校只有摆脱封闭的管理模式，创建开放的治理结构，获得实际性的主体地位，校企合作之路才能走宽、走远。"怎样培养人"这个问题则需进一步探讨。这不仅需要教育理论界进行研究，更需要教学一线的教师进行探讨和实践。与校企合作只涉及学校外部治理不同，人才培养模式不仅涉及外部治理，而且涉及学校内部治理。要真正实施工学结合的人才培养模式，离开了教师的主观能动性是不行的。但在行政主导的管理模式下，教师往往成为"配置和使用"的工具，甚至被异化为"螺丝钉"，其主观能动性无法得到发挥。因此，只有创建高职院校的治理结构，为教师主体地位的确立和能动性的发挥提供机制和保障，工学结合的人才培养模式才能真正获得效应。[②]

三、高职院校治理结构存在的问题

截至 2015 年，全国独立设置的高职院校达 1 341 所，遍及每个地级市，开设专业近千个，基本涵盖了国民经济各领域；当年招生数 348 万，占普通高等教育的47%，在校生数 1 048 万，占高等教育的 41.2%，全年为社会提供技术培训超过2 000 万人次。高职教育占高等教育"半壁江山"的地位已经形成。自 1999 年我国高等教育大扩招以来，高等职业教育作为我国高等教育的一部分获得了长足发展，高职院校数量、在校学生数量及培养的高技能型人才都说明：高职院校的发展符合

① 周衍安. 公办高职院校内部治理探析 [J]. 黑龙江高教研究，2007（1）：102-104.
② 张海峰. 高职院校治理结构创建初探 [J]. 江苏技术师范学院学报，2008（10）：：17-19，22.

我国高等教育和社会发展的客观要求。高职院校肩负着技术技能人才培养的重任，办学质量的高低，不仅关系着国计民生，而且关系着"中国制造 2025"重大国家战略和"一带一路"倡议等的实施。但是，我国高职院校办学历史普遍较短，是在理论准备不足、缺乏清晰的顶层设计的情况下发展起来的。办学之初效仿本科院校设置机构、分配职权、制定运行规则，由于没有切实把握高职院校的组织特性，由其治理结构所引发的体制、机制性障碍全面显现，严重阻碍了高职院校的发展①。因此，从理论上认真研究高职院校治理结构的内涵，在实践中揭示和剖析我国高职院校治理结构中存在的问题，并以此为依据提出优化我国高职院校治理结构的对策，对构建遵循高职院校内在逻辑，依法办学、自主管理、民主监督、社会多元参与的有中国特色的现代高职院校治理结构，具有十分重要的理论和实践价值。

当前，我国高职院校的内部治理结构呈现出多样化的状态。这主要由办学主体的多元化（多样化）及隶属关系的不同所致，具体包括三种类型：一是地方政府举办的高职院校。此类院校基本上定位为事业单位，政府对其采取类似机关单位的治理模式和管理办法，具体表现在内部机构设置、运行管理机制等方面，因而院校的内部治理结构也必然是与其对应的。二是行业企业举办的高职院校。尤其是企业所办院校在治理结构和方式上受企业影响较大，在运行机制、具体的管理方法等方面自然也与企业保持一致，有的院校甚至明确提出实行企业化管理。三是民办高职院校。由于其民营性质，院校内部管理表现出较为绝对的自主权，带有家族式经营和"家长负责制"的烙印。也有一些院校建立了董事会，实行以董事会（董事长）领导下的校长负责制为标志的内部治理结构②。目前，我国大多数高职院校内部治理结构采取表 3-1 所示的运作模式。③

表 3-1　　我国大多数高职院校内部治理结构的运作模式

管理体制	实现形式	职权范围	运行机制	校内制度
党委领导	党委会	享有领导权和宏观决策权；实现政治、思想、组织领导，决定重大事项	集体领导、民主集中、个别酝酿、会议决定	党委会制度和议事规则
校长负责	校长办公会议	享有管理权和行政事务主持权；负责教学、科研和其他行政管理工作	党委领导下的校长分工负责	校长办公会议制度和议事规则
教授治学	教授委员会、教学委员会等	享有学术与专业审议、评议及学校重大问题咨询权	集体领导、会议决定	教授委员会、教学委员会制度
民主管理	党代会、教代会、职代会	享有知情权、表达权、申诉权、参与（选择）权、监督权，审议学校重大问题、利益政策	民主选举，代表常任，议案建议	党代会、教代会、职代会制度

① 陈寿根. 公立高职院校内部治理结构改革的基本走向 [J]. 职业技术教育，2012（32）：46-50.
② 韩伟东，赵悦，史忠健. 高职院校内部治理结构改革探析 [J]. 青岛职业技术学院学报，2013（4）：34-37.
③ 沈萍，陈聪诚，陈丽. 我国高职院校内部治理结构研究 [J]. 宁波大学学报：教育科学版，2015（11）：125-128.

在实际运作中，我国高职院校的教授治学、民主管理相对较弱，治理结构呈现出一种官僚化的集权式结构。受传统因素的影响，这种沿袭计划经济体制下的封闭管理结构，是按照行政化的组织模式建立起来的，与政府行政组织有着明显的同构性，因而带有很强的政治性。这种政府治理式的科层制度，具有典型的封闭性、串联性和权力性，这正是现行高职院校治理结构被诟病的根本原因[①]。我国高职院校治理结构主要存在以下问题：

1. 办学自主权未能落实

依照国家法律，高职院校应拥有足够的办学自主权，如自主开展教学活动、科学研究、技术开发和社会服务，自主设置和调整学科和专业，自主制定学校规划并组织实施，自主设置管理机构，自主确定内部收入分配，自主管理和使用人才、财产和经费等。事实上，尽管关于高校办学自主权国家已经做出明确规定，但是高职院校办学自主权仍然未能完全落实。

造成上述结果的原因很多：一方面，由于政府职能没有转变，政府对高职院校内部管理干预过多，相关法律规定无法落实[②]。目前，我国依然实行的是以政府为主体的高职院校举办模式，高职院校和政府之间存在着严重的依附关系。体现在办学权方面仍然是以政府计划模式为主，在管理权方面也主要依靠行政手段和行政命令。由于政府职能没有转变，导致相关规定无法落实，政府对高职院校的内部管理干预过多，在政府和高职院校之间形成了一种控制与被控制、命令与服从的关系，最终导致了"政策治校"的政府管理高职院校模式的形成。[③]

另一方面，我国迄今还未出台法人财产权的相关法律制度，《教育法》也只是明确了学校中的国有资产所有权，而对行使国有资产所有权的相关主体、非国有资产的性质以及国有资产和非国有资产的关系并没有明确。高职院校没有建立健全法人财产权制度。借鉴关于法人财产权的一般认识，根据高职教育特点，所谓高职院校法人财产权，是指由公立高职院校所拥有的，为实现高职教育目标所必需的，根据国家法律及其他规定，对高职院校各类财产进行占有、使用、收益和依法处分的各项权能的总和。高职院校法人财产制度不健全，国家和高职院校的财产权边界不明晰，难以面向市场整合、利用、配置和优化教育资源，自主、多元、开放的办学只能流于形式；不仅会导致政府过多干预，影响办学效率，产生寻租行为，也不利于多元主体投资[④]，且由此造成资源短缺、浪费、效率低下和教育不公平等诸多问题。

2. 内部治理结构"泛行政化"

行政权力和学术权力的合理配置、协调制衡是高校治理结构发挥高效作用的关键。行政权力是通过组织、控制、协调、监督等手段调动人、财、物等各类资源来

① 周旺. 谈高职院校治理结构的变革创新 [J]. 大学教育，2012（10）：10-12.
② 刘维俭，董仁宗. 公立高职院校法人治理结构若干缺失 [J]. 职教论坛，2010（3）：41-44.
③ 谢冰松. 基于高校内部治理的教代会制度建设 [J]. 南阳师范学院学报：社会科学版，2010（11）：90-92.
④ 董仁忠. 高职院校治理结构研究 [J]. 教育发展研究，2011（7）：37-39.

实现目标的，但当高职院校内部治理结构出现"泛行政化"，行政权力凌驾于学术权力之上后，势必会出现高校管理的"官本位主义"，背离大学精神和大学的基本使命。

目前，我国高职院校内部管理的行政化趋向较为严重，学校管理趋于行政化、行政行为偏于职权化以及教研人员边缘化等乱象丛生，严重消解了高职院校应有的学术自由、崇尚道德、追求卓越的大学精神。同时，高职院校内部管理的"泛行政化"也极大地削弱了其应有的人才培养、社会服务、科学研究、文化传承的基本使命。高校原本是一个集管理知识、传播知识、运用知识、创造知识于一体的特殊学术机构[1]，应尊重知识、敬畏知识、崇尚文化，但由于受到行政文化的浸染，背离了大学的基本精神和发展规律。从这一点来看，大学行政化、官僚化倾向在高职院校表现得极为明显。与本科院校相比，高职院校的行政化问题更加严重。高职院校无论规模大小，其内部管理结构设置与政府机构的趋同化现象都非常突出，管理机构和干部队伍庞大，行政人员冗余。高职院校内部机构的职能配置、决策管理机制、组织运转流程等，也在很大程度上呈现出与政府行政机关高度相似的外显性特征。一般而言，高职院校的各项重大决定往往由以院长为代表的院长办公会做出或提请以学校党委书记为主导的党委会批准，政治权力和行政权力贯穿于整个学校的管理事务中，几乎决定了高职院校所有的教学管理事务和学术工作。行政人员掌握着学校的人、财、物等各种资源，用行政的思维和手段解决教学、学术问题的现象很普遍，很少有以专家教授为主体的学术委员会、教职工代表和社会参与教育的行业企业代表以及基层院系组织等民主参与决策和管理的机制。系部则在行政部门配备的资源、设计的制度和政策环境中开展工作，学术民主、学术自由无从谈起，教师的积极性和创造性受到挫伤。"大学的教学同医学的临床一样，具有高度技术性，外行人要求教授和医师做出什么贡献是可以的，但让外行人去指点教授如何教学、医师如何开处方就荒唐了"。[2]学生的权力更是被忽视，学生在学校的工作中少有话语权，成为被动接受教育和管理的"机器"。其实，"就教育的发生而言，教育者是教育实践活动的组织者和实施者，受教育者才是教育的主体"。[3]更何况，学生缴费上学，法律赋予的教育消费者权力是不能侵犯的。[4]

这种有悖于高等职业教育规律、特点及需求的模式与"行为失范"问题，使权力过于集中、党政不协调、行政越权、机构臃肿、人浮于事、学术失位、学术造假等现象十分普遍，必然导致学校决策的科学性大打折扣，从而使学校运行失位、管理效率低下，大大降低教育资源的效益[5]。同时，其结果还在很大程度上消解了高职教育的公共利益和公共职责的核心价值及大学精神，导致降低了高校内部治理能力水平，阻碍了高职院校的健康有序发展[6]。

① 李宇明. 大学的使命 [N]. 光明日报，2013-10-16（16）.
② 于文明. 教授委员会制度与高校决策模式改革 [J]. 沈阳师范大学学报：社会科学版，2005（2）：1-4.
③ 亚当姆斯. 教育哲学史 [M]. 余家菊，译. 北京：中华书局，1934：10.
④ 陈寿根，刘涛. 高职院校内部治理结构的制度设计 [J]. 教育发展研究，2012（17）：59-63.
⑤ 周旺. 谈高职院校治理结构的变革创新 [J]. 大学教育，2012（10）：10-12.
⑥ 赵晓妮. 高职院校内部治理结构的内涵、实践迷思及变革趋向 [J]. 教育与职业，2016（6）：12-16.

3.监督机制缺失，监督实效低下

当前，高职院校内部普遍没有形成各权力主体相互制衡和制约的机制，这是现行公立高职院校治理结构中存在的突出问题。高职院校内部纪委、监察处、审计处、教育督导室和教职工代表大会，都在履行监督职能，可谓机构众多。遗憾的是，这些机构大都没有研究监督工作的性质，没有建立行之有效的运行机制。尽管法律赋予教职工参与民主管理和监督的权力，然而现实中，教职工代表大会流于形式，没有监督、审查事关学校发展的各项重大决策的权力。各院（系）基层教学单位及学术委员会也较难参与学校的各项重大决策，没有形成监督学校各项决策的机制；纪委、监察和审计部门、教育督导室同样不能有效发挥其应有的监督职能，监督内容脱离实际，重点迷失；监督方法简化为自上而下的检查，只下结论，不问反馈，更谈不上指导改进，监督的效果十分有限[①]。作为重要利益相关者的学生更是缺乏参与学校管理的权力和途径。或许是监督部门、学校领导还没有认识到，"利益主体之间的互相制约，是大学保持较好秩序和效率的重要原则[②]"。监督是一门科学，需要遵循规律，监督还是一门艺术，需要不断创新。

4.党政关系不够协调

我国高职院校法人治理结构是党委会领导下的校长负责制，具体表现为以书记为首的党委组织和以校长为首的行政组织，分别类似于政府的权力机关和执行机关。这是高职院校行政化的重要体现之一。尽管这种二元治理结构在某种程度上可以确保党的政治领导和正确的办学方向，但也为党政关系不协调埋下了隐患。因为从法律规定上来看，我国现行高职院校领导体制是党委领导下的校长负责制，这使得党委书记成为高职院校法定领导体制中的负责人，也就是第一把手。但与此同时，《高等教育法》又规定，校长作为"高等学校的法定代表人"（自然包括高职院校事业单位的法人代表），是全面负责学校工作的第一责任人，也是第一把手。在高职院校管理实践中，党委书记和校长都是学校的主要负责人，对学校改革、发展和稳定共同负有重要责任。这样，就出现了高职院校政治与组织框架内的"一把手"与法律框架下的"一把手"对峙的现象。[③]两个"一把手"同时存在，容易导致学校的多头领导和管理，当校长与书记的意见不统一时，这种基于政治框架与法律框架而产生的党政关系不协调，就会成为学校内耗的根源，妨碍学校的发展。由于法律上对书记和校长二人具体职权的分工不明确，党委的统一领导和校长的全面负责经常会在实际工作中处于一种平行状态。[④]其结果是要么双方推诿责任，要么产生权力冲突甚至权力斗争。

5.行业企业参与治理的机制尚未形成

在社会公共事务治理中，强调引入市场机制，倡导多元参与，已经成为治理理

① 陈寿根，刘涛. 高职院校内部治理结构的制度设计［J］. 教育发展研究，2012（17）：59-63.
② 洪源渤. 共同治理——论大学法人治理结构［M］. 北京：科学出版社，2010：59.
③ 雷世平. 我国高职院校治理结构存在的问题及其优化研究［J］. 职教通讯，2013（10）：33-37.
④ 方芳. 大学治理结构变迁中的权力配置、运行与监督［J］. 高校教育管理，2011（7）：16-20.

论的基本共识。据此，高职院校治理同样需要引入市场机制，尤其要倡导包括行业企业在内的其他主体参与。不仅如此，综合分析高等职业教育的本质、规律和特点可知，行业企业参与是高等职业教育之所以成为高等职业教育的关键所在，行业企业参与对促进高等职业教育发展还具有特殊的重要性。不管是对提高高职学生的就业能力和高等职业教育质量、解决毕业生就业问题，还是对提升高职院校内部决策的有效性、科学性，增进高职院校办学效益，弥补高职院校办学资金的不足等都具有重要作用。另一方面，尽管举办者、管理者和办学者都已经认识到了行业企业参与高等职业教育的重要性，众多高职院校也在着力推进校企合作的实践，然而据调查，现实中，行业企业参与高职院校治理普遍流于形式，治理乏力，治理机制未能形成。①

现实办学实践中，行业企业参与高职院校办学流于形式，积极性不高，主要限于为高职学生提供实习实训岗位，为专业设置、课程教学改革提供咨询服务，没能作为高职院校治理结构中的核心利益相关者，真正有效地参与高职院校决策、管理以及课程教学改革，行业企业在高职院校治理结构中依然没有话语权。这种流于表层的参与模式的效果非常有限，不能真正体现行业企业参与的价值，也无力改变高职院校的现状，更谈不上推动高等职业教育的发展。

设置专门的管理机构、安排专门的人员、制定相关的规章制度，是推动行业企业有效参与高职院校治理的组织保证。然而，行业企业参与高职院校治理乏力，行业企业有效参与高职院校治理的机制未能形成。现行高职院校内部的部门设置基本上沿袭了政府部门以及本科院校内部的部门设置模式，没有体现出校企合作办学、产教结合的高职教育特性，行业企业参与高职院校治理缺乏强有力的组织保证，绝大多数高职院校未能专门设立由校主要领导负责的校企合作组织机构。

行业企业以举办者身份参与高职院校治理，是在高职院校办学中引入市场机制的重要体现，也是促进高职院校面向市场办学、弥补高等职业教育办学经费不足、提高高职院校办学质量和效益的重要途径。然而，现实中，行业企业不能以举办者的身份深层次参与公立高职院校治理，国家还未做出推动行业企业参股公立高职院校的制度安排。②

总体来说，行业企业参与高职院校治理的现状远不如人意，未能形成行业企业有效参与高职院校治理的机制，行业企业未能在高职院校治理中发挥其应有的作用，对促进高等职业教育发展的作用非常有限。究其原因，主要是缺乏激励行业企业参与高职院校治理的政策法规，行政管理体制以及高职院校内部管理体制也有一定影响。③

6. 体制、机制、结构不适带来缺乏特色和创新乏力问题

尽管高职教育历经 20 多年的发展，但仍然缺乏质量与特色的社会认同。在办学定位上，功利主义过重，未处理好职业性与学术性问题，加上近年来办学规模的

① 刘维俭，董仁忠. 公立高职院校法人治理结构若干缺失［J］. 职教论坛，2010（31）：41-44.
② 董仁忠. 高职院校治理结构研究［J］. 教育发展研究，2011（7）：36-39.
③ 刘维俭，董仁忠. 公立高职院校法人治理结构若干缺失［J］. 职教论坛，2010（31）：41-44.

急速扩张，教学质量参差不齐，严重影响了高职教育的声誉。因此，从规模到质量、特色、效益，与本科院校的发展差距还很大，这也正是社会对高职教育认同度和满意度低的重要原因。从发展历史来看，高职院校一般来自于专科院校、成人高校和中专学校，具有中专的"发面馒头"、本科的"压缩饼干"的定位特点。现行高职院校治理体制的传统性、封闭性、单元性和滞后性已不适应现代经济社会变革的需求，更不能激发高职院校发展的活力，高职教育的优势发挥不明显。部分院校适应市场变化缓慢、目标定位模糊、观念落后、资源不足、管理低效、创新乏力、改革进程步履维艰、招生就业困难、办学缺乏特色。因而，如何坚持以市场为导向、以就业为导向，增强自主创新能力成为当前高职院校亟须解决的重要问题①。高职院校治理结构中存在的缺失不只如此，还突出表现在其他很多方面，如很多院校缺少学校章程与制度建设。依据学校章程实施治理是国外高校的先进经验。章程是完善高职院校治理结构的重要手段，对构建现代高职院校制度具有重要的作用。然而不管是从理论研究还是从高职院校章程的实践来看，目前制定、实施和完善高职院校章程都没有得到足够的重视。②

四、优化高职院校治理结构的对策

随着职业教育现代化进程的不断推进，职业教育改革的难点和重点，已经由改善外部环境向完善职业院校内部治理结构和建立现代职业学校制度转移。要优化高职院校治理结构，实现高职院校内部治理结构和治理能力现代化，现实路径是深化内部管理体制改革，通过综合改革在高职院校内部建立一套完整、合法、高效、制度化的治理架构。高职院校内部治理结构的改革与创新既要使其政治权力、行政权力、学术权力和民主权力科学运行与有效制衡，又要实现院系两级职权的科学配置与合理划分，降低管理重点，提高运行效率，从而保障高职院校内部治理的科学高效。有了科学的高职院校内部治理结构，才能孕育高水平的治理能力。

1. 赋予高职院校充分的办学自主权

落实已有的办学自主权规定，赋予高职院校充分的办学自主权，是建立健全高职院校治理结构的基本前提。其一，各级人大及相关部门要以推进依法行政、建设法治政府为契机，依法治教，切实贯彻落实《高等教育法》等法律对有关高校办学自主权的规定。其二，认真研究高职院校办学自主权的需求及特点，修订、完善《高等教育法》《职业教育法》等法律，赋予公立高职院校充分的办学自主权。其三，坚持高职院校法人财产权制度与法人地位相匹配的原则，实现所有权和经营权分离，研究、修订、完善《教育法》等法律，明确行使国有资产所有权的相关权能主体、非国有资产性质、国有资产和非国有资产的关系以及收益分配等问题。③

在这里，要特别强调的是，地方政府及其教育行政主管部门要"强化行政服务

① 张海峰，王丽娟，王义谋. 论高职院校的制度创生 [J]. 职教通讯，2005，(10)：9-11，33.
② 周旺. 谈高职院校治理结构的变革创新 [J]. 大学教育，2012 (10)：10-12，35.
③ 董仁忠. 高职院校治理结构研究 [J]. 教育发展研究，2011 (7)：36-39.

意识，改进管理方式，完善监管机制，减少和规范对高职院校的行政审批事项，依法保障高职院校充分行使办学自主权；政府应着眼于高职院校系统内外部宏观关系的处理和高等教育事业的质量标准及发展方向的确立，而不应过多关注高职院校内部的运作和管理，政府的角色应当从'管制'走向'服务'，充分遵循高等职业教育的发展规律，不干涉高职院校的学术事务，通过提供服务和支持来促成高职院校办学目标的实现"。①

2. 坚持和改进党委领导下的校长负责制

1998 年，我国颁布实施《高等教育法》，明确规定高等学校实行党委领导下的校长负责制。2014 年 10 月 14 日，中共中央办公厅出台《关于坚持和完善普通高等学校党委领导下的校长负责制的实施意见》（以下简称《意见》），明确指出："高等学校党的委员会是学校的领导核心，履行党章等规定的各项职责，把握学校发展方向，决定学校重大问题，监督重大决议执行，支持校长依法独立负责地行使职权，保证以人才培养为中心的各项任务的完成②。"《意见》进一步强调：高职院校"校长是学校的法定代表人，在学校党委的领导下，贯彻党的教育方针，组织实施学校党委的有关决议，行使《高等教育法》等规定的各项职权，全面负责教学、科研、行政管理工作③"。改革与创新高职院校内部治理结构就必须坚持党委领导下的校长负责制，进一步明确党委作为领导核心主要负责学校思想政治与重要事项决策，校长作为学校行政首脑在党委领导下独立行使行政权力，主要负责提高学校教学、科研、行政管理工作效率与水平。在改革与创新高职院校内部治理结构的进程中，为了更好地坚持与完善党委领导下的校长负责制，"一要创新领导体制，吸纳政府、行业企业等校外人士加入，适当扩大党委会人员的构成，以形成决策主体的多元化；二要加强党内民主，完善党务公开制度，探索党代表列席党委会制度，形成党委重大决策征求党代表意见的程序；三要成立辅助决策机构，在决策前后接受专家的咨询与评估；四要严格党委会的权力边界，党委会只负责学校重要事项决策，不干预具体的办学事务，学校发展规划、年度计划、年度预算审定等的执行完全交给校长；五要规范决策程序，凡属'三重一大'事项，在提交决策前，必须经过必要的民主程序，广泛听取师生的意见，确保决策的民主性。为了提高行政执行水平，应建立校长权力的约束机制和执行情况的问责机制"。④

现有的《高等教育法》只规定了高校校长的权利，并没有对责任做出明确的规定，致使权责不对等，因而需要从法律层面对校长的职责做出明确的规定。由于信息不对称等因素，上级组织部门很难对校长的任期成绩进行全面有效的考核⑤。除了违法、违纪因素外，很少有校长因为工作业绩问题而受到罢免的案例报道。因此，要完善校长年度和任期考核制度，校长应向党委会报告年度工作的总体执行情

① 雷世平. 我国高职院校治理结构存在的问题及其优化研究 [J]. 职教通讯, 2013（10）: 33-34, 37.
② 中共中央办公厅. 关于坚持和完善普通高等学校党委领导下的校长负责制的实施意见 [EB/IL]. http: //politics.people.com.cn/n/2014/1015/c1001-25842543.html.
③ 中共中央办公厅. 关于坚持和完善普通高等学校党委领导下的校长负责制的实施意见 [EB/IL]. http: //politics.people.com.cn/n/2014/1015/c1001-25842543.html.
④ 何万一. 高职院校内部治理结构改革的路径分析 [J]. 职教论坛, 2013（13）: 37-38.
⑤ 曹天予，等. 文化与社会转型：理论框架和中国语境 [M]. 桂林：广西师范大学出版社, 2012: 148.

况和任期内的工作成绩，接受委员们的质询与监督。同时，要进一步建立学校办学信息公开制度，发布年度人才培养质量报告和办学工作报告，接受广大师生员工和社会的监督与评价。[1]

3. 构建教授治学体系，推崇学术自治

我国著名教育家、浙江大学原校长竺可桢先生曾明确指出，"教授是大学的灵魂"。作为兼具教育性与学术性的社会组织，大学"要充分发挥以教授为代表的学术委员会、教授委员会等学术团体在学校学科建设、规划制定、课程设置、招生等重大事项中的决策指导作用[2]"，也就是要坚持所谓的教授治学。对高职院校而言，教授治学是指高职院校在改革内部治理结构的过程中，传承大学精神、倡导学术自由、秉承学术传统与标准、促进学术健康发展，特别强调有学术权威与社会威望的专家、学者对高职院校教学改革、专业建设、课程设置、学术活动、产教融合、服务社会等日常教育教学和管理服务的影响力、控制力和支配力。在推进高职院校内部治理结构改进与创新的进程中，教授治学是高职院校教师主体地位的集中表现，是遵循高职院校学术运行规律的根本要求。[3]

坚持教授治学，就是要倡导学术自由，推崇学术自治，平衡学术与行政的关系。高校中存在两个体系：基于法律权威的行政体系和基于专业权威的教师体系。为了实现两个体系的微妙平衡，就要构建教授治学体系，强化高校治理结构的优化[4]。高校的行政权力建立在保障学术发展的基础之上，即有了基本的学术承认，行政权力才是合法的。当前，我国高等教育改革急需解决的主要问题之一是如何建立教授治学的制度化渠道，使学术权力回归到教授专家手中。为此，可以尝试构建纵横交错的两级教授治学体系，达到学术权力与行政权力的关系平衡。在学校层面上统合学术力量，建立教授委员会、学术委员会、教学委员会等学术组织。其中，教授委员会为学校改革、建设和发展中的重大问题和重要学术问题的咨询、审议机构；学术委员会为学术咨询、审议、评定的专门机构；教学委员会为教学研究、指导、咨询和决策机构。在二级院系层面上，成立包括企业专家在内的二级院系教授委员会，作为讨论本部门改革与发展等重大问题以及学术、教学、职称评审等事务的咨询、审议与决策机构。整个教授治学体系，越向上其专业化程度越高，拥有的学术决策权力就越大；越向下其学术决策的综合化程度越高，自治程度也就越高。[5]

4. 健全二级管理体制，奠定内部治理基础

在一个组织中，如果责任和权力混乱，就不能维持组织的正常运转，组织目标就难以实现。组织内部的权力配置是组织系统内各子系统及成员的利益冲突和利益调整的结果（李明惠等，2009）。高职院校内部管理权限的配置，包括学校与职能

① 何万一. 高职院校内部治理结构改革的路径分析 [J]. 职教论坛，2013（13）：36-38.
② 王英杰. 大学学术权力和行政权力冲突解析 [J]. 北京大学教育评论，2007（1）：42-43.
③ 李宏昌. 高职院校内部治理结构改革与创新问题探讨 [J]. 职教论坛，2015（19）：46-51..
④ 严文清. 中国大学治理结构研究 [M]. 北京：人民出版社，2011：2.
⑤ 何万一. 高职院校内部治理结构改革的路径分析 [J]. 职教论坛，2013（13）：36-38.

部门以及学校与二级学院间的管理权限配置。这是学校在实施两级管理后能否对职能部门和二级学院实施有效管理和监控的关键。任何组织都是由职、责、权构成的统一整体。在组织管理活动中，职务、责任、权力三者互为条件，而且必须相称和平衡，管理权限的配置要遵循责权统一的原则。实行校、学院两级管理的高职院校，应明确规定校、二级学院及其所属职能部门的职责范围，授予其相应的管理权，建立起职、责、权相一致的管理体系。

二级学院是高职院校内部治理结构的基石。这是因为，二级学院既是高职院校重大决策、行政命令的具体实施者与执行者，又是高职院校面向市场竞争与开门办学的直接组织者与协调者。因此，在推进高职院校内部治理结构改革中，要不断深化二级管理，在合理界定学校与二级学院职权关系的基础上，依据高职院校章程，充分赋予二级学院自主权，"坚持管理重心下移，形成校院系的纵向分权……基层承担着主要的教学、科研、社会服务职能，因此学校要在人、财、物等各方面给予学院充分的办学和管理自主权，充分发挥基层学术权力的作用"，①不断扩大二级学院在人才培养、专业发展、教师聘用、课程改革、内部分配等日常治理过程中的充分自主权，将二级学院日益培育与打造成高职院校基层办学实体，从而促进高职院校由"传统管制型"向"现代治理型"的根本转变，以准确的市场定位、灵活的治理形式、高效的运作模式实现又好又快、更好更快的发展。事实上，为了更好地推进二级管理，实现管理重点切实"下移"，高职院校还应加强对二级学院的宏观指导与统筹协调，即把学校的教育教学、科研研究、服务社会等具体任务下放给二级学院，使其在专业建设与发展、招生计划、课程改革、教师聘任、校企合作、专业服务产业、协同创新等方面拥有更多的自主权，在进一步明确学院与系部权、责、利的基础上，建立健全二级学院内部治理运行机制，促进二级学院决策、执行、监督的一体化，从而保障学院整体内部治理结构的科学化与高效化。②

学校要合理设置适应两级管理体制改革的相关职能部门。实行两级管理后，学校应与相关职能部门和二级学院加强沟通与磋商，结合相关职能部门的职责和具体工作，在充分调研和论证的基础上，优化职能部门和二级学院各自应承担的责任，进而明确职能部门应予保留和下放的权力。相关职能部门在此基础上应细化操作方案，制定办事程序。在具体的实施过程中，既要纠正职能部门权力过于集中的倾向，又要防止职能部门借两级管理重心下移推卸责任；既要纠正二级学院责大权小的状况，又要防止向二级学院过度放权；既要纠正事无巨细由学校决策的低效率运行方式，又要防止扯皮、推诿现象的发生，避免陷入"一放就乱，一收就死"的管理怪圈（胡春光等，2005），从而达到明确管理职能、降低管理重心、激发办学活力的目的。③

5. 重构高职院校治理中的监督体系

高职院校治理结构是决策、执行、监督结构的统一体，将决策变成现实，需要

① 周文军. 转变权力"两分对立"的思维定势——高校内部治理结构的重构 [J]. 长沙大学学报，2008（6）：127-129.
② 李宏昌. 高职院校内部治理结构改革与创新问题探讨 [J]. 职教论坛，2015（19）：46-51.
③ 王作兴. 完善高职院校内部治理结构的现实选择 [J]. 江苏高教，2011（4）：134-136.

健全的执行系统，也需要务实的监督系统。高职院校治理中监督的主要目的是保障决策与执行权力的合理使用，以确保组织的绩效。因而，监督的重点是决策、执行过程及其绩效。目前，党委对学校的重大工作决策，没有部门对其科学性进行监督；以院长为首的行政系统对基层教学、科研单位进行管理和服务，也没有部门对管理和服务质量进行监督，监督的科学性难以保证。

因此首先要进行监督体制变革。监督体制是监督工作的机构设置、领导隶属关系和职权划分的体系、制度、方式和形式，监督体制变革的关键是解决监督的机构怎么设、关系怎么摆、职权怎么定三个问题。可以考虑建立高职院校质量管理委员会，由校党委委员、纪委书记兼任委员会主任，突出质量管理工作的重要性，保证学校的决策落实，避免与学校外部制度的矛盾。以校长、学术委员会主任为首的执行系统的工作可以划分为专业教学、学生教育、行政服务和后勤服务四个方面，质量管理委员会下设专业教学督导室、学生教育督导室、行政服务督导室和后勤服务督导室，分别负责对人才培养、技术创新研究工作的监督，对学生教育、管理、服务工作的监督，对行政管理、服务工作的监督，对餐饮、宿舍、物业、绿化等后勤服务工作的监督，从而实现对学校工作的全面监督。质量管理委员会接受校长的领导，依据校长办公会的决策独立开展工作，对学校负责。其次要进行监督机制重构。监督机制是监督工作的运行规则与程序。不同的学校拥有不同的规模、历史、文化和治理理念，因此高职院校的质量监督办法应根据本校实际来制定，同时应遵循监督机制建设的普适性原则。这包括：第一，过程监督与绩效监督结合。"质量是'生产'出来的，而非检查出来的[1]"。"生产"过程的"零缺陷"是质量管理的首要目标，这就需要学校重视对过程的监督，避免和杜绝质量问题的产生；另一方面，注重过程是手段，其根本目的是获得优良的绩效，而且绩效测量、分析有助于发现和改进过程，因此，绩效监督与过程监督必须并重。第二，网络监督与现场监督结合。每一项监督都是复杂的系统性工程——信息采集、数据分析、价值判断、结果反馈；每一项监督都会涉及不同的"利益相关者"——学校领导、教师、在校学生、毕业学生、企业领导和职工。保证监督工作的秩序和本身的质量，现实而可靠的做法是网络评估与现场评估结合。借助网络平台，能及时了解和掌握工作情况，发现和改进工作中的问题，从而有效控制过程质量；现场评估以实地考察、查阅资料、深度交流为主要形式，更能准确把握相关人员的深层次思想，发现事物的深层次问题，找到更有价值的问题解决方法。第三，外部监督与内部自省结合。要在学校内部营造一种人人研究质量、及时更新质量、处处体现质量的文化氛围[2]。质量监督要致力于塑造教职员工积极向上的质量价值观、质量道德和质量信念，推动学校各级组织内部及教师个人养成质量自省的习惯。此外，源自工商界的全面质量管理、ISO 9000 质量管理、卓越绩效质量管理方法，已被国内外高等学校质量管理实践证明是切实有效的方法，高职院校内部监督制度的建设，应研究蕴含于这些质量管理工具中的思想和技术，结合学校的实际，建立符合本校特点的质量监督模式。同时，高职院校的部分监督工作可委托社会"中介组织"来完成，以此增强监

① 安心. 高等教育质量保障体系研究［M］. 兰州：甘肃教育出版社，1999：48.
② 唐松林. 培育质量文化 建立常态化的质量管理模式［J］. 中国高等教育，2008（24）：31-32.

督的客观性和公正性。[①]

6. 探索高职院校理事会制度，开放办学

《国家中长期教育改革和发展规划纲要（2010—2020 年）》提出："扩大社会合作，探索建立高等院校理事会或董事会，健全社会支持和监督院校发展的长效机制。"这是对高职院校内部治理结构改革的明确导向。[②]高职教育的跨界属性，决定了校企的紧密合作是高职教育通往成功的关键。只有校企紧密合作，产学研合作的办学模式、双主体育人的人才培养模式才能真正得以实施，而要改变当前企业对校企合作积极性不高的现状，让企业参股办学无疑是最佳选择。因此，高职院校要适时启动混合制结构改革，引入规模性企业，探索建立由企业等多方代表参与学校事务决策、监督的董事会制度和理事会制度，实现高职院校治理的科学化、法治化。[③]建立理事会制度是改变高职院校单一的内部人员的管理模式、提高高职院校管理开放性的一条重要途径。建立理事会，可以加强学校与社会的互动，建立社会监督与支持学校发展的长效机制。在现有的高校领导体制和法律框架下，为减少改革阻力，理事会应首先定位于党政的辅助决策机构，主要为高职院校发展规划重要政策的出台、重大改革项目的开展提供咨询和论证意见。理事会的成员包括高职院校党委委员、举办方和主管部门、所在地政府、行业组织、重要合作单位、校友、教职工代表等，其成员主要（至少半数以上）来自外部。在理事会运作稳定后，逐渐增加理事的决策功能，特别是涉及高职院校办学定位、发展规划乃至院长任命等方面的决策和建议。在条件成熟的情况下，可以将理事会转变为高职院校的领导与决策机构。[④]

7. 培育高职院校内部治理文化

大学文化代表一所高校的精神风貌，是高校在长期发展过程中所形成的一种共识，也是一种隐形的制度。在高职院校内部建立良好的治理文化，有助于治理活动的有序开展。高职院校内部一旦形成稳定的治理结构，对外具有封闭特性，对治理过程和治理效果将产生至关重要的影响。在高职院校内部治理过程中，要注重发挥治理文化的整合效应，通过文化制度的软约束，形成兼容并包的开放性的治理共识和治理价值认同。高职院校治理文化体系建设要科学融入合作治理、分类治理以及开放治理等治理思维和治理理念，提升治理主体的公共情怀，通过制度建设来平衡利益相关者的合理诉求。同时，注重培育具有高职院校发展特色的内部治理文化，发挥大学文化对利益主体的凝聚、导向、激励、调适等功能，形成尊重知识、崇尚学术的文化氛围，推动高职院校治理现代化。在推进高职院校治理结构改革的同时，还要构建与之相匹配的文化价值体系，为增强高职院校治理能力提供制度文化保障，为此要做到以下三点：第一，要将"以人为本"的理念贯穿于高职院校治理

---

① 陈寿根. 公立高职院校内部治理结构改革的基本走向 [J]. 职业技术教育，2012（32）：46-50.
② 韩伟东，赵悦，史忠健. 高职院校内部治理结构改革探析 [J]. 青岛职业技术学院学报，2013（2）：34-37.
③ 童丰生，张海峰. 完善高职院校内部治理结构的思路与对策 [J]. 九江职业技术学院学报，2016（2）：9-11.
④ 何万一. 高职院校内部治理结构改革的路径分析 [J]. 职教论坛，2013（13）：36-38.

文化建设的始终。现代职业院校治理结构建立在法治的基础上，高职院校治理要切实维护利益相关者的合法权益。第二，建设优良的校园文化，为治理能力现代化注入活力。优良的校园文化是一种无形的潜在力量，以独特的魅力影响和感染每一位教师和学生；优秀的校园文化会内化成师生共同的事业目标、精神品格和道德追求，为学校发展和治理能力的现代化注入活力。要对校园进行科学规划，合理布局，逐步营造优美、恬静的校园环境，提高校园文化品位。要完善以学生为主体的社团文化活动模式，发挥第二课堂的育人功能，让学生在参加社团文化活动中实现自我教育和培养，在实践中提高服务社会的能力。要加强和改进思想政治工作，以社会主义核心价值观引领校园文化建设，深入开展中国特色社会主义和"中国梦"宣传教育，引导师生员工坚持正确的政治方向①。要积极吸收现代优秀企业文化，以提升高职院校治理的自主性和社会性。现代优秀企业都倡导民主法治、合作创新、追求卓越、以责任为本的文化观和企业治理观。这些文化特点既是高职院校在人才培养过程中着力打造的人才素质的重要组成部分，也是高职院校内部治理的品质追求。只有将优秀企业文化与高职院校文化进行有机融合，才能为更好地实现高职院校的有效治理提供合适的环境和土壤。第三，要秉承高职院校的办学传统与理念，凝练具有现代职业发展特色的治理理念、办学定位和治理目标，确立高职院校利益相关主体的共同治理愿景，以使命和价值观为指导，通过完善大学章程来规范高职院校内部权力运行方式，激励人们为实现高职教育治理现代化的目标而共同奋斗。②

案例研究

高职院校治理结构优化的实践探索

思考与讨论：

1. 结合常州工程职业技术学院的实践，分析一下应如何构建行之有效的共同治理结构？

2. 南京铁道职业技术学院内部治理结构改革的作用何在？

3. 请结合本章内容，谈谈理想的高职院校的治理结构应该是怎样的？

我国高职教育在经历了 20 多年的大发展之后，目前已从规模扩张向内涵提升、从经验管理向制度建设全面转变。加快现代大学制度建设、推进内部治理结构改革，已成为高职院校顺应经济社会发展需求、突破内涵发展瓶颈、增强发展活力、实现治理能力现代化的一条重要途径。以下是两所高职院校内部治理结构改革的典型案例，希望给大家以多方面的启示。

一、常州工程职业技术学院利益相关者共同治理的实践探索

治理结构的设计是高职院校治理的基础。近年来，常州工程职业技术学院以承

---

① 喻友军，黄渐，梁威，等. 关于高职院校内部治理结构和治理能力现代化的思考 [J]. 卫生职业教育，2016（1）：24-26.

② 赵晓妮. 高职院校内部治理结构的内涵、实践迷思及变革趋向 [J]. 教育与职业，2016（6）：14-16.

担省教育体制改革试点项目为契机，以利益相关者理论为基础，探索出了符合校情且行之有效的共同治理结构模式。

1. 办学理事会辅助，党委会集体决策制度

党委统一领导学院工作，集体研究决定重大事项，支持院长依法独立负责地开展工作。学院建立健全党委会议事规则，明确了议事范围主要是"三重一大"，即"重大发展事项、重要干部任免、重要项目安排、大额资金使用"，决策程序是：组织调研、听取方案、个别酝酿、民主集中、会议决定。这种集体决策本身就是对决策权的制衡与监督。

办学理事会是学院重大办学事项的咨询、审议机构，主要由党委委员、院长、副院长，学术委员会和行政工作委员会委员代表，政府、行业、企业领导代表，职业教育、组织管理专家组成；理事会理事长由党委书记兼任。其主要职责是讨论学院的发展定位、发展策略以及学院办学过程中的重大体制机制改革问题；审议学院章程、中长期发展规划、重大改革方案和年度重要工作；整合社会资源，推动政府、行业、企业和学院合作办学、合作育人、合作就业、合作发展。

办学理事会建立年会和常务委员会会议制度，以会议的形式处理职责范围内的工作；建立办学理事会网络办公平台，确保工作常态化。办学理事会作为一种沟通机制，较好地将校内外利益相关者联系到一起，学院党委充分听取利益相关者的意见，对学院重大事项做出科学的判断与决策。

2. 专门委员会策划，院长全面负责的执行制度

院长全面负责的人才培养、科学与技术研究、文化传承创新和行政管理中的重要工作，根据委托代理理论，将其委托给分管院长。

学院成立了由利益相关者中学有专攻、深谙规律、富有创新精神的人员组成的专门委员会，对院长负责的各项工作进行策划，经院长办公会批准后由二级单位执行。由于院长负责的教学、教育、科研和管理都是科学，需要遵循规律；都是艺术，需要不断创新，这样的工作不能由院长单独拍板，也不能授权给职能部门自行设计。"纵观当今世界各国大学，几乎都是委员会代表制，很少实行部门制，大大小小的决策都由不同层次的委员会做出，行政管理部门只是办事机构[①]"。

对于院长负责的学院工作，建立两个类别的六个专门委员会：一是学术委员会，包括专业建设、通识教育、科学与技术研究专门委员会；二是行政工作委员会，包括校企合作、师资队伍建设、后勤资产专门委员会。将一线教授、行业企业专家等权威吸收进委员会，充分发挥专门委员会在学院重要工作中的咨询、评议和决策作用。

第一，专业建设专门委员会。其主要由分管教学的副院长，教务处、高等教育研究所领导，教学系主任、专业带头人、骨干教师、学生代表组成。其主要工作职责为：审议学校专业发展规划，定期评估、报告执行情况；审议学院专业建设管理基本制度、政策；制定专业建设基本质量标准，明确专业建设工作的基本要求；围绕专业建设的相关要素，开展优秀人才培养方案、精品课程、优秀教学成果、优秀

---

① 洪源渤. 共同治理——论大学法人治理结构 [M]. 北京：科学出版社，2010：8，25，135，141.

实训实习基地等的评选，提交给学校表彰；调查研究，对加强专业建设提出意见和建议。

第二，通识教育专门委员会。其主要由院长、党委副书记、教学副院长，学工处、团委、教务处、基础教学部、后勤服务公司等部门的负责人，教学系书记、辅导员、教师、学生代表组成。其主要工作职责为：制定《通识教育实施纲要》等重要文件，正确定位通识教育工作，明确通识教育的目标、内容、方法、途径、评价，明确师资队伍、实践基地建设等要求；指导通识教育理论、活动、实践和环境课程开发，组织评审课程标准；评议通识教育的重要管理制度和政策；调查研究，为深入推进通识教育提供意见和建议。

第三，科学与技术研究专门委员会。其主要由分管科技工作的副院长，科技处、高等教育研究所领导，技术、教学、教育、管理研究骨干，教学系主任代表，企业技术干部代表组成。其主要工作职责为：审议科学与技术研究工作规划、计划，监测、评估执行情况；审议研究工作管理制度、政策；评定课题、研究成果；调查研究，提出改进学校研究工作的意见和建议。

第四，校企合作专门委员会。其主要由院长，院长办公室、教务处、科技处、继续教育学院和就业处等处室的领导，企业、行业协会、政府部门的领导组成，可适当吸收教学系主任、专业带头人、技术研究骨干参加。其主要工作职责为：审议校企合作工作规划、年度工作计划；审议校企合作的基本制度、政策；调查研究，掌握学校、企业和行业的合作需求，为推进校企合作提供意见和建议。

第五，师资队伍建设专门委员会。其主要由分管人事工作的副院长，人事处、教务处、学工处、后勤管理处和组织部等处室的领导组成，可适当吸收教学系主任、专业带头人、教师、辅导员、行政人员、后勤人员和校外兼职教师代表参加。其主要工作职责为：审议学校师资队伍建设规划、年度工作计划；审议学校师资队伍建设的制度、政策；评审优秀教师和优秀教师团队；评审教职员工职称；调查研究，为推进师资队伍建设提供意见和建议。

第六，后勤资产专门委员会。其主要由分管后勤的副院长，财务处、资产管理处、保卫处的领导，教师、学生和后勤服务人员代表组成。其主要工作职责为：审议学校基本建设规划和财产管理基本制度、政策；组织审议、论证重大基础建设项目；审议学校年度经费预算方案；调查研究，为改进后勤管理与服务提供意见和建议。

院长兼任学术委员会和行政工作委员会主任，从而保证学术权力和行政权力的有效耦合。学术委员会和行政工作委员会均制定了章程，界定了委员会的性质、宗旨和职责，明确了成员构成、任职期限，规定了委员的产生条件及产生办法，建立了基本工作制度和议事规则。

3. 质量管理委员会统筹，分工明确的质量监督制度

质量管理委员会统筹的质量监督制度，是指学院成立质量管理委员会，统一领导、整合学校内部监督组织和"社会第三方"的力量，全面、充分、规范地对学院工作的过程质量（包括权力的使用情况）和绩效水平进行监督。在分权的同时强调制衡、监督，以便当权力被不合理地使用、工作出现质量问题时，能够按照规定程

序得到及时控制和制止。制衡、监督对高职院校的发展具有更为深刻的意义，因为纠正、消除其培养人才的缺陷是极其困难的。质量管理委员会统筹监督，有助于统一对学校办学质量的认识，发现质量问题及其成因，找到解决问题的科学方法，从而提高质量监督本身的质量。

质量管理委员会由纪委书记，纪委办公室、工会、教育督导室、监察处、后勤管理处、审计处的负责人，教师、学生、行政人员、后勤人员和用人单位的代表组成，纪委书记兼任委员会主任。委员会独立履行以下职责：组织建设质量保障体系，实现学校工作的全面、全员、全程质量监督；组织落实学校质量管理制度；指导开展质量文化活动；起草学校年度质量报告并向全体师生员工和社会公布。质量监督部门分工协作，具体监督学校某一方面的工作：纪委负责党内监督，督导室负责教学、教育监督，监察处负责行政管理与服务监督，后勤管理处负责后勤服务监督，审计处负责经济运行监督，教职工代表大会则对院长负责的学校重要工作进行监督，学生代表大会是学生参与学院管理与监督的重要形式。

就完善监督体制而言，质量管理委员会非常重视发挥学生和用人单位的监督作用，因为促进学生发展、培养社会欢迎的人才、保障学生就业和职业生涯发展是学院办学的根本任务，学生和用人单位的体验、意见对改善教学、教育质量至关重要。此外，学院还要重视与社会教育监督机构合作，因为它们的监督具有更高的信度和效度，容易为校内外人士接受，从而切实地推动学院办学质量的提高。

高职院校质量监督的主要问题在于机制不完备，具体表现为工作没标准、监督缺乏依据、过程不封闭、改进缺乏重视；责任不追究，监督成为形式。经典的全面质量管理思想、先进的 ISO 9000 质量管理体系，为改进机制提供了思想和方法。为此，常州工程职业技术学院致力于以下工作的设计：

首先，建设质量标准系统。把高职院校的工作划分为专业教学（包括技术研究）、通识教育、行政管理与服务、后勤服务，质量管理委员会筹划组织制定《专业教学质量标准》《通识教育质量标准》《行政管理与服务质量标准》《后勤服务质量标准》，使学校的每一项工作都有明确的质量要求，每一个人都有行动的目标；同时，也使质量监督具有众所周知的准则和依据。

其次，建立质量评估系统。质量管理委员会组织监督部门，抓住评估标准、评估主体、评估过程、结论应用四个要素，构建《专业教学质量评估办法》《通识教育质量评估办法》《行政管理与服务质量评估办法》《后勤服务质量评估办法》，对学校各项工作实施制度化、规范化评估。

最后，组织开展质量文化活动。"对质量及其管理的理解，应该体现在对学生发展的责任意识、严谨求是的行动准则和追求至善的大学品格等方面[1]"。伴随着质量管理制度的实施，质量管理委员会组织力量开展质量文化活动，通过该项活动，强化师生员工的质量意识、质量道德，实现制度推动和文化引领的有机结合，在学校内部营造一种人人研究质量、及时更新质量、处处体现质量的文化氛围。[2]

---

① 唐松林. 培育质量文化，建立常态化的质量管理模式 [J]. 中国高等教育，2008（24）：32.
② 刘涛. 共同治理视阈下公办高职院校内部治理结构改革的实践探索 [J]. 职教论坛，2013（18）：14-17.

二、南京铁道职业技术学院的内部治理结构改革

南京铁道职业技术学院（简称南铁院）是一所有着 75 年办学历史、轨道交通专业特色鲜明、在行业内具有较大影响的职业院校。2010 年 12 月，南铁院申报的"高职院校内部治理结构改革试点项目"被立项为"国家教育体制改革试点——江苏高等教育综合改革子项目"。自项目立项以来，南铁院根据国务院办公厅《关于开展国家教育体制改革试点的通知》（国办发〔2010〕48 号）和《江苏省政府办公厅关于印发实施国家教育体制改革试点项目重点任务分解方案的通知》（苏政办发〔2011〕26 号）的文件精神，成立了"南京铁道职业技术学院内部治理结构改革试点"项目组，将内部治理结构改革作为重点任务列入学校"十二五"事业发展规划，通过认真做好顶层设计，精心组织实施，正确处理改革、发展与稳定之间的关系，试点工作有序推进，取得了一系列理论与实践成果，并产生了较好的社会影响。

1. 坚持和完善党委领导下的校长负责制

党委领导是中国特色现代大学制度建设的核心问题，也是建立高职院校内部治理结构的主要内容与关键。党委是高职院校的领导核心，是学校内部的最高权力机构和决策机构。为了完善党委领导下的校长负责制，一是要规范党委与行政之间的职权关系，党委重在决策，行政主要负责组织执行，确立两者的合理边界；二是要健全议事和决策机制，完善《党委会及其议事规则》《校长办公会及其议事规则》，明确党委和行政的议事范围、议事规则，强化决策的科学化、程序化和民主化。凡属"三重一大"事项，在提交党委会和校长办公会决策前，都要经过必要的民主程序进行论证，广泛征求党代会、教代会、学术委员会等组织的意见，确保决策的科学性和民主性。

2. 建立以学术委员会为核心的学术管理体系

针对高职院校教授总量少、学术权力相对弱势等问题，学校重新界定学术和行政之间的关系，积极培育学术力量，发展学术管理体系，引入行业企业要素，构建了纵横交错的两级教授治学体系。在校级层面，设立学术委员会作为学校的最高学术机构，统筹行使学术事务的决策、审议、评定和咨询职权。学术委员会下设专业建设委员会、质量评估委员会、专业技术职务评审委员会等专门治学机构。在二级学院设立教授委员会，积极吸纳合作企业一定数量的高级职称技术专家参加。二级学院教授委员会是二级学院党政联席会议领导下的教授治学的基本形式，是在专业建设、师资队伍建设、科研规划、学术评价和人才培养质量评估等方面行使决策、审议、评定和咨询权的机构。

3. 以分权为重点深化二级学院改革

按照分级管理、重心下移的原则，对学校和二级学院（部）的职能、权力进行了界定。学校层面以宏观调控为主，重在建立指导、服务、考核和监督的运行机制；二级学院（部）具体负责本学院（部）的教学、科研、专业建设、师资队伍建设、质量控制、人才培养、学生管理及其他日常管理工作，确立二级学院的办学主体、质量主体和责任主体地位。

在强化党政共同负责制的基础上，实行校企合作委员会、二级学院教授委员

会、二级学院教代会、二级学院学代会等参与决策制度。重新划分二级学院决策权：学术事务决策以教授委员会为主，新专业开设、重大合作项目等方面的决策权交给校企合作委员会，涉及教职工重大利益的事项交给二级教代会决策，党政联席会议主要抓综合性的决策。

4. 积极推进民主管理

在高等教育大众化、文化多样性的当今社会，高校民主管理体现着对师生个性发展、权利和多种知识文化诉求的尊重。为此，学校在民主管理方面进行了多种途径的探索：一是探索并完善教代会运行模式。教职工代表大会是学校民主管理的重要渠道。在实践中，通过长期不断探索，逐步建立了教代会"3343"运行模式，其主要做法是：围绕代表、议题、职权和提案等核心要素，把好"代表三关"，汇聚民意；选准"三大议题"，问政于民；落实"四项职权"，推进民主；贯通"提案三环"，关注民生。教代会"3343"运行模式建立了教职工参与学校民主管理的基本渠道，较好地调动了广大教职工参与办学的积极性。二是探索党代会代表任期制。根据省委教育工委关于印发《中国共产党江苏省普通高等学校代表大会代表任期制实施办法（试行）》的通知要求，学校制定了《中国共产党南京铁道职业技术学院党员代表大会代表任期制实施细则》。实行党代表列席教职工代表大会制度，听取和讨论学校行政工作报告，充分落实党员代表的知情、建议和审议权。党代会代表参与重要干部推荐与考核，充分发挥党代表在干部人事任免中的积极作用。三是完善学代会制度。学代会代表列席教代会，参与学校重大决策。实行学代会代表常任制和提案落实制度，定期接待学生来访，督促和答复提案落实情况；通过公告、公示等公开办学信息，鼓励学生参与日常管理。在参与学校民主管理的过程中，培养学生的民主意识，提高学生的自我管理能力。四是建立、完善校务公开制度。学校制定了《关于深入推进校务公开工作的意见》，通过校园网、橱窗专栏、简报等形式向广大师生及时公布学校改革与发展中的重大问题，处理广大师生的反馈意见和建议。

5. 建立政行企校共同决策的理事会制度

在校级层面成立了由所在地政府、行业主管部门、企事业合作单位、校友、师生代表等组成的学校理事会，发挥利益相关者在决策咨询、整合资源、推动合作等方面的积极作用。根据专业领域的不同，以人才培养、科学研究、文化传承创新等项目为依托，学校理事会下设地铁学院理事会、金川科技园理事会（筹建）等若干专门理事会，深化政行企校合作，探索股份制办学形式，打造校校、校企、政企校利益共同体。在二级学院成立校企合作委员会，深入探索行业企业参与专业建设、人才培养、师资团队发展等的决策制度。学校还成立了南京铁道职业技术学院校友总会和7个校友分会，为更好地凝聚校友资源搭建了平台。

在试点项目运行期间，学校重点以与南京地铁集团有限公司联合成立的国内首家地铁学院为依托，对城轨行业的专门理事会从联合决策、执行监控等方面进行了深入的探索。校企双方联合成立了地铁学院理事会，企校主要领导分别担任正副理事长。理事会是地铁学院的决策机构，主要负责顶层设计、办学经费筹措和使用、资源共享、人事调整等重大事项的决策。地铁学院还吸纳苏州、无锡等地的地铁企业加盟，形成了"1（南铁院）＋1（南京地铁）＋N（其他地铁企业）"理事会架构。地铁学院成立院务委员会作为执行机构，双方领导分别担任院长和执行院长，通过月度例会制度，处理地铁学院的重要办学事项。双方联合组建混编教学团队，并在院务会的领导下具体开展人才培养工作。组建以企业人员为主的校企督导组，对人才培养进行过程监控，实时反馈企业意见。地铁学院理事会制度的建立，成功破解了职业教育中企业办学主体地位缺失、人才培养契合度不高、优质教育资源共享程度低等难题，实现了学校、企业、学生的三方受益，并在多家地铁企业和国内外高校进行了推广，产生了很好的示范与辐射效应。

6. 制定学院章程，使内部治理结构改革成果制度化

按照教育部《高等学校章程制定暂行办法》的要求，学校成立了章程起草工作组，依次按照学习文件—专题研究—起草文本—广泛征求意见—提经职代会讨论通过—校长办公会审议—党委会讨论审定—报送省教育厅核准等程序，完成了章程制定工作，实现了章程制定的系统化、参与的广泛性、制定程序的科学性和内容的合法合理性。在学校章程核心章节"学校管理体制和组织机构"中，对党委会、校长办公会、学术委员会、教代会、学代会等组织机构的地位及权责做出了明确规定，强化了二级管理的组织架构。通过章程制定，明确了利益相关者在办学中的地位和责权利关系，制度化了学校的内部治理结构，为依法办学、依法治校提供了根本性的制度保障。[①]

第四章 健全机制——高职院校治理的重点

　　把改革创新作为教育发展的强大动力。教育要发展，根本靠改革。要以体制机制改革为重点，鼓励地方和学校大胆探索和试验，加快重要领域和关键环节的改革步伐。创新人才培养体制、办学体制、教育管理体制，改革质量评价和考试招生制度，改革教学内容、方法、手段，建设现代学校制度。加快解决经济社会发展对高质量多样化人才的需要与教育培养能力不足的矛盾、人民群众期盼良好教育与资源相对短缺的矛盾、增强教育活力与体制机制约束的矛盾，为教育事业持续健康发展提供强大动力。

　　　　　　　　——《国家中长期教育改革和发展规划纲要（2010—2020 年）》

　　要依法明确、合理界定学校内部不同事务的决策权，健全决策机构的职权和议事规则，完善校内重大事项集体决策规则，大力推进学校决策的科学化、民主化、法治化。

　　　　　　　　——教育部《全面推进依法治校实施纲要》

　　大学治理，治，要有法规，要有手段；理，要有机制，要有制度。就目前来说，中国大学的治理关键是要健全各项机制，构建好现代大学的各项制度。高职院校治理亦是如此。

　　《国家中长期教育改革和发展规划纲要》提出，要"适应中国国情和时代要求，建设依法办学、自主管理、民主监督、社会参与的现代学校制度"，要"探索适应不同类型教育和人才成长的学校管理体制与办学模式，避免千校一面"。高职教育 20 多年的大发展，也是其高负荷运行的时期，在发展基础、运行实践以及内外部治理机制等方面还存在许多薄弱环节。尽管教育部于 2004 年开始进行高职高专办学水平评估，2006 年开始进行高职示范性院校建设，但始终没有将高职现代学校制度建设作为重点内容进行关注。在高职高专人才培养工作水平评估方案和合格评估方案中，都没有涉及学校的治理机制内容。内部治理机制建设是高职院校现代学校制度建设急需研究与解决的问题之一。高职院校建立现代学校制度内部环境，保证学校自身治理机制的完善和有效运行，是深化教育教学改革的基础。[①]

一、健全和完善决策机制

我国的基本国情以及高职院校发展的特点，要求高职院校要健全和完善决策机制，必须遵循民主集中制的原则进行科学决策。这样既有利于党的路线方针政策在高职院校的贯彻落实，又符合高职教育的发展规律，能够更好地推动高职院校的科学发展。

1.决策和决策机制

决策就是做出决定或选择，是指提出关于资源配置、社会活动组织以及各种社会关系处理的不同方案，通过分析、比较，在若干种可供选择的方案中选定最优方案，以期得到利于某些利益相关者的客观可行的对策的过程。决策是一个选择的过程，即从若干备选方案中选出一个或几个方案作为最终决策候选方案的过程。为了使决策具有科学性，必须遵循一般的科学方法与合理的决策程序。决策科学化，就是指决策者依据一定的科学方法或技术来决策，即决策者在决策的过程中对决策对象的认识、对决策特点及规律的研究、对决策目标的选择、对决策方案的确定等，都建立在科学论证的基础上。高职院校决策就是学校领导运用科学的决策理论和方法，结合社会需求和自身办学条件，对院校发展的关键问题进行确定，并制订实施方案的行为过程。[②]

决策机制，就是在决策活动中，构成决策系统的各部分（各要素、各过程、各子系统等）之间的相互制衡关系，以及依照这种制衡关系采取的相互制衡手段。新制定的《国务院工作规则》关于建立一套在发扬民主基础上的科学决策机制专门作了具体的规定：①各项重大决策，都要经过深入调查研究，充分论证，广泛听取各方面意见，由集体讨论决定；②涉及国民经济和社会发展的重大问题，要组织跨学科、跨部门和跨行业的专家研究论证；③完善重大决策的规则和程序，建立健全领导、专家和群众相结合的民主决策机制，充分发挥专家和研究咨询机构的作用，对涉及面广和专业性强的决策事项，通过举行论证会、座谈会以及多种形式的咨询活动，进行科学论证；④建立决策责任制度。

2.决策机制的构建

西蒙（1977）认为决策包括三个阶段：信息收集阶段、方案设计阶段和方案选择阶段。从目前我国高职院校的实际情况出发，要形成科学的决策机制，段小莉认为需建立由五个系统、四个阶段组成的完整体系（如图4-1所示）。[③]

①　郭健，邱同保.论公办高职院校内部治理机制与外部环境建设［J］.教育与职业，2011（8）：29-30.
②　赵建彬，郭华东，周景辉，等.党委领导下的校长负责制——高职院校科学决策的实现形式［J］.当代职业教育，2013（9）：4-6.
③　段小莉.论高职院校决策机制的构建［J］.长春理工大学学报：高教版，2010（1）：80-81.

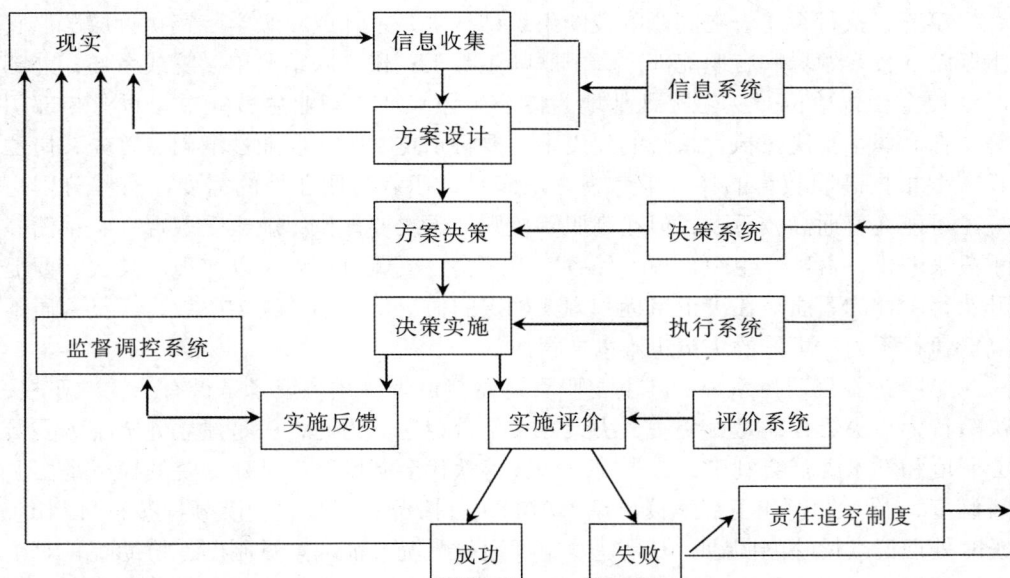

图 4-1　高职院校决策机制结构图

（1）高职院校决策的五个系统。其包括信息系统、决策系统、执行系统、监督调控系统和评价系统。

第一，信息系统。它是行政决策组织体系的基础，是为决策中枢系统收集决策需求、反馈决策执行情况的组织体系。以培养高素质技能型人才为主要任务的高职院校，要随时了解人才市场对高职人才的需求信息，以指导学生的就业方向；要根据企业产品结构、技术结构的调整对职业岗位、知识、能力的变化要求，来设置专业、改革课程内容；要根据生源市场的变化及国家对高职教育宏观调整的政策及趋势，来确定学校的办学方向。这一切都要求高职学校加强信息资料管理，注重对原始资料和信息的搜集、建档；可设立专职（兼职）信息、资料管理人员，建立信息管理中心，配备专职人员；建立信息网络和信息档案库，保证信息畅通无阻；建立信息工作制度和采用科学的分析方法，使信息工作逐步走向制度化、规范化和科学化，确保决策的正确性。

第二，决策系统。高职院校的决策系统由决策中枢系统和决策参与系统组成。决策中枢系统是由具有行政决策权的领导者组成的，是学校最有权威的领导核心，是整个行政决策体系的核心和中枢。加强决策中枢系统建设，应该以全面提高决策者的综合素质为重点，以建立健全决策组织系统、决策制度、决策程序为保证，提高决策水平和工作效率。学校拥有的资源和能力是相对稳定的，不可能在短时间内有大的改革，唯独资源和能力的配置、整合方式，可以完全取决于学校决策层超前的管理理念和高超的管理水平，根据实际需要，不受外界制约，及时做出决策。决策参与系统包括四个方面的利益主体，由各院系负责人、校内专家、具有民主参与意识和决策能力的教师、学生以及社会力量组成。专家学者是高校民主决策的智囊团，广大教职工是高校民主决策的一支重要力量，学生是参与高校民主决策不可忽视的群体，社会力量（"外脑"）则是高校民主决策的特殊主体。

第三，执行系统。在高职院校的组织结构中，系部或二级学院属执行层次。它上联院（校）领导和各职能部门，下联师生员工；横向联结兄弟学院或系部；外部联结校企合作单位、实习实训基地、传统生源基地、毕业生就业对口行业与部门等。在高职学院决策执行系统的建设中，要特别重视强化职业性取向。首先，岗位设置要根据高职教育的特点来考虑，以满足高职教育职业性的需要。有些管理岗位，可能在普通高校重要，但在高职院校则处于次要地位，就应采取合并、精简等手段来弱化；否则"组织"与"任务"不配套，决策目标就难以实现。其次，要提升执行主体的素质。在决策目标和方案确定的情况下，细节决定成效，人员素质不高、执行不力，再好的决策也难以取得成效。

第四，监督调控系统。其主要职责是监督检查行政决策者是否有法定的职权，决策行为与决策程序是否合法，决策方案是否合理。为此，一是建立健全院务委员会制度和学术委员会制度；二是建立和完善教代会制度；三是建立院领导下基层调研制度，及时发现和了解学校决策事项的执行情况；四是建立院领导接待日制度，及时处理群众反映的问题；五是建立定期通报情况、征求意见制度，协助院长对校内重要问题进行决策；六是设立校长信箱，及时听取广大师生员工对学校工作的建议和意见，使广大教职工参与学校民主管理和监督的权力落到实处。

第五，评价系统。决策评价就是运用特定的方法和技术，对决策的科学性、可行性以及实施结果进行综合评估。建立决策评价系统对确保决策的科学性、可行性和效益性具有重要作用：一是明确规定决策评价的标准和程序，按照实事求是、系统性、连续性和最佳效益原则，定期进行决策评估。二是明确决策评价的主体，即内部、外部的评价机构和人员。内部评价来自决策信息系统、咨询系统、执行系统、监督系统的有关机构和人员；外部评价来自决策的客体，虽然分散而间接，但却客观、公正。三是及时发现问题，总结经验，不断修正决策方案。四是充分发挥信息系统的作用，畅通信息渠道，为决策评估提供准确及时的信息。

（2）高职院校决策的四个阶段。由图4-1可见，高职院校完整的决策程序要在以上五个系统的基础上，经历决策的形成、实施、评价和责任追究四个阶段。

第一，决策形成阶段。在形成决策之前，应从纷繁复杂的现实中找出客观存在的问题，然后准确、全面地收集信息，以避免个别领导"拍脑袋"式的决策失误，确保决策的周全性（信息收集）；在此基础上设计方案，方案应该具有选择性，同时方案应与现实相符（方案设计）；然后从众多的方案中选择一个在现实中得到检验的较为可行的方案（方案决策）。

第二，决策实施阶段。在这一阶段，领导可采用"蹲点实验"的方式，掌握第一手材料，以便进一步了解情况、研究问题，并找到解决问题的办法，总结出决策实施的成功经验。同时，在这一过程中，要实施督促和检查制度，避免出现"上有政策下有对策""有令不行，有禁不止"的现象，不使决策走样、移位，从而提高决策实施的效益。此外，要对不完善、不适应现实情况的方案及时做局部调整，或改弦更张（实施反馈）。

第三，决策评价和责任追究阶段。决策方案实施后，还要对其进行效益、危害、风险等方面的评价（实施评价）。如果实施成功，再回到现实；如果实施失败，则可在信息、决策、执行三个系统中查找原因，进行循环。同时，通过责任追究制度，对相关责任人进行处理。①

3. 内部决策机制存在的问题

（1）相关人员的决策参与度不高。当前，我国很多高职院校都成立了学术委员会。但是，从实际情况来看，在学术委员会的成员中，学校领导、中层干部占多数，教授们在实际决策中的作用往往得不到充分发挥。而且，从整体运作情况来看，基本上完全沿用了行政管理的方法，学校考核教师时主要看其综合表现，教师只有完成行政部门提出的要求，才能得到较好的评价。这种权力过于向行政管理偏移的结果，严重削弱了学术权力的发挥。目前，各高职院校都建立了教职工代表大会制度，作为普通教工参与管理和决策的重要形式。但在实际执行过程中，教代会的作用大都没有得到很好的发挥。此外，作为接受教育的客体学生，他们对关乎自身利益的各项决策，如课程设置等，没有足够的知情权和参与权。高职院校有别于普通高校很重要的一个特点，就是专业设置与社会经济发展、行业发展的密切联系。学校发展与社会的息息相关决定了学校很多大的发展方向、规划要广泛听取行业协会等社会组织的意见，而目前一些高职院校还固守很多传统的办学理念，各种决策还相对封闭，社会参与度不高，决策的开放度不够，听取社会反馈的渠道也有限。②

（2）不能很好地坚持集体决策制度。一方面，高职院校的少数党政领导干部民主意识比较淡薄，导致领导班子集体决策流于形式。在实际工作中，少数高职院校党政领导干部的民主法治意识不够强，对来自各方面的监督有抵触情绪。例如，在集体决策过程中，有的领导班子虽然表面上按程序进行，但事先打招呼，大家心知肚明，集体决策流于形式；领导班子副职有思想顾虑，即便在决策中有不同意见也不敢或不愿意发表，达不到集体研究讨论的效果；主要领导干部为了维护小团体的既得利益或个人利益，不按照规定进行民主决策，一个人说了算，造成"一言堂"的局面。另一方面，集体决策制度的规定比较笼统，导致在操作上存在一定的难度。在实际工作中，少数高职院校一定程度上存在对决策范围、决策原则、决策程序、决策执行和监督以及责任追究等的规定比较笼统的现象，导致实践中很难操作。此外，缺乏有效的监督也是集体决策制度不能很好地坚持的一个重要原因。决策监督体制机制存在的缺陷具体表现为：一是上级对下级的监督虽然有权威，但监督不易到位；二是班子成员虽有不同意见，但因有思想顾虑而不敢或不愿意发表，内部平行监督的效果受到极大影响；三是纪检监察部门实行双重领导体制，因处于被领导地位，监督缺乏权威性。③

（3）决策方法简单，决策运行机制不完整。一方面，当前我国高职院校的很多决策还是凭借经验、直觉做出的。很多时候，存在依靠经验决策的现象，决策的手段比较简单，很少采用现代化的辅助手段对问题进行量化处理和分析。这样的决

① 段小莉. 论高职院校决策机制的构建 [J]. 长春理工大学学报：高教版，2010（1）：80-81.
② 尹小玲. 我国高职院校内部决策机制研究 [J]. 中国报业，2011（4）：88-89.
③ 林健铭. 浅谈高职院校在贯彻执行"三重一大"集体决策制度中存在的问题与对策——以广西为例 [J]. 传承，2014（12）：54-55.

策，对重复性决策事件来讲，是比较适宜的，既快捷简便，又没有决策失误的危险。但是，对于诸如学校发展定位、专业发展规划等重大决策，这样的简单决策方法显然是远远不够的。另一方面，透视和剖析我国高职院校内部决策机制，就会发现其缺乏完整性，是残缺不全的。决策是一个过程，完整的决策机制既包括选择前的一系列程序步骤和研究过程，也包括做出决策后在执行过程中的不断修正和完善。所以说，科学决策过程应是决定、指挥、执行、监督、反馈、调整等有机联系、相互制约、辩证统一的整体。在决策的整个过程当中，往往是决定、指挥和执行的多，而监督、反馈和有效更正者寥寥。①

（4）决策失误的责任追究难。高职院校的决策一般都是由院级领导班子做出的，但是由于以上原因，容易造成决策失误。而在实际工作中，责任人出现决策失误后，责任追究存在以下三个难题：一是高职院校党政领导班子、党政主要负责人、分管领导的职责难以划分，从而导致责任难以追究；二是缺乏科学有效的考核指标体系，无法为责任追究提供客观的依据；三是责任追究主体的独立性和权威性不足，责任追究的具体程序不明确，致使责任追究不到位，也影响了"三重一大"决策制度的落实。②

4. 完善内部决策机制的思考

（1）高职院校要坚持党委领导下的院长负责制，严格会议制度。对高等院校实行党委领导下的校长负责制，我国有着明确的规定，中共中央在《关于加强高等学校党的建设的通知》中首次提出高等院校应该实行党委领导下的校长负责制。此后，国家专门颁布了新的条例对党委领导下的校长负责制做出了明确的规定；《高等教育法》以法律的形式也对我国高等院校的领导体制做出了具体的规定，明确指出国家承办的高等院校必须实行中国共产党高等院校基层委员会领导下的校长负责制。高职教育作为高等教育的重要组成部分，必然严格遵循这一制度。《高等教育法》、各项条例和纲要等一系列规定，从法律层面赋予高职院校党委行使决定学校发展重大事项的权力。所谓党委领导，就是通过党委集体领导，对学校的改革、发展以及稳定进行总体的控制和监管，对学校内的所有工作实行统一领导，学校内的一切重大事项都要通过集体讨论来决定，党委是学校领导和政治的核心。所谓校长负责，就是指校长在党委的领导下，作为学校法人和学校的最高行政领导，对学校的教学、科研以及其他行政工作进行全面的管理。党委负责对学校重大问题、重要事项进行抉择，并且对学校的全局工作负有领导责任，校长负责实施党委的决议，对党委决议负有行政落实的责任。高职院校必须正确处理好党委领导和校长负责之间的关系，这两者是密不可分的整体，应该努力使两者形成统一配合、分工协作的运行机制，这样才能实现高职院校科学化的决策和规范化的管理。党委领导下的校长负责制包含党委领导、校长负责、教授治学、民主管理四个方面的内容：第一，必须坚持党委对学校的政治、思想以及组织的领导职能，对于关系到学校改革、发

---

① 尹小玲. 我国高职院校内部决策机制研究［J］. 中国报业，2011（4）：88-89.
② 林健铭. 浅谈高职院校在贯彻执行"三重一大"集体决策制度中存在的问题与对策——以广西为例［J］. 传承，2014（12）：54-55.

展的重要事项，党委应该根据民主集中会议确定的基本要求，进行充分的酝酿和讨论，然后形成统一的意见和建议；第二，高职院校的校长应该在党委的统一领导下，对学校的教学、科研以及行政工作做到全面的管理和负责；第三，充分发挥校内教授群体的作用，让他们参与学术事务的决策和管理，完成学术的组织和咨询工作；第四，充分调动各方面的积极性，通过教师代表大会等方式，维护广大教职工对学校重大事务的知情权和表达权，使他们参与到学校管理、监督工作中来。[①]

高职院校应加强自身办学自主权、管理决策权，结合教育教学、人才培养规律形成议事制度，坚持党委领导下的院长负责制。在具体操作上，要将关乎学校发展、学校管理的重大问题汇总至党委会研究决定。涉及学校行政的重大事务、影响长远的事务、涉及面广的事务、牵涉教职工切身利益的事务、涉及学生利益的事务应由院长办公会议研究决定，同时邀请相关人员参加。由学校决定的重大问题、重要决策，根据涉及的人、财、物情况选择提交教代会、党代会讨论通过。涉及各领域内的问题，由院长办公室或相关职能部门主持召开学术委员会、党政联席会、政策讨论会等规模适量型会议讨论解决。原则上，召开党委会的周期为1个月左右；召开院长办公会的周期为1周左右；召开教代会、党代会的周期为1年左右；其他会议根据需要酌情而定。[②]

（2）二级学院要坚持党政联席会议制度，建立健全科学规范的议事规则。2010年8月，新修订颁布的《中国共产党普通高等学校基层组织工作条例》正式将党政联席会议制度确立为高校院（系）级单位的工作体制和决策方式。党政联席会议制度是一种比较适合高职院校中层管理实际的制度。高职院校的二级学院实施党政联席会议制度，有利于发扬民主，集思广益，保证决策的正确性；有利于发挥班子的整体功能，形成工作合力；有利于保证基层党组织的政治核心地位和发挥监督作用，对加强二级学院民主集中制建设，理顺党政关系，完善决策机制，保证教学、科研、管理等任务的完成有着重要意义。

二级学院建立党政联席会议制度，关键是要建立健全科学规范的议事规则。科学规范的议事规则是完善党政联席会议制度，提高决策科学性和议事透明度，促进工作规范化、制度化、程序化的有效保证。为此，首先要明确界定党政联席会议的议事范围。党政联席会议是二级学院工作的最高决策机构，肩负着统揽学院工作全局，协调学院党、政、工、团、学工作的重任。党政联席会议议事范围应该包括多方面内容，如浙江工商职业技术学院结合其二级管理的实际，规定需提交党政联席会议讨论决定的事项主要包括十个方面（可供高职院校参考），具体为：一是发展规划、工作计划、工作总结；二是专业教学计划，专业建设、课程建设和实训基地建设；三是校企合作、工学结合和人才培养模式改革方案；四是师资队伍建设，专业带头人、教学骨干的培养管理；五是重大科研项目、科技开发项目的争取、承接与组织实施；六是向学校推荐先进集体、先进个人人选，职称晋升和学年考核等的审定；七是人才引进、人事调配和岗位聘任；八是财务预算、大宗经费使用、津贴

① 赵建彬，郭华东，周景辉，等. 党委领导下的校长负责制——高职院校科学决策的实现形式 [J]. 当代职业教育，2013（9）：4-6.
② 张磊，孙士新. 高职院校决策可控因素分析及智囊团建设探究 [J]. 重庆科技学院学报：社会科学版，2016（12）：123-125.

分配与学年考核奖发放；九是招生计划、就业工作和学生各类评优评奖；十是安全稳定和重大突发性事件的处理等。其次要严格执行党政联席会议议事程序。议事程序是保证党政联席会议重大事项决策正确性的关键。会议要严格按照“集体领导、民主集中、个别酝酿、会议决定”的程序进行，具体要做到三点：一是党政主要负责人会前充分沟通酝酿，提出递交党政联席会议讨论决定的议题，由院办根据议题收集有关书面材料，事先印发给党政联席会议人员进行阅读并准备讨论意见。二是根据会议的中心议题确定会议主持人，一般每月至少召开一次，遇特殊情况随时召开。以行政工作为主的会议，由行政负责人主持召开；以党务工作、学生工作为主的会议，由党总支负责人主持召开。三是坚持民主集中制原则，与会人员能充分发表自己的看法和意见，集思广益，主持人能综合归纳大家的意见从而做出决定决议。最后要切实抓好党政联席会议决定事项的贯彻执行。抓好贯彻执行是党政联席会议决定决议落到实处的重要举措。党政联席会议要有详细的记录，在记录的基础上要形成会议纪要。会议纪要由党政主要负责人共同签字确认，下发到学院各部门贯彻执行，同时，及时上报学校领导和有关职能部门，做到下情上传。对于党政联席会议的决定决议，领导班子成员要分工负责，明确责任人和责任单位，有关部门和人员应积极配合，通力协作。学院办公室要切实履行督查职责，确保决定决议落到实处，并将执行结果通过院务公开，接受群众的监督。党政联席会议一旦形成决议，要保持相对的连续性和稳定性；若在执行中发现新的情况，确需对决策进行重大调整或变更，要及时提请党政联席会议集体讨论。①

（3）强化管理团队的整体素质，夯实提高决策水平的基础。强化管理团队的整体素质，是提高高职院校管理决策水平的基础。高职院校的管理团队既包括校级管理者，也包括中层管理者。高职院校的党委书记和校长应具有政治家的胸襟、教育家的远见和社会家的影响力。中层管理者的素质体现在要能结合本部门的实际和专业特点，创造性地决策和开展工作。校级管理者和中层管理者只有形成合力，才能成为有效率的管理团队。整个管理团队良好的综合素质和廉洁、务实、创新的工作作风，是实现决策科学高效的关键之所在。②

提高管理团队的整体素质，首先要大力营造浓厚的学习风气。领导干部个人学习的多寡直接影响着其素质和领导能力的高低。所以，高职院校的管理者应该通过学习开阔思路，加强工作的系统性和科学性。考虑到长远发展的需要，党委应该改进和加强理论学习，建立切实可行的学习制度，做到长期坚持和贯彻落实，努力营造浓厚的学习氛围。通过党政管理理论以及个人修养的不断提高，增强领导成员、管理人员的政治意识、责任意识，使他们更加敬业爱业，保证决策的科学性、民主性。其次要大兴调查研究之风。高职院校所有的管理者都应该深入基层，将更多的时间和精力放到调查研究上，听取基层工作人员的意见和建议，定期与基层干部、民主党派、教学骨干、普通教师甚至是学生代表进行沟通联系，建立操作性强的干部联系群众制度；深入基层调查研究，掌握第一手资料。最后要积极提倡民主合作

---

① 蒋主力．高职院校二级管理决策机制的研究与创新——以浙江商职院二级学院党政联席会议制度建设为例［J］．职业，2011（9）：45-46.

② 尹小玲．我国高职院校内部决策机制研究［J］．中国报业，2011（4）：88-89.

之风。高职院校党政负责人要牢固树立忠于党和教育事业的意识，统一思想和行动，相互支持和配合；做到分工协作，恪尽职守，保证工作高效地进行。在学校领导班子之间建立相互报告和沟通机制，加强领导之间的联系，通过思想交流、共同学习、对问题进行共同的讨论，保证决策科学、政令畅通，形成合力，使工作顺利开展。①高职院校的二级学院也要提倡这样的民主合作之风，形成坚强有力的二级学院管理体制和决策机制。

（4）建立科学的决策机制，健全完整的决策流程。合理的决策流程并不能保证决策的科学性，但是缺少合理的决策流程将永远不能实现科学决策。为了保证决策的科学性，就要建立科学的内部决策机制。比较常见的决策流程如下：提出问题→明确目标→分析问题（借助决策支持系统）→拟订方案→比较评估→决策→实施决策→反馈→调整决策。职业教育是以社会职业的适应性为显著特点的，在当今市场经济环境下，无论是职业院校的招生、培养目标、制订教学计划，还是学校的日常管理，都必须围绕培养的人才要适应社会和经济发展这一目标进行。因此，高职院校要重视社会的需求、经济结构变化与调整的动态反馈信息；否则，决策就有可能出现失误。②

（5）掌握科学的决策方法，减少决策的失误和偏差。科学的决策方法是决策取得成功、减少失误和偏差的基础。高职院校的各级领导班子在进行决策时都应注意决策的科学性，采用科学的决策方法。这里要注意两个方面：一是要坚持"一个方案不决策"的制度。决策备选方案的存在是保证决策成功的前提条件。可供决策的方案应是若干个可以相互替代的可行方案。在当今迅速变化的时代中，决策面临的问题往往从开始决策的那一刻起就已发生了变化，因此，决策中仅有一个方案而无其他方案可供选择的话，那只能说明决策者的视野已被局限在某个狭隘的视角，而未能顾及其他。这样一种单一型的思考问题及判断形势的方式，不可避免地会给决策带来失误。但目前高职院校普遍存在只有一个带有"长官意志"备选方案的现象，因此要坚持"一个方案不决策"的制度。二是要在高职院校管理中，正确处理个人决策和集体决策的关系。一般来说，在常规性问题上，个人决策效率高，而且有利于决策者负起责任；在复杂问题上，集体决策可减少失误，还可得到多数人的支持。③

（6）健全和规范各项规章制度，完善决策机制。高职院校应建立健全学校内部的《党委会议事规则》《党政领导联席会议议事规则》《校长办公会议事制度》等工作制度，完善校领导调研接待日制度、校长信箱制度、监督反馈制度、校务公开议事制度、专家咨询制度等；还要充分发挥工会、教代会民主管理、民主监督的作用，开好党委扩大会、校长办公会、党政联席会、民主生活会、教职工代表大会等会议，使高职院校的运行有章可循，管理有法可依；要加大对落实和执行过程的监督检查，健全监督检查及责任追究制，保障高职院校党委领导下的校长负责制的有效落实。要健全和严格执行党内民主生活会制度，认真查找领导班子工作中存在的

① 赵建彬，郭华东，周景辉，等. 党委领导下的校长负责制——高职院校科学决策的实现形式 [J]. 当代职业教育，2013（9）：4-6.
② 尹小玲. 我国高职院校内部决策机制研究 [J]. 中国报业，2011（4）：88-89.
③ 段小莉. 论高职院校决策机制的构建 [J]. 长春理工大学学报：高教版，2010（1）：80-81.

突出问题，坦诚交流思想，做到领导干部之间相互监督，不断提高民主生活会的质量。可以设立专门的监察部门，对领导成员的管理过程、权力落实进行有效的监督。要重视教师代表大会的民主监督作用，学校管理方面的重大决策，都应该听取教师代表的建议和意见，尤其是涉及教师利益的重大问题，要经过教师代表大会审议才能通过；对于学校内的干部选拔、大宗采购、基础建设、财务收支等群众比较关心的问题，应该公开透明，加强群众对领导干部的监督。[1]

高职院校的二级学院同样要建立健全监督和检查机制，保证党政联席会议制度能够有效实施。具体地，应建立起三项监督形式：一是民主监督，尝试设立二级教代会，凡学院重大改革措施和涉及教师切身利益的重大问题，都经过二级教代会审议通过，充分发挥二级教代会对学院工作的监督作用；二是群众监督，凡党政联席会议做出的重大决策事项，都应该通过网络、公告栏等途径，实行院（党）务公开，主动接受师生的监督；三是党内监督，通过民主生活会的有效形式，认真开展批评与自我批评，相互敞开心扉，以诚相见，达到统一思想、加强团结、互相监督、共同进步的目的。[2]

（7）加强高职院校智囊团建设，形成"教授治教""教授治学"模式。高职院校领导要重视决策智囊团建设。智囊团是高职院校决策储备力量，是高职院校管理活动的坚强后盾，是科学决策的有力保障，是领导与一线师生联系的桥梁。智囊团建设的思路应该是稳定当前、逐步扩展、多方发散。所谓稳定当前，即稳定运行和使用当前智囊团，当前智囊团包括党委会、院长办公会、教代会、党代会、工会、学生会等传统组织和会议平台，激发与会者的积极性、主动性。逐步扩展，即在运行、维护当前智囊团的基础上逐步扩展决策队伍发展途径，逐渐成立家长委员会、专家委员会、校外专家委员会、校外管理志愿者委员会等。多方发散，即采用信息化平台，把需要决策的主题发布出去，让所有愿意为学校建设出谋划策的有志之士参与到学校管理中来，集思广益。高职院校要借力身边的智囊团，就必须加强与智囊团的有效沟通。沟通是决策的基础，决策是沟通的驱动力和检验标准。建立有效的沟通渠道和机制，是集体决策的前提，是科学决策的保障。高职院校应建立健康、有序、和谐的沟通渠道，优化沟通机制，鼓励教职员工、学生、学生家长、校外专家、热心人士等建言献策。[3]高职院校要梳理智囊团建设工程化理念，成立相应的智囊团，为本领域内的日常决策酝酿、凝练、调研、执行、修订、反馈提供支持。以智囊团为基本单位，在全校范围内形成多个决策组织，从而使决策队伍体系化、决策活动程序化、决策过程项目化、决策结果科学化。[4]

教授是高职院校最为宝贵的智囊，调动他们的积极性、主动性，使之参与到高职院校的决策中来，对推动高职院校的发展至关重要。高职院校应该充分尊重学术研究，发挥校内教授治校的学术权力作用，建立教授参与式的学术权力管理体制，

① 赵建彬，郭华东，周景辉，等. 党委领导下的校长负责制——高职院校科学决策的实现形式［J］.当代职业教育，2013（9）：4-6.
② 蒋主力. 高职院校二级管理决策机制的研究与创新——以浙江商职院二级学院党政联席会议制度建设为例［J］. 职业，2011（9）：45-46.
③ 张磊，孙士新. 高职院校决策可控因素分析及智囊团建设探究［J］. 重庆科技学院学报：社会科学版，2016（12）：123-125.
④ 张磊，孙士新. 高校决策智囊库模型的重构研究［J］. 湖南人文科技学院学报：自然科学版，2013（2）：4-7.

形成"教授治教""教授治学"模式，实现党委领导下的院长治校、教授治学的民主管理体制；要认真听取并总结每一位一线教师的建议和意见，积极完善以教授为主体的决策咨询组织，促使教职工代表大会以及学术委员会在学校治理中发挥积极的作用；为学校的学术委员会、职称评委会以及教学委员会等机构提供切实的保障，让它们在科研项目申报、成果认定以及教学改革目标的制定和职称评审等学术问题上享有绝对的决定权。此外，对学校教授治学机构中的人员要进行合理的安排，尽量减少单纯从事行政管理的人员的数量，提高普通教授的比例，对学术权力和行政权力进行更好的协调和均衡，有效避免行政权力对学术权力的侵犯和取代，实行科学民主的决策，以避免决策失误现象的出现。①

二、推进内部管理科学化

内部管理体制已经成为高职院校增强自身核心竞争力的重要因素。高职院校的内部管理是指学校围绕高素质技术技能人才培养这一中心工作所进行的决策、计划、指挥、监督、组织、核算、调节活动，通过有效的管理活动实现高职院校在知识传授、知识创造、知识应用、人才培养、社会服务等多方面的教育目标。高职院校内部管理体制是指高职院校在内部管理机构设置、管理机构隶属关系摆布和管理职责及其权力划分等方面的体系、制度、方式。内部管理体制最关键的四个问题是管理机构如何设、隶属关系怎么摆、管理职责怎么定、管理权限怎么划。②从本质上讲，高职院校内部管理的实质是经济意义上的管理，需要"正确地做事""做正确的事"，才能以有限的投入获得尽可能多的产出，实现更多预期指标，获得良好的社会效益和社会声誉。然而，管理是否有效完全取决于环境。③近年来，虽然许多高职院校都在积极探索内部管理体制改革，试图构建符合高职特色的内部管理模式，但由于政策环境、自身实力等主客观原因，未能取得突破性进展，总体上还存在制度不全、机构臃肿、效率不高等问题。运行不畅的高职院校内部管理体制，成了羁绊我国高职教育健康发展的瓶颈。因此，高职院校从自身的办学特点和实际需求出发，探寻高职院校的管理规律，创新管理理念和管理方法，不断推进内部管理科学化，开展内部管理体制改革的研究和实践，提升内部管理的整体效益，促进高职院校规范有序、和谐高效地运转，促进学校办学效益及内涵品质的不断提升④，促使高职院校培养出更多社会需要的高技能人才，形成具有高等教育特色、职业技术教育特征的高职教育管理体制和运行机制，是高职院校内涵式发展的客观需要和提高人才培养质量的迫切要求。⑤

---

① 赵建彬，郭华东，周景辉，等. 党委领导下的校长负责制——高职院校科学决策的实现形式 [J]. 当代职业教育，2013（9）：4-6.
② 刘涛. 高职院校内部管理体制改革的探索 [J]. 无锡职业技术学院学报，2012（11）：36-39.
③ 黄速建，黄群慧. 管理科学化与管理学的科学性 [J]. 经济管理，2004（18）：6.
④ 李洪渠，石芬芳. 从理念到实践：高职院校内部管理科学化的路径创新 [J]. 职教论坛，2013（34）：29-32.
⑤ 欧阳恩剑，刘波. 我国高职院校内部管理改革路径探析 [J]. 职教论坛，2016（1）：37-42.

1. 高职院校管理科学化的本质内涵

管理是人类生存与发展的一项基本活动，由管理的主体、客体及目标构成。概括地讲，管理是为了实现预期目标，通过管理者对组织的资源进行有效整合，采取一系列措施行使其职能，保障系统协调运行，获取最大化的经济效益、社会效益或其他效益的活动过程。管理科学化就是使管理工作符合客观规律，从而达到实事求是、规范高效的目标的过程。"科学管理之父"弗雷德里克·泰勒认为："管理就是确切地知道你要别人做什么，并使他用最好的方法去做。"管理科学化的本质是应用科学的管理知识指导管理实践、解决管理问题、提高管理效率。管理科学化是注重效率和质量的管理，是符合组织发展规律和管理规律要求的管理。高职院校是我国高等教育机构的重要组成部分，要想办出特色、提高质量、增强竞争力，其内部管理就是一个带有全局性的关键问题。只有充分运用马克思主义的观点，全面分析和把握高职院校管理规律，采取正确的方法和手段，实施科学高效的管理，才能更好地实现为社会培养高素质技术技能应用型人才的目标。①

2. 高职院校内部管理科学化的必要性

（1）提升高职院校内部管理效率的需要。当前，我国正处于社会经济的转型时期，经济的发展、产业结构的升级、高新技术和现代信息的发展，客观上要求高职院校人才培养目标的重心由单纯的数量、规模发展向办学质量、教育品质转变。发展模式也要由初期的合并、外延式做大向精简、内涵式做强转变。外部环境的转变使高职院校的内部管理日益复杂化，传统的管理模式及方法对解决复杂环境下的现实问题具有较大的局限性。受传统管理文化的影响，高职院校内部管理"人治"的惯性很大，习惯采用权威定约、经验符合的决策方式，而以信息调研、事实认证为路径的决策尤显不足。此外，学校管理主要采用行政式组织、行政式运作模式，一定程度上制约了行政及学术组织的主动创新。在内部管理工作中，过多地强调制度的执行，相对忽视与管理制度联系密切的监督制度和信息反馈制度。管理部门之间协调不足，服务意识不强，效率低下，经验式、模仿式、行动式管理方法引导着模糊化的管理行为，时常出现不切实际的制度设计及低效、无效甚至是错误的管理行为。二级学院在教学、招生、科研创新等方面的主体作用尚未充分发挥，影响了学校办学的整体效率。管理人员的管理科学知识相对薄弱，干部队伍的管理能力开发不足，也是内部管理效率低下的深层原因。不可否认，由于中国高职教育的特殊历史及社会原因，高职院校在初创时期，依靠经验管理可以有效地处理合并改造中的人情事务及大量非理性的纠纷问题。进入内涵建设时期，外部环境受制因素多，管理的事务多，不确定的因素多，处理复杂的现实问题不可能完全依靠以"人治"为导向的经验管理。随着学校办学品质要求的提高以及内部管理组织扁平化的发展，经验管理的局限性、模糊性、不规范性逐渐显现，并且成为提高管理效率、推进管理创新的负累。从理论层面讲，管理是一门艺术，也是一门科学，任何时候都必须

① 汪俊仁. 高职院校内部管理科学化及创新途径探究 [J]. 高教学刊，2017 (3)：132-133，135.

将科学作为管理的重要手段。针对内涵提升阶段高职院校内部管理的现实需要，遵循教育科学的发展规律和职业院校管理的基本原则，选择适宜的科学管理方法，推进管理科学化，才能有效提升高职院校内部管理效率。[1]

（2）适应高职院校自身特殊性的需要。高职教育具有高等性和职业性两大特点，因此高职院校在其教学、科研和社会服务三大职能上也有特殊性。教师既要重视必要理论的讲解，又要突出专业技能的训练；学生既要参加校内实训，又要忙于顶岗实习。高职院校要适应校企深度融合的人才培养模式，必须针对教学和学生实行科学管理。高职院校由于注重知识的实用性和实际能力的应用，教师的科研能力相对较弱，而企业的生产经营又离不开科研，因此高职院校的科研管理也要适应企业的需求，与企业进行有效对接，这样才能为企业和社会提供优质服务。高度重视校企合作是高职院校人才培养的重要特征，随着校企合作的深入开展，"双师素质型"教学团队的建立，一方面要求专业教师深入企业了解市场需求动态和行业发展现状，不断地更新技术，从而提高实践技能；另一方面要求从企业聘请能工巧匠，平时参与课程的开发与设置，在学生顶岗实习期间对学生进行教育管理和一线指导。这种"互派"模式无形中增加了管理的难度和成本，如果不能科学管理，就无法调动教职工的工作积极性，高职教育的整体发展也就无从谈起。此外，在国家现行的高考录取体制下，高职院校的生源质量存在整体素质不高、理想信念不强、学习要求和自我管理等方面都有一定的偏差和弱化的问题，并随着大学的层次论、高职院校的社会定位、外界的不客观评价等消极因素而加剧，使其在日益激烈的竞争中处于更加不利的地位。这给学校管理工作带来了很大的压力，必须在管理上下功夫，才能实现学校的和谐稳定和学生的健康成长。[2]

（3）推进高职院校依法治校的需要。在我国全面依法治国战略思想的指引下，高职院校的依法治校也被提到议事日程上来，引起了普遍的重视和关注。高职院校的更好更快发展，离不开依法治校。如我国《民办教育促进法》对民办高职院校的管理提出了"积极鼓励、大力支持、正确引导、依法管理"的方针。只有依法管理，建立相应的规章制度，才能逐步培育法治意识，使学校的教学、科研、思政、保障等各个环节的工作逐步走上法制化的轨道，推动学校管理由经验管理向依法管理、科学管理转变，实现由"人治"向"法治"、由"治事"向"治法"、由随意性向规范化转变。[3]

3. 高职院校内部管理的现状与问题

就公办高职院校而言，在学校内部的领导体制上，实行的是党委领导下的校长负责制；在学校管理体制上，主要实行校、系两级管理模式。内部管理正逐步从过程管理向目标管理过渡、从身份管理向岗位管理过渡。高职院校机构设置主要沿袭了本科院校，是二级管理（见表 4-1）。横向看，高职院校有党的组织、行政组织和学术组织；纵向看，有校级管理机构、系（部）管理机构，教研室具有一定的管

---

① 李洪渠，石芬芳. 从理念到实践：高职院校内部管理科学化的路径创新 [J]. 职教论坛，2013（34）：29-32.
② 汪俊仁. 高职院校内部管理科学化及创新途径探究 [J]. 高教学刊，2017（3）：132-133，135.
③ 徐绪卿. 我国民办高校内部管理体制改革和创新研究 [M]. 北京：中国社会科学出版社，2012：304.

理职能，但不设专门的管理机构，其管理职能由支部书记、教研室主任履行。学校内部的这些组织纵向具有领导与被领导的关系，各个组织都有自己的管理职责和权力。①

表 4-1 高职院校机构设置

学校	党委及职能部门	校长及职能部门	学术委员会
二级学院（系部）	党总支及职能部门	院长（主任）及职能部门	分学术委员会
教研室	党支部	主任	

在实践过程中，这样的管理体制存在以下问题：

（1）行政思想固化，制约了教育教学主体的能动性。目前，高职院校将党委领导下的校长负责制作为主体行政模式，强化党委行政对学校管理的作用。在这种模式的影响下，一系列的行政组织在学校的教育教学中产生，强化了行政功能，弱化了教育教学主体的能动性。行政思想和意识根深蒂固，教育教学主体在行政的指挥棒下，履行着各自的工作职责，很难逾越行政要求的范畴。同时，培养出的学生，也同样深受这种思想的影响。②

（2）组织机构臃肿，内部管理体系不尽合理。绝大多数高职院校由于因袭了惯常的科层制管理方式，致使组织机构臃肿，内部分工过细，本位主义严重，工作效率低下，助长了官僚习性。具体来说，高职院校被要求对应上级教育管理部门的组织构架设置内部管理组织机构，教学、学生、科研、后勤等党群部门一应俱全，导致部门庞杂，职责界定模糊，工作协调不畅，管理成本加大，实际效益低下。其主要原因是人员结构比例不当，党政管理干部和教辅人员比例偏高，管理体系不尽合理，行政管理队伍来源复杂，缺乏一定的专业技能和素养，管理水平参差不齐。③

（3）内部管理权力失衡，运行机制不顺畅。其具体表现为：一是政治权力与行政权力失衡。中华人民共和国成立后，我国高校内部管理体制经历了多次变更，直至 1998 年《高等教育法》颁布，才最终以法律、法规的形式明确我国高等院校实行党委领导下的校长负责制。2014 年中共中央办公厅印发《关于坚持和完善普通高等学校党委领导下的校长负责制的实施意见》，对党委领导下的校长负责制中有关党委领导和校长负责做了进一步的详细说明。2015 年年底审议通过的新修订的《高等教育法》对党委领导下的校长负责制没有进行更改。目前，社会上有一种比较典型的反映党委领导、校长负责职责不清的说法，即党委领导下的校长负责制是"领导的不负责、负责的不领导"。这一说法确实反映了目前部分高职院校对党委领导下的校长负责制的内涵把握不清，导致将党委领导变为党委管理，出现了政校不分、以党代政、责权利分离、党委会和校长办公会议事范围不清等现象。④高职院校二级学院目前主要采用的是党政共同负责制，由于党政职能划分不够清晰，党政

① 刘涛. 高职院校内部管理体制改革的探索 [J]. 无锡职业技术学院学报，2012（11）：36-39.
② 冯翊. 基于校企合作视角下高职院校内部管理机制改革的探析 [J]. 赤子，2014（11）：131.
③ 赵驰轩. 现代大学制度视域下的高职院校内部管理体制改革探析 [J]. 改革与开放，2015（10）：119-121.
④ 王作兴. 完善高职院校内部治理结构的现实选择 [J]. 江苏高教，2011（4）：135-136.

负责人个人领导素质存在差异，导致党政协调困难和推诿扯皮现象，部分事务多头管理、部分事务又无人负责的现象不断出现，一定程度上影响了学校和二级学院的办学和工作效益。二是行政权力与学术权力失衡。高职院校相对本科院校来说，学术氛围不是十分浓厚，教授和博士人数也偏少，总体上对大学自治、学术自由、教授治学等现代大学制度的内涵把握不够，学术权力运行机制也不完善，所以容易出现行政权力干预或代替学术权力行使的现象，这也是近年来社会批判高校行政化色彩浓厚的一个重要原因。①教育部从2014年开始要求高职院校陆续建立反映各高职院校特色的大学章程，且规定章程应包含成立学术委员会等条例，但实际运行中，学术委员会成员中行政管理人员比例过高，最终职称评审、重大课题申报等本应由学术委员会负责的学术权力方面的事务，被行政权力干预，这也在一定程度上影响了高职院校广大教师的科研积极性。三是民主权利没有得到充分尊重。教代会是高职院校实行民主管理和民主监督的重要形式，但是在实际运行过程中，教代会每年召开的次数较少，一般一年一次，且通过的文件主要是程序式的，一般均是全部通过。教代会休会期间，一般由教代会执委会组织召开会议，而执委会中教师比例较低，往往二级学院的院长具有教师和干部双重身份，在执委会中算作教师，在具体的二级学院管理中又算作干部，导致教师的一些民主权利没能得到很好的尊重和充分发挥。②同样，学生会作为"自我教育、自我管理、自我服务"的学生自治组织，由于流动性强，一般很难参与学校的民主管理和权益保障事务。目前，高职院校人才培养方案的制订和学生纪律处分等涉及学生切身利益的事情也很少邀请学生参与。③

（4）内部管理制度不完善，职能部门间缺乏统筹协调。当前，高职院校内部管理制度不够完善，仍然存在一些问题：一是"人治"现象较严重。对内部管理制度不够重视，领导的话语权变成一种制度，管理松散、随意，缺乏规范性，制度在办学中的作用似乎不是很重要。二是制度设计"短视"倾向突出。内部管理制度大多着眼于眼前的急用，疏于整体的、长远的制度设计。三是特色不明显。许多高职院校习惯于借鉴和照搬公办高校或其他院校的制度，没有从自身的实际出发，使制度缺乏创新，失去特色，从而降低了制度发挥作用的效率和效益。④另外，高职院校各部门之间的统筹协调能力比较缺乏，大部分职能部门更多的是从自身部门的角度出发，部门的利益高于其他利益，甚至凌驾于学院利益之上，缺乏统一协调的组织功能，工作对接和相互配合的默契度不高。

（5）人事与分配制度改革严重滞后，缺乏激励机制。长期以来，由于行政事业单位人事与分配制度改革相对滞后，各级各类学校内部教职终身制、铁饭碗的思想观念根深蒂固，管理体制机制比较僵化，办学活力严重不足。绝大多数高职院校在推进自身快速发展的同时，尽管在探索内部管理体制改革方面做了一些尝试，但收效甚微。在人事制度上，干部能上不能下，能进不能出，全员聘任制流于形式，公平竞争的激励机制尚未健全。在分配制度上，平均主义、大锅饭的弊端没有得到彻

①　李建国. 我国高职院校"内部管理体制"改革研究 [D]. 南京：南京农业大学，2011.
②　时伟. 大学内部治理结构改革的逻辑、动力与路径 [J]. 中国高教研究，2014（11）：11-14.
③　储开峰. 治理视角下高职院校内部管理体系建设 [J]. 职业技术教育，2016（33）：44-47.
④　汪俊仁. 高职院校内部管理科学化及创新途径探究 [J]. 高教学刊，2017（3）：132-133，135.

底根除，奖勤罚懒机制难以奏效，内部管理松懈，教职工的积极性得不到充分有效的发挥。[①]

高职院校的激励机制不完善，普通的评价（级）根据职称、职务，而不是所承担工作任务的多少；而在学校的运行过程中，工作任务的承担并不是完全根据职称、职务而定。这样就导致工作量多的工作人员，由于大量精力都用于处理事务性工作，在薪资报酬、职称评定、职务升迁上并没有优势。所以，基层工作人员的积极性、主动性会逐渐弱化，虽然高校教师的个人整体素质较高，很多事情可以通过自身觉悟来完成，但从长远角度来看，合理、完善的激励机制才是根本。[②]

（6）制度执行力不强，监督机制不够健全。一些高职院校虽然进行了制度建设，但却轻视制度执行，弱化考核要求与标准，致使执行力大大降低，有的甚至根本发挥不了作用，出了问题才用制度说话[③]。很多高职院校的监督制度都应时而定，没有形成内在有机统一的工作规范，缺乏严格的招投标制度、审计监察制度、权力监督制度、责任追究制度。监督的体制机制也不健全，监督主体与监督对象之间职责不清晰、不明确，发挥不了监督应有的作用，从而使监督成为空洞的口号，导致高校不合理、不合法问题得不到有效纠正，影响其进一步发展。这也是部分高职院校屡次出现严重的违法违纪案件的重要原因之一，极大地损害了高等职业教育的形象，发人深省。[④]

4. 高职院校管理科学化的实现途径

发展是硬道理，科学的发展必然需要科学的管理。只有强化科学管理，才能谈质量和效益。高职院校要想办出自身的特色和水平，必须用科学的理念和创新的方法去狠抓落实。

（1）创新管理理念与管理模式。由于历史和现实的原因，高职院校与普通高校存在差异，高职教育与普通高校教育亦有不同。高职院校不能简单地运用普通高校管理的理论和政策，或者照搬照抄国外高校的管理理论来解决自身的管理问题。要实现管理科学化，高职院校就要在高职教育理论的指导下，适应高职教育的特点和发展新形势，创新管理理念与管理模式，变被动为主动、变封闭为开放、变刚性为柔性，坚持以人为本，尊师重教，注重提高人才培养质量。[⑤]

（2）编制和修订高职院校章程。《教育法》第28、29条规定，学校及其他教育机构要依照章程自主管理、依法接受监督。高职院校在法律上具有自治权，其章程对院校内部管理活动具有规范性，是高职院校进行内部管理的基本依据，是学校依法治校的基础，相当于学校的"宪法"；其他制度规定是章程的具体化、规范化与制度化。高职院校章程的编制，应该结合高等职业教育的特点，既尊重本校历史，又合理规划未来。章程编制的重点是学校内部治理结构的设计，要充分体现党委领导、校长治校、教授治学、民主管理、社会参与的思想，理顺学校内部的权力关

① 刘晓筱. 深化高校内部管理体制改革的路径选择 [J]. 辽宁教育行政学院学报，2015（3）.
② 冯翔. 基于校企合作视角下高职院校内部管理机制改革的探析 [J]. 赤子，2014（11）：131.
③ 汪俊仁. 高职院校内部管理科学化及创新途径探究 [J]. 高教学刊，2017（3）：132-133，135.
④ 赵驰轩. 现代大学制度视域下的高职院校内部管理体制改革探析 [J]. 改革与开放，2015（10）：119-121.
⑤ 汪俊仁. 高职院校内部管理科学化及创新途径探究 [J]. 高教学刊，2017（3）：132-133，135.

系，重新设计学校内部管理体制，改善运行机制。全校要通过广泛的讨论、共识、宣传、学习，使章程中体现的办学思想、管理理念等深入人心，真正实现民主管理。①

（3）重视战略规划，强化高职院校的战略管理工作。这既是高职院校应对外部环境挑战的迫切需要，又是摆脱当前院校规划管理困境的必然选择。推进战略管理工作是提升高职院校内部管理有效性的重要举措：其一，挖掘高职院校特色，利用高职院校优势，明确高职院校定位，强化高职院校中上层管理人员的战略管理意识，确立清晰、科学与合理的高职院校战略目标。其二，根据学校实际并围绕战略重点，科学分解高职院校战略目标，把高职院校战略目标与学校年度工作要点紧密结合起来，把落实中长期发展规划与制定、实施分项规划紧密结合起来。其三，不仅要重视制定学校中长期发展规划，而且要把学校发展规划的制定、实施、评价和控制当作一个完整的过程，抓好发展规划的落实并适时修订规划。②

（4）构建高职院校理事会平台和利益相关者共同治理模式。理事会制度是高职院校与社会、市场实现适度接触，有效履行社会责任的桥梁和纽带。因为，一方面，高职院校理事会成员的多元化使其能够及时反映社会需求；另一方面，又可以改变高职院校目前"内控型"管理模式，为利益相关者共同参与治理高职院校提供制度平台，缓解社会、市场给高职院校依法自主办学带来的直接冲击。高职院校要践行《国家中长期教育改革和发展规划纲要（2010—2020年）》提出的"探索建立高等学校理事会或董事会，健全社会支持和监督学校发展的长效机制"。我们应汲取欧美大学理事会模式的有益经验，构建与我国国情相适应的有中国特色的高职院校理事会。鉴于我国《高等教育法》明确规定高校实行党委领导下的校长负责制，我国高职院校的理事会应该是由党委书记担任理事长的学校主导型模式，理事会是高职院校重大事项的决策咨询机构。这样有利于充分发挥决策体制和咨询体制的作用。高职院校理事会的组成成员应由高职院校的主要利益相关者——政府职能部门代表、教师代表、学生及其家长代表、行业企业代表、社会贤达、校友代表等组成。理事会可下设办公室，挂靠在高职院校的咨询机构，如发展规划部门或高教研究部门，以促进与高职院校咨询体制的有效衔接。③

（5）改革一校之长的选拔任用机制，实施职业化管理。《高等教育法》提出："高等学校的校长全面负责本学校的教学、科学研究和其他行政管理工作。"这对高职院校校长提出了非常高的要求。要做好这些事情，高职院校的校长要全身心地投入到学校管理工作中，其定位应该是职业管理者。校长的主要职责是按高职教育发展的规律办学，按高职人才成长的规律教学，按科学管理的规律治校。高职院校的校长作为学校"最高行政长官"，首先应该具有对职业教育的感情及职业化管理者的素质。校长要充当行政管理和学术研究之间的桥梁，平衡并协调好学术权力与行政权力的关系，真正发挥专家、教授在治学中的作用。而目前不少高职院校的校长

① 刘涛. 高职院校内部管理体制改革的探索 [J]. 无锡职业技术学院学报，2012（11）：36-39.
② 董仁忠，陈寿根，黄华，等. 江苏省高职院校内部管理的调查报告 [J]. 职教论坛，2015（13）：60-66.
③ 王亚鹏，张晓冬. 高职院校内部管理体制改革的相关探讨 [J]. 南通纺织职业技术学院学报：综合版，2012（12）：66-71.

没能做到这一点，究其原因还是遴选机制有问题。因此，高职院校校长的选拔条件和遴选制度应该改变。这方面，我们可以借鉴国外特别是欧美一些大学的做法，再结合中国的实际寻找一种有效的办法。《国家中长期教育改革和发展规划纲要（2010—2020年）》指出：要完善大学校长选拔任用办法。[①]那么如何才能做到这一点呢？我们认为：高职院校应选拔那些熟悉职业教育的内行，应充分注重其岗位执行力，而不是单纯看行政级别、学历和职称等外在因素，应该改变那种直接由上级行政机关指定，而且是一些对职业教育毫无感情的人担任院长的做法。目前，我国高职院校的校长不少是从一些本科高校（不少还是"985""211"高校）委派来的中层行政干部，由于这种选拔过于"行政化"，所以他们在高职院校并没有发挥才干。从理论上讲，他们应该是胜任的，但实际上，由于他们中有些人不仅不了解职业教育的特点，缺乏职业教育办学理念，而且不少人以此作为跳板，是想工作几年就跳槽、升迁的。在这样的体制下产生的院长，他们的定位就是教育行政官员。他们自己不一定想或根本没想成为职教专家，而只是上级指令及决策的执行者。事实上，一旦被任命上任，就应该成为"全职校长"，主动退出教学和学术研究工作，避免用行政权力来干扰学术事务，这也是为了保证高校学术权力的正常运行。只有这样，高校的校长才能全身心地投入工作中和为师生服务，才能真正办出人民满意的大学。大学校长是大学发展的灵魂，校长的职位不能依靠预先的设计，大学校长不是"做成"或"当成"的，而是"长成"或"生成"的。《高等学校章程制定暂行办法》规定了学校负责人的产生与任命机制。虽然，这样的规定真正付诸实施可能是个漫长的过程，但这无疑将对我国高等教育事业的发展产生重大影响。在我国，强调行政权力、注重校长负责，不能排斥学术权力；强调学术权力、注重教授治学，也不能排斥行政权力与行政管理的作用。[②]高职院校要"探索建立符合学校特点的管理制度和配套政策，克服行政化倾向，取消实际存在的行政级别和行政化管理模式"。教育部孙霄兵司长指出："专业化不是行政化，不是按照官员的标准来选校长，而是按照校长的标准来选。今后校长要专业化、职业化、去行政化[③]。"

（6）推进高职院校学院制建设，构建校、院两级管理模式。二级学院是高职院校实施人才培养模式、提高人才培养效能的办学主体。要推进高职院校内部管理体制改革，必然需要对权力下行问题进行有效的解决，完善校、院两级管理体系，重建高职院校内部的权力机制。结合校、院两级管理模式的本质和目的，对校、院两级管理模式的完善，主要是明确校、院及各职能部门的职责，并赋予其相应的管理权，做到职、责、权相一致。[④]在当前高职教育从规模扩张向内涵发展的转型阶段，高职院校要以"专业群"为平台，推进二级学院实体化建设，合理划定校、院的权责，把学院应有的学术管理权力、行政管理权力下放给学院，或把学院现有的"虚权力"转变为"实权力"，使二级学院能够根据专业群特点来吸引对口企业合

① 参见国家中长期教育改革和发展规划纲要（2010—2020年）.
② 李超任，徐元俊. 现代大学制度视野下高职院校内部管理创新——关于行政权力与学术权力关系改革的思考 [J]. 长春工业大学学报：高教研究版，2012（6）：32-34.
③ 王东亮. 50所高校党委今年换届 教育部试点公开选拔校长 [EB/OL]. [2012-02-27]. http://ren-shi.people.com.cn/GB/17223782.html.
④ 徐元俊，徐浩. 对创新高职院校内部管理体制与运行机制的探讨 [J]. 长春工业大学学报，2011，32（4）：21-23.

作，重点围绕人才培养模式、专业教学团队、课程教材、教学管理、质量评价、学院内部治理结构等影响专业发展的关键环节进行综合改革，成为充满活力、相对独立的校企共同体办学实体。以专业群为平台推进二级学院建设，必然要求高职院校改革内部管理机构设置，试行"大部制"和"扁平化"建设，"去行政化"，回归"学术本位"，按照决策、咨询、执行、监督、反馈有机分离和制衡的原则，以及现有管理机构的业务性质和职权属性进行整合与归类，对高职院校机构进行"大部制"改革，使学校治理呈现出上部轻、底部重的特点，从而提升管理效能。①

为了完善校、院两级管理体系，高职院校要建立和完善二级学院党政共同负责的领导体制和工作机制；通过文件的形式，明确二级学院党总支和行政人员的工作职责，明确党政联席会议是二级学院的决策机制，发挥专业理事会等组织在二级学院专业建设、人才培养、科技研究等方面的积极作用，探索建立二级学院全体教职工大会和全体学生大会制度，让教职工、学生参与二级学院管理，监督二级学院工作。②

（7）以学校利益为先，加强统筹协调。在学校内部管理工作中，必须要强化最高利益的明确性，任何学校组织都必须以学校利益为最高利益；必须要有全局观，在常规工作中，各组织部门要各行其职，在突发事情中，要以项目式管理为准则，明确项目的主体和最高指挥机构或个人。在项目式管理中，相关组织和个人必须服从管理和调配，这样才能促进学校中各组织的统筹安排和协调发展。③

（8）在内部管理中贯穿精细化管理。精细化管理作为当代一种科学的管理理念，早已跨越企业管理领域，在高校教育管理领域深入推广。精细化的要点是精简、筛选，去粗取精，通过流程再造，明确岗位，强化考核。④精细化管理是一种态度，以科学严谨、认真务实的职业精神对待教学、科研、管理、服务中的每项工作，"没有最好，却能更好"，要求管理者养成从小处着手、注重细节的工作习惯，坚持用心做事，把事做细；精细化管理是一种追求，要求管理者打破经验思维和常规定势，以创新思维的心智模式不断优化工作流程，细化每个岗位、每个环节的工作内容，努力做好每个单元的工作，追求精益求精，永无止境；精细化管理是一个过程，从宏观到微观，从低层到高层，从决策到执行，由浅入深，循序渐进。高职院校在内部管理中可以从以下几个方面贯穿精细化管理：一是规范、标准文本化。基于科学的工作分析，建立管理岗位的工作规范和质量标准，并实现文本化管理。二是工作流程图表化。基于实践检验，精简、合并、删除不必要的工作单元，优化常规工作流程，实现工作流程图表化，对特殊事件设立单独流程。流程化要求将学校所有的管理活动视为一个整体，注重部门流程间的连续性，以全流程观念来取代个别部门观念，强调全流程整体绩效，打破职能部门本位主义的思维方式，鼓励职能部门间的协同创新。三是凡管理必先制订计划。基于学校、部门、项目的整体规划，预先制订切实可行的工作计划和工作目标。四是立足岗位自觉践行。按照"哪

① 王亚鹏，张晓冬. 高职院校内部管理体制改革的相关探讨 [J]. 南通纺织职业技术学院学报：综合版，2012（12）：66-71.
② 刘涛. 高职院校内部管理体制改革的探索 [J]. 无锡职业技术学院学报，2012（11）：36-39.
③ 冯翔. 基于校企合作视角下高职院校内部管理机制改革的探析 [J]. 赤子，2014（11）：131.
④ 杨显贵，张昌明. 精细化管理与大学精细化 [J]. 上海管理科学，2008（2）：82.

里不合理就从哪里入手"的原则，自我问责，自我诊断，查漏补缺。五是管理类别化。对学校内部纷繁复杂的管理工作分类细化，细化的方法有横向细化和纵向细化两种。横向细化是将工作事项按照涉及的内容分解成若干项目，纵向细化是将工作事项按照时间先后分解成不同时段的工作细目。一般情况下，采取横向纵向同时分解的方法，使工作计划、工作安排尽量细致明确，明确责任和完成时限，便于检查督办。六是管理数据化。在管理实践中，尽量避免传统管理方式下"多数、大概、很多、基本上"等模糊概念的表述，量化工作规划、工作方案、工作目标、工作计划等环节的具体指标。管理科学发展的历史证明，科学化、数据化、技术化确实可以提高管理的准确性。在管理数据化过程中，可以借助统计学、最优化方法、信息模型、计算机模型等技术工具提高管理效率。七是管理信息化。在校园中广泛使用校园网、一卡通、无纸化办公、网络课堂等现代信息手段；用信息管理系统把学校的招生、就业、教学、实训、考试、生活、财务等各个环节集成起来，实现信息和资源共享，加快内外部信息传输与沟通，降低管理成本，为科学决策提供支持。[①]

（9）改善监督体制，广泛接受社会监督。随着我国高职教育对社会经济发展的贡献度越来越高，人们对高职教育的期望越来越大，高职院校不能再躲在"象牙塔"里办学。全面开放办学、广泛接受社会监督成为必然。高职院校要大力推行校务公开制度、教育质量年度公告制度，让社会更多地了解学校的专业教学情况、课程改革成效、校企合作状况、办学质量和水平、毕业生就业前景等，以利于师生员工和社会的监督。高职院校要进一步整合校内外民主监督力量，统筹协调监督资源，一方面要健全学校内设的监督机构，大力强化纪检、监察、审计、质控和督导等监督功能，积极发挥教代会、学代会的民主监督作用；另一方面要完善学校的理事会机制、第三方机构评估制度，充分发挥社会组织、媒体等的外部监督、制约作用。

（10）全面加强高职院校的各项内部管理工作。一是在综合管理方面，学院领导应多下基层，深入教职工中间倾听真实意见，以解决其急需解决的问题；提高教职工的福利待遇，少开会，多做事，提高执行力，做到有令必行；加强对学生的管理，同时减少计划申报流程；增强服务意识，不发号施令，办实事，不走形式；尽量做到岗位薪酬对应、绩效考核到位；提高学院管理水平，不断做到管理精细化、管理制度化、管理民主化、管理人性化[②]；落实相关政策，完善相关制度，科学管理，厘清管理主体；引入信息化管理系统，提高信息化管理水平，进一步完善机构设置，理顺工作职责，提高工作效能。二是在人事管理方面，学院应理顺管理关系，改变干部及教师的工作作风，实行分配制度改革和人事制度改革，并实行全员聘任；完善分配制度与激励机制，建立合理的绩效评价体系，坚持按劳分配，充分体现岗位报酬与岗位贡献，切实做到同工同酬，尤其要提高聘用教师的待遇；建立完善的聘任教师激励机制，优化教师薪酬管理体系[③]，关心聘用制教师，在福利待遇、编制等方面让聘用教师看到希望。三是在师资培训

① 李洪渠，石芬芳. 从理念到实践：高职院校内部管理科学化的路径创新 [J]. 职教论坛，2013（34）：29-32.
② 顾卫杰. 需求层次理论下的高职教师激励管理探究 [J]. 教育与职业，2015（2）：96-97.
③ 黄仁忠. 江苏省高职院校内部管理的调查报告 [J]. 职教论坛，2015（5）：60-66.

与科研管理方面，教务部门要与科研、人事部门携手，加大教师培训力度，加强师资力量；提高师资水平，对教师队伍实行动态管理，确保能上能下；先定岗定责，再申请岗位，做到责、权、利统一；各部门、各岗位要加强学习研究，形成教学、服务、管理专业团队，按工作规律办事，促进教师成长；出台调动教师工作积极性的措施；严格实施科研奖励制度，注重横向课题的拓展与纵向课题的高级别立项。四是在教学管理与学生管理方面，学院要关心一线教职工，以教学为本位；进一步加强对专兼任教师教育教学的人性化管理，能够从学生和一线教师的需求出发，关心、服务全院师生。学生工作部门要以学生为本，加强学生管理方式的创新①；进一步提升学生工作管理队伍的素质；加强对学生的管理，增加学生的课余活动项目；进一步加强学风建设，多关心学生，设立扶持基金。五是在招生就业方面，建立精明、能干、务实、创新的招生团队和宣传团队；加强与企业的对接，给学生找出路，给管理出标准；不断创新招生工作，变被动招生为主动招生。六是在财务与后勤管理方面，学院应公布所有的财务开支，特别是领导层的开支要账务透明化。后勤部门要及时关注、改善校园环境；加强学院食堂的饮食品质管理，食堂的相关信息要公开化。七是在工会管理方面，学院要改变当前工会"虚设"的工作状态，重视工会的"权利"建设，进一步落实关心下一代工作委员会工作、院务公开工作，按时召开会议，对职代会代表的提案及时批复；要加强对外学习，对内要统筹安排，打破分工会庞大、组织涣散的现状，多组织教职工开展校内外交流活动，切实发挥工会的维护、建设、参与、教育功能。②

三、提升高职院校执行力

现代管理大师克莱顿·克里斯坦森说："不论是政府机关还是企业，要想提升竞争力，非得从加强执行力开始不可。"③战略决定命运，执行决定成败。没有执行力，就没有竞争力，组织就不可能走向卓越，高职院校也不例外。众所周知，随着教育国际化进程的推进，高职院校的办学环境越来越复杂和多变，要想在激烈的竞争中求得生存和发展，高职院校就必须时时关注外部环境，并从战略全局的高度对环境的变化做出恰当的决策选择，以快速响应各种变化带来的新挑战。高职学院要想在新的挑战面前立于不败之地，宏观决策、顶层设计固然重要，但最关键的环节是如何在实施层面提高执行力。如果没有好的执行力，顶层设计、宏观决策根本无法落实或落实不到位，建设效果会大打折扣。可见，加强执行力建设，是高职院校适应新形势、迎接新挑战的必然要求④。在办学竞争日益激烈的今天，高职院校的执行力将直接决定学校的生存与发展。高职院校治理要想取得扎扎实实的成效，就必须不断提升执行力，推进教育管理方式的改革以及管理水平的提升。

① 刘红蕾. 高职院校学生管理改革创新模式 [J]. 中国培训，2016（4）：192.
② 赵本纲. 高职院校内部管理现状的调查与分析——以某高职院校为例 [J]. 辽宁高职学报，2016（7）：16-19.
③ 徐霞. 大学校长的行政管理执行经验研究 [J]. 管理，2011（4）：179-180.
④ 冯颖. 高职院校如何提高制度的执行力 [J]. 教育教学论坛，2014（1）：196-197.

1. 执行力的内涵

著名管理学家余世维对"执行力"给出过这样的定义：执行力就是保质保量地完成工作。该定义简明扼要地诠释了"执行力"一词。因此，谈到执行力，一般理解为"把思路、战略、决策、规划与部署付诸实施的能力"。执行力是一个动态实现过程，它包含策略的构思与设计、工作方法的延伸与开展、全程的有效管理以及整体的测评等多个环节。[①]我们可以从三个层次去理解执行力：①执行力是完成任务的能力及手段，包括个人执行力和组织执行力。②执行力是一个系统的概念，与组织行为具有密切的关系。组织执行力不等于成员个人执行力的累加，关键是看人员、战略、流程等因素是否相互协调。③执行力是动态发展的一个概念。不同的单位有不同的发展阶段，在不同的阶段中，执行重点及执行力的高低也有所不同。目前，执行力作为现代管理理念中的一个重要概念，对它的研究已经渗透到各类管理组织当中。近年来，有效构建高职院校执行力的思考日益受到关注，其中包含高校决策执行力、教学管理执行力以及后勤管理执行力等。综合关于执行力的种种研究，我们可以做出总结：高职院校的执行力是指学校的每位成员在共同愿景的引导下，在创建良好执行条件的基础上，贯彻落实学校制定的各项战略决策，实现学校战略目标及促进学校发展的能力。[②]

在新时代背景下，我国对高职院校的健康持续发展寄予了厚望，针对高职院校办学的改革制订了一系列计划，旨在希望高职院校的办学理念、教学模式、教学手段能够打破传统，以高效而快速的执行力"做正确的事，正确地做事"，起到高层与基层桥梁作用的职能部门的工作人员要提升执行力，这样才能使相关政策执行有效，最终使得高职院校的办学质量稳步提升。[③]

2. 影响执行力的主要因素

根据企业管理的有关理论，执行力的三个核心流程是战略流程、运营流程和人员流程。企业内正式或非正式（约定俗成）的做事方式实际上就是所谓的流程。企业要开展一系列的活动来创造价值，而流程就是开展这一系列活动的方式。"什么是正确的事"这个问题由战略流程来解决，"如何正确地做事"这个问题由运营流程来解决，"如何选正确的人"这个问题由人员流程来解决。王玉环、柴瑞章分别对影响高职院校执行力的主要因素进行了研究，这里结合三大流程的作用，参考相关研究成果，将影响执行力的主要因素归结为以下几点：

（1）决策目标。执行力是建立在高职院校战略目标的基础上的，没有明确的战略目标，执行力就缺少依据。执行的前提是科学合理的战略目标。决策目标是建立在发展目标基础上的，其正确与否决定着执行力的成效。一方面，决策目标指向要清楚，执行方案要简洁，并可以清晰地传达给执行者，使其明确使命，从而提高执行质量和执行力；另一方面，战略目标一定是可执行的，这是提高执行力的基础和

① 张炎. 高职院校教育行政管理中执行力的构建思考 [J]. 湖北函授大学学报，2015（18）：4-5.
② 王玉环. 高职院校组织管理执行乏力成因与提升对策 [J]. 职业教育研究，2013（7）：17-19.
③ 刘玲. 高职院校职能部门执行力存在的问题及提升研究 [J]. 科教导刊，2014（12）：24-25.

前提。

（2）客观环境。在目标明确的基础上强调执行力，一定要认识和分析客观环境，这样才能够顺应客观条件。在强调客观环境的同时，更重要的是发挥能动性，积极创造和改善条件。要正视现实，抓住机遇，积极寻找切入点，为执行力的实施营造良好的环境与氛围，减少客观环境的干扰和影响。①

（3）院校主体。高职院校主体是执行力的具体实施者，包括高层领导、中层管理者和一线执行者。高层领导是学院效能之关键人物，其能力、经验、作风等素质从根本上决定了学院执行力的强弱。中层管理者集领导者和执行者两种角色于一身，在学院内部起着承上启下的作用。学院的工作千头万绪，高层领导不可能面面俱到，各类决策的具体执行则依赖于中层管理者。一线教职工是执行力量的重要来源，执行力的其他一切要素，包括组织结构、制度、资源、技术等，都必须通过一线教职工的具体工作才能发挥作用。②

（4）人员素质。战略实施的基础是人，人员素质是影响执行力的重要因素。执行不但是普通员工的任务，更是每一层级人员的共同任务。想要形成良好的执行力，不同层级的人员就要具有不同的素质。同时，也要营造良好的执行文化氛围。

（5）组织架构。科学有效的组织架构能为战略目标的实现奠定基础，为整体运行机制提供运行平台。合理的组织架构可以使各个部门畅通运转、降低内耗；不合理的组织架构则会使战略在执行时障碍重重。

（6）管理制度。科学完善的管理制度是解决执行力问题的基本保障。制度不仅让员工在履行工作职责时有章可循，它也规范了员工的行为；同时，管理者可以据此明确责任，制定奖惩制度，完善运行机制，严格监督审查机制，不仅能提高运行效率，也能规避管理风险。

（7）激励机制。员工的情绪或心态是组织能力外化为组织实践的内在动力源。按照需求层次理论，科学的激励制度能够满足员工的需求，使员工的热情得到调动，激发每个员工的潜力，极大地增强团队威力。激励机制缺失会抑制员工的主观能动性，导致执行乏力。③

（8）学校资源。执行力作用发挥的好坏，与对已有资源和可占有资源的挖掘、整合有紧密关系。在执行中及时、有效地配置资源，把效益问题放在突出的位置，执行力的有效性才能得以充分体现。④

3. 提升高职院校执行力的策略

对致力于不断提升治理能力和治理水平的高职院校来说，执行力建设是生命线，是一切活动得以顺利开展的基础，具有极其重要的意义。首先，执行力建设是提高高职院校竞争力的有效手段。高职院校欲始终保持优势、提高竞争力，关键是要有适应其发展的执行力。其次，执行力建设是保障高职院校正常运行的客观要

---

① 柴瑞章. 高职院校执行力建设研究——以北京社会管理职业学院为例 [J]. 重庆与世界：学术版，2013（9）：82-85.
② 杨振姣. 高等学校提升执行力的要素 [J]. 黑龙江教育：高教研究与评估，2006（3）.
③ 王玉环. 高职院校组织管理执行乏力成因与提升对策 [J]. 职业教育研究，2013（7）：17-19.
④ 柴瑞章. 高职院校执行力建设研究——以北京社会管理职业学院为例 [J]. 重庆与世界：学术版，2013（9）：82-85.

求。随着高职院校管理体制改革的不断深化和办学自主权的扩大，其内部管理体制也要不断改革和完善，如人事分配制度、教学管理、科研管理、培训管理等都要不断进行探索和完善。面对高职院校办学规模的扩大，教学、科研、培训工作量不断增加这些新情况、新问题，只有探索相应的对策，并严格地执行，才能保证学校正常运行。①最后，执行力建设是提升高职院校文化水平的关键所在。文化是大学核心竞争力的重要因素，是高职院校的软实力，在综合竞争中有不可替代的作用。要把高职院校独具特色的文化真正融入每一名师生的工作和学习中，就必须加强执行力建设。

高职院校执行力建设是一项综合性、系统性工程，需要整个系统中各层次、各部门的通力协作，确保各项决策计划得到有效的贯彻，共同促进执行力提升。根据高职院校的运转特点，结合相关工作经验，需要从干部队伍、组织结构、执行制度、监督机制、执行文化等方面来提升高职院校执行力。提升高职院校执行力的策略具体包括如下几方面：

（1）加强学习，形成特色执行力文化。这是指高职院校每位成员自觉将自己的行为准则及奋斗目标与高职院校发展目标耦合，使主人翁精神能够得到充分挖掘，使向心力得到凝聚，形成团队力量。个人的执行力归集于部门执行力，部门执行力归集于组织执行力。高职院校特色执行文化由此形成，使学校的价值观及办学理念在员工内心深处扎根，让每个员工的一切工作行为成为自觉。②拥有良好执行力文化的学校，执行者能充分认识到政策执行的重要性，会全力以赴地开展各种工作，注重执行效益和质量，使高职院校的各项工作良性循环。美国 ABB 公司董事长巴尼维克曾说过："一位管理者的成功，5% 在战略，95% 在执行。"通过执行力文化建设，执行者要意识到执行力是一种纪律，接受任务不讲条件，执行任务不找借口，完成任务追求圆满；执行力是一种激励，是一种作风。高职院校应形成职责清晰、目标明确、奖惩分明、政令畅通的执行理念。③

形成高职院校特色执行力，一是必须通过一定程度的培训，使工作执行人员能够形成良好的价值观念和高尚的人格素质，能够改善自身的工作理念和行为规范，能够根据时代和学生的需求更新自身的传统执行理念、执行方式、执行习惯，使执行环境变得卓越，促成职能部门内部的良性循环。④二是必须丰富执行力文化建设的手段，要把执行力建设与校园文化建设结合起来，通过开展作风建设等主题教育活动，促进教职员工工作作风的转变；要通过读书、论坛、讲堂等方式，大力宣讲执行力理念，营造各种有利于决策执行的氛围。总之，要通过执行力文化建设，增强执行人员的目标感、责任感、使命感、紧迫感，最终使学校在强有力的执行力中实现发展目标。⑤

（2）着力提升校长个人的执行力。高职院校校长个人执行力主要指校长的领悟

①　李晓衡，吴移谋. 论高校执行力的提升 [J]. 当代教育论坛：校长教育研究，2008（2）：16-17.
②　王玉环. 高职院校组织管理执行乏力成因与提升对策 [J]. 职业教育研究，2013（7）：17-19.
③　张立云. 执行力——高职院校的核心竞争力 [J]. 重庆电子工程职业学院学报，2012（7）：8-10.
④　刘玲. 高职院校职能部门执行力存在的问题及提升研究 [J]. 科教导刊，2014（12）：24-25.
⑤　王玉环. 高职院校组织管理执行乏力成因与提升对策 [J]. 职业教育研究，2013（7）：17-19.

力、决策力、协调力、创新力、推动力、凝聚力和培育力[①]。张志刚认为，提升高职院校校长执行力就是要提高校长的以上七种能力。

第一，领悟力。作为高职院校校长，首先要对国家的教育方针、政策了如指掌，而不是大而化之的理解。要对这些宏观的方针、政策进行思考，要结合本校实际，灵活运用，最终发挥其作用。这样才能"做正确的事"，完成高职院校的办学任务。对上级主管部门的相关会议或活动精神要吃透，因为上级主管部门的会议或活动是从中观上引领高职院校工作，具有前瞻性和阶段性，有利于校长"正确地做事"，有利于高职院校逐步实现办学目标。校长在把握宏观、中观的基础上，要仔细审视本校的微观状况，使微观与宏观、中观协调一致而又具有自己的特色，然后选择恰当的战术去做好"正确的事"。此外，校长还要善于学习、勤于反思、不断实践，从而不断提高领悟力。

第二，决策力。高职院校校长在把握好办学方向后，要对学校的各项具体工作进行科学、合理、切合实际的决策。决策就是要求校长有战略眼光，按照科学发展观的要求，遵循科学管理规律，从学校全局出发，权衡利弊，分析影响学校发展的各种因素，以人为本，趋利避害，通过科学、民主的决策过程，对师资队伍建设、干部队伍建设、专业建设等各项工作做出正确谋划，使学校事业又好又快地发展。

第三，协调力。"校长的主要责任不在于学校的日常运作，而在于营造良好的组织环境，使学校的运作能及时地满足日益变化的需求"，[②]这句话对高职院校校长来说，就是要求其必须提高自己的协调能力。高职院校的工作千头万绪，既需要校长与外部协调，也需要校长做好学校内部各相关职能部门的协调工作，有时还要做好具体的人际关系协调工作等。只有校长高效协调，学生、教师、学校才能和谐发展。

第四，创新力。所谓创新力，就是要求高职院校的校长以党和国家关于高职教育的办学方针、法律、法规为宏观背景，结合高职院校实际，以创新意识、创新精神为引领，创造性地贯彻落实高职院校的办学理念、发展目标和具体工作计划的能力。创新要有问题意识，高职院校校长要善于发现问题、分析问题，然后从实际出发，采取创造性的行动来解决问题。在职业教育快速发展、学校内外环境不断变化的情况下，校长必须运用创新的思维和创新的具体行动适时地调整、修正学校的发展目标、工作计划、实施方案等，使学校沿着正确、快捷的轨道运行。

第五，推动力。事物的发展往往需要外力的推动，高职院校的发展也是如此。如果按部就班，学校就会缺乏生机和起色，久而久之，学校的发展就容易陷入困境。高职院校的校长要有拿着杠杆找到支点撬动地球的勇气，用拔山扛鼎的力量推动学校各项工作的开展。如针对全国职业院校技能大赛，可采取班赛、系赛、校赛等手段，层层选拔，稳步推动，促进学校技能教学工作整体迈上新台阶。

第六，凝聚力。苏霍姆林斯基说过，校长是师者之师。一些教育家也认为，优秀的校长应具有战略家的头脑、政治家的胸怀、哲学家的思维、科学家的智慧、军

---

① 董险峰. 研究型大学校长执行力模型构建及其优化路径研究 [J]. 国家教育行政学院学报，2012 (2)：30-33.
② 厄本恩，休斯，诺里斯. 校长论：有效学校的创新型领导 [M]. 黄崴，译. 重庆：重庆大学出版社，2004：45.

事家的胆识、艺术家的灵感、外交家的口才、体育家的体魄①。具备了以上条件的高职院校校长才是极具凝聚力的校长。高职院校的校长要在认识自己的价值与使命、追求自己的人生理想和办学理念的过程中，不断提高自身素养、能力，发扬奉献精神，擅长人文关怀，不断增强自身的感染力和凝聚力，让教职员工在自己的身上找到信赖感和归属感，让教职员工想到自己、看到自己，就看到学校的希望，就看到学校发展的力量源泉，让教职员工紧紧团结在自己的周围，做一个教职员工可以托付的人。

第七，培育力。校长要提高执行力，必须培养好执行团队。首先，要培养好中层干部管理队伍。对中层干部的培育，要做到宏观上指引、中观上指导、微观上指点，使中层干部真正能干事、会干事、干好事，发挥"兵头将尾"的作用。校长要培育中层干部的领悟能力、计划能力、创新能力等，激励中层干部身先士卒，与教职员工打成一片，让中层干部成为自己在该部门的化身，最大程度地将自己的治校方略落到实处。其次，要培养一批"能师"。校长可通过规划教师生涯，引领一批教师不断成长为各方面的专家、能手，以带动全体教师争先创优，继而赢得"春色满园"的盛景。②

（3）提高中层执行力，充分发挥其桥梁作用。中层执行力指中层管理者贯彻落实党的路线方针政策和上级领导决策的能力，即中层干部理解并组织实施上级领导布置的任务、具体分析问题、解决问题、按质按量按时完成岗位任务的能力。③高职院校中层干部既是执行者，又是领导者，对上具有执行力，对下具有领导力，是劳心者而非单纯的劳力者，是专业人才而非普通人手，是教学主管而非学院"主官"，是既负责管又负责理的人，是综合各方面关系的人。中层干部兼有领导者和下属的双重身份，是连接上级领导和下级员工的桥梁与纽带，必须发挥好承上启下的作用。中层干部本领的高低不在于他亲自做了多少，而在于他发动别人做成了多少。作为决策层的下级，应该正确理解决策层所做出决策的意图和目的并与其达成一致；作为基层的上级，应该将有效的资源充分利用起来，实施上级做出的决策。高职院校中层干部的执行力至关重要，它是高职院校管理中的核心元素之一。高职院校的中层干部要在正确的基础上开创性地工作，把复杂的事做简单，把简单的事做认真，把认真的事做彻底，把人的工作做到心灵深处，把制度的检查落到实处，只有这样，才会在师生员工中具有影响力和号召力。④

高职院校的中层管理者起着承上启下的作用，应切实提升执行力，具体要从以下方面着手：

第一，做好角色定位。中层管理者首先应充分掌握有关执行的知识，明确自身的定位。把握科学的执行原则是提升执行力的必要条件，同时，要加强执行技能训练。为达成学校的目标，中层管理者除了要向部门教职员工明示学校的目标及教师应完成的任务外，更要不断地思考如何有效地采取行动，扮演好执行服务角色。⑤

———————————
① 侯长华. 我国中小学执行力研究 [D]. 福州：福建师范大学，2009.
② 张志刚. 提升高职院校校长执行力三部曲 [J]. 高等农业教育，2013（4）：97-99.
③ 倪志红. 高职院校中层执行力的现状及对策 [J]. 职教通讯，2014（20）：44-45.
④ 张健. 浅析新时期高职院校中层干部执行力 [J]. 科学咨询：科技·管理，2013（7）：111-112.
⑤ 邱州鹏. 高职院校中层管理者执行力研究——以 N 学院为例 [J]. 中国职工教育，2012（9）：80-82.

第二，强化执行机制，确保执行方向。完善的执行机制，是确保执行方向准确、执行操作规范的重要基础。如果不加强执行评估和监督，执行工作人员很有可能为了个人利益滥用职权，或者对分配给自己的工作敷衍了事；亦或因为没有执行评估，执行工作人员几乎没有工作主动性和创造力，纯粹为了工作而工作。因此，完善高职院校的执行机制对提升执行力很有必要。[①]这要求高职院校首先建立科学的管理制度。制定符合自身实际的制度，是实施和谐管理、提高管理能力的前提，也是管理者提高执行力的基础。其次是建立系统的督查机制。对目标实施追踪跟进管理，是高职院校执行力的核心所在。对于具体的工作任务，应制订督导计划，督查计划的实施情况，纠正计划与实际的偏差，采取恰当的办法协调工作进度，使之与目标任务保持一致。最后是建立严密的绩效评估机制。其目的是树立"责任原则"，杜绝"相互推卸责任，最终无人负责的现象"。[②]

第三，中层管理者要提高自身素质。一是要合作共赢。各部门中层管理者之间要切实加强沟通，积极主动配合，将一些不必要的误会和摩擦消灭在萌芽状态。二是要着眼大局。要营造有效的执行力氛围，中层管理者就要以整体利益为重，把各自部门的小目标与学院发展的大目标统一起来，以免偏离学院发展的轨道。三是要力求完美，重视细节问题，克服执行过程中的各种偏差。四是要知人善任。学院中层管理者要通过优化组合，竞争上岗，最大限度地激发教职员工的潜能，从而实现学院工作的有效执行。[③]

第四，在共同愿景的引领下，塑造中层管理者的团队精神。团队精神强调团队内部各个成员为了团队的共同利益而紧密协作，从而形成强大的凝聚力和整体的战斗力，最终实现团队的目标。它是执行团队的灵魂，是成功团队的特质。团队精神表现为团队成员相互协作和共为一体的特点，它能够引导团队成员放弃狭隘的部门观念或小团体观念，无论是处于小团队中还是处于大团队中，都能为了共同的团队目标而与团队其他成员通力合作。合作是团队执行力的基础。培养中层管理者的团队精神，通过团队成员间的团结协作，实现个体和团队的全面发展，有利于提升学校管理的执行力。[④]

（4）以信息化的手段提升执行力。高职院校还需转变观念，以信息化的手段提升执行力。加强教育教学管理网络平台的建设工作，是进行内部规范管理，不断提高学校管理的规范化、科学化和现代化水平的必经之路。梳理制度执行的程序与工作流程，实现教育教学管理的网络化，是消除人为干预以及执行懈怠的最佳手段。当然，教育教学管理网络平台的建设工作是一个全局性的工作，比建立规章制度更复杂，更具挑战性。要开展此项工作，必须进行多方论证，建立统一的数据中心和身份认证系统，从而实现学院整体工作的多方联动。[⑤]

总之，提升执行力是一项系统工程，需要从上到下认真贯彻和落实，需要相互

① 刘玲. 高职院校职能部门执行力存在的问题及提升研究［J］. 科教导刊，2014（12）：24-25.
② 张健. 浅析新时期高职院校中层干部执行力［J］. 科学咨询：科技·管理，2013（7）：111-112.
③ 柴瑞章. 高职院校执行力建设研究——以北京社会管理职业学院为例［J］. 重庆与世界：学术版，2013（9）：82-85.
④ 邱州鹏. 高职院校中层管理者执行力研究——以 N 学院为例［J］. 中国职工教育，2012（9）：80-82.
⑤ 冯颖. 高职院校如何提高制度的执行力［J］. 教育教学论坛，2014（1）：196-197.

配合和不断努力。随着高职教育教学改革的不断深入以及职业教育体系的逐步建立，高职院校只有夯实基础，不断提升执行力，才能使其宏观决策、顶层设计得以全面落实，才能保障学校的各项工作稳中求进，整体提升。为了高职院校的持续发展，为了高职教育战略目标的实现，提升执行力势在必行。

案例研究

高职院校健全治理机制的实践探索

思考与讨论：

1. 请结合平顶山工业职业技术学院"三重一大"决策制度的探索与实践，谈谈如何健全和完善高职院校的决策机制。

2. 广州铁路职业技术学院通过内部管理改革健全了哪些治理机制？

3. 高职院校应如何健全治理机制？

高职院校的重要职责是为全面建设小康社会提供合适的人才和智力支持，为国家培养高素质技术技能型人才，其治理机制的健全和优化尤为重要。当前，已有一些高职院校从内部治理机制建设入手，大胆实践，积极开展各项工作，为高职院校的内涵发展和教育体制改革提供了有益的参考。

一、平顶山工业职业技术学院"三重一大"决策制度的探索与实践

"三重一大"是党的十四届四中全会通过的《中共中央关于加强党的建设几个重大问题的决定》提出来的：凡重大决策、重要干部任免、重要建设项目安排和大额资金使用必须经集体讨论，不准个人或少数人专断。中央的这一决定精神，对高职院校从源头上治理腐败、促进学校科学发展有着非常重要的意义。近年来，平顶山工业职业技术学院（以下简称平职学院）面对学生人数快速增长，校园面积不断扩大，学院基建项目连年不断；因专业数量的增加，学院新的系部需要成立，系部领导班子需要科学配备；如何进一步提高教学质量、如何提高资金使用效益等一系列重大事项，认真贯彻落实"三重一大"决策制度，不断提高集体决策的质量和水平，为学院又好又快发展提供了坚实保证。

1. 从学习教育入手，提高民主决策意识

为贯彻落实"三重一大"决策制度，学院党政领导班子首先进行了积极学习，提高了认识。讨论中，大家认为：首先要按照《河南省高等学校落实"三重一大"制度实施办法》的要求，开展好"三重一大"制度落实工作，对促进高校科学发展、办人民满意的教育具有重要意义。平职学院作为全国文明单位、国家示范性高职院校，各级党政班子成员应模范执行上级的"三重一大"工作制度，进一步巩固学院在社会上的良好形象，为国家的经济建设与社会发展做好服务。其次是开展全院的学习讨论活动。通过学习，各级党政班子成员从思想上认识到"三重一大"决策制度是中央预防腐败的重要措施，是我党集体领导的基本内容，是进行民主决策、科学决策的具体体现；认真落实"三重一大"制度，是进一步提高学院各项决策的前瞻性、科学性，实现又好又快发展的制度性保证。

2. 构建重大决策体系，完善科学决策机制

近年来，学院实施了国家级文明单位、国家示范性高职院校建设工程，以贯彻落实"三重一大"决策制度、进一步健全和完善党内监督制度为重点，实现了学院科学发展。学院根据《河南省高等学校落实"三重一大"制度实施办法》的要求，制定了《平职学院落实"三重一大"制度实施办法》。学院实施办法对"三重一大"决策的主要内容、议事程序、决策执行、监督检查、责任追究提出了具体要求，规定各级领导班子要认真落实集体领导和个人分工负责相结合的制度，凡重大决策、重要干部任免、重要项目安排和大额资金的使用，必须按照"集体领导、民主集中、个别酝酿、会议决定"的原则，由集体讨论做出决定。为落实好实施办法，学院积极构建落实"三重一大"决策制度的保障体系，在学院决策层面制定了《中共平职学院委员会工作规定》《党委书记办公会议事规则》《院长办公会议事规则》；在执行层面建立健全《平职学院基建工程和维修工程管理办法》《平职学院物资采购供应管理规定》《平职学院物资、设备议标（招标、投标）管理办法》《平职学院货币资金管理办法》《平职学院差旅费管理办法》《关于实行领导干部任前廉政谈话的规定》《关于对领导干部实行谈话的暂行办法》等制度。这些制度对"重大决策、重要人事任免、重大项目安排、大额资金使用"做了具体规定，使学院和基层单位在"三重一大"事项上有章可循，进一步增强了学院的凝聚力和向心力，对学院建设与发展起到了关键性作用。

3. 强化制度执行力，提升决策科学性

制度的生命力在于执行，学院党政领导班子把"三重一大"决策制度的执行、落实作为各级领导班子的头等大事来抓，采取多种方式搞好民主决策，提升决策的科学性。

（1）坚持开好"五会"（党政领导班子联席会议、党委会、书记办公会、院长办公会、教代会），进行民主决策。对于学院改革等重大事项，由全体班子成员讨论形成方案，提交教代会审议；对于人事调整、党的建设等工作，由党委会进行研究；对于精神文明建设、思想政治等工作由书记办公会进行研究；对于学院的发展规划、教学改革、后勤服务、学生管理等事项，由院长办公会讨论研究；对于"院长工作报告""学院'十二五'发展规划"等重要材料，印发到基层单位进行讨论；同时，组织教职工代表进行座谈，对教职工提出的意见和建议，学院党政联席会议进行认真研究和讨论，能够改进的及时改进，不具备条件的，向教职工代表做出解释和说明。

（2）坚持干部人事任免集体研究，建立公平竞争、择优选拔的用人机制。坚持党管干部原则，按照"四化"方针和德才兼备、以德为先的标准，根据上级《党政领导干部选拔任用工作条例》的要求，制定了《平职学院党政领导干部选拔任用管理实施办法》，对处、科级干部选拔任用的原则、条件、资格和程序提出了明确要求，建立起了公平竞争、择优选拔的用人机制。2009年中层干部任期届满，学院党委制定了《机构调整与中层领导干部竞聘工作实施方案》，严格按照宣传动员、本人申请、资格审查、民主测评、民主推荐、组织考察、研究决定、任前公示等程序进行，选拔了一批优秀年轻干部，进一步优化了干部队伍结构，提高了选人用人

公信度，树立了正确的用人导向，形成了"风清、气正、心齐、劲足"的良好局面，极大地激发了年轻干部干事创业的积极性。

（3）坚持重大项目安排的党政联席会议制度。学院对重大项目安排严格管理，建设项目不论规模大小，都要经过院长办公会或党政联席会进行研究讨论后制订实施方案。在建设过程中，严格执行招投标的管理制度。此外，组织教职工代表以及督导、审计、监察人员等到工程建设现场对工程质量进行监督，确保工期和质量。

（4）坚持大额资金使用院长办公会审批制度。资金是学院发展的血脉，大额资金支出更应该慎之又慎，学院每年的"经费指标分配方案"均由学院党政联席会议研究通过。方案明确规定了经费管理的审批权限、基本程序。学院成立了由督导、财务、审计、监察、总务等部门组成的经费管理办公室，负责经费支出的审核、登记、统计和汇总。学院坚持执行月份资金计划审批制度。各部门的经费支出计划，需经本单位及主管领导审批后，于每月22日前上报经费管理办公室，由经费管理办公室审核汇总后，报总会计师集中审批。财务处按照审批后的经费使用计划安排使用资金。

4. 不断完善监督制度，发挥各种监督职能的作用

"三重一大"决策制度是对权力运行的制约和监督的具体体现，是用制度管权、管事、管人，是为了最大限度地降低决策风险。学院通过不断完善和创新"三重一大"监督体系，发挥各种监督职能的作用。

（1）制定"四员一站"制度，发挥群众的监督作用。在加大对学院"三重一大"事项监督力度的同时，学院党委为进一步完善监督机制，建立健全"四员一站"制度（在党支部设立纪检监察工作站；在工作站设立纪检员、行政监察员，在党小组设立党风信息员，在教研室设立群众监督员）。广大"四大员"在自己的工作岗位上，结合单位的实际，积极对工程建设、物资采购等涉及学院利益的事项协助纪检人员开展效能监察工作。

（2）党风廉政建设责任制考核与奖罚挂钩。为保证"三重一大"决策制度的落实，学院制定下发了《党风廉政建设责任制考核办法》，与基层党支部签订"党风廉政建设责任书"，把"三重一大"事项作为考核重点，将责任制考核结果与基层党政领导奖惩挂钩。

（3）严格责任追究，保证"三重一大"制度落实。针对"三重一大"制度落实不平衡的现象，学院纪委及时与单位主要负责人开展廉政谈话工作，就"三重一大"制度落实方面的薄弱环节，提出整改意见和建议，力求"三重一大"制度在各基层单位全面落实。

"三重一大"决策制度的顺利实施，保持了学院党风建设和反腐倡廉工作的良好局面，进一步提高了广大教职工干事创业的积极性，把广大教职工的智慧和力量进一步凝聚到实现学院确定的各项目标上。2009年学院成为全国为数不多的集"全国文明单位""国家首批示范性高等职业院校""全国高校就业先进单位"称号于一体的高职院校；2012年荣膺"河南省文明标兵学校"称号。当前，全体教职工正以饱满的工作热情、昂扬的工作斗志，全身心地投入到日常教学、科研和人才培养水平评估等工作中，为"国内知名、行业领先、国际有影响的高职院校"的目

标而奋力拼搏①。

二、广州铁路职业技术学院内部管理改革的实践探索

高职院校内部管理改革应以理念更新为先导，加快推进以章程为统领的制度建设，相对强化学术权力，相应弱化行政权力，平衡行政权力和学术权力之间的关系，加强以人事分配制度改革为核心的激励机制建设，不断提升管理能力和水平。广州铁路职业技术学院（以下简称广铁职院）于 2000 年 6 月由广州铁路机械学校、广州铁路职工大学和广州铁路成人中专合并组建，2005 年 8 月由广州铁路（集团）公司正式移交给广州市人民政府举办以来，采取制定学院章程，理顺内部治理结构，组建合作学院，打造人才共育、校企共赢的发展平台，实施二级单位目标管理改革，扩大院系分配自主权，打造"双师"工作室，建立企业工作站，构建好双师结构师资队伍等一系列措施，较好地协调了政校行企等利益主体之间的关系，调动了利益各方的积极性，管理效率和办学效益显著提高，成功实现了多校合并的转向、中职升格高职的转型、行业移交地方管理的转制，为高职院校内部管理改革探索出了有效路径。

1. 更新理念：树立从"管理"到"经营"理念

随着市场经济的不断深化，公办高职院校不可避免或自觉不自觉地会走向市场并参与竞争，既然要追求育人质量，强调育人效益最大化，就会有生源的竞争、师资的竞争、计划之外竞争性资源获取权的竞争等。如果没有市场意识，不懂得经营，就难以在高手如林的擂台上获得话语权。所以，市场经济条件下公办高职院校不仅要追求科学管理、提高资产效率，而且要学会经营，优化办学效益。因为合格的管理也仅是对现有资源优化配置，旨在提高使用效率；除经营性管理之外，还要从社会上获取更多的资源，实现学校拓展、效益扩大、资产增值等目标。可见，经营已成为市场经济条件下学校的一项重要实践活动。使教职工有业、乐业、赢得尊严，是高职院校管理者一项重要而光荣的使命。要完成这一使命，高职院校的管理者就必须研究高职教育的"教育性"与"市场性"这两大根本特性，在遵循教育规律的前提下，引入经营管理理念，实现从单纯的行政管理向建立经营管理机制的转变。

为构建具有中国特色、自身特点的公办高职院校经营管理机制和运作模式，冲破困境，广铁职院进行了不懈的探索。面对由广铁集团移交给广州市政府管理之初等、靠、要思想严重，校园破旧、规模偏小、人浮于事、师资薄弱、管理粗放，及其他高职院校规模扩张、内涵加强、质量提高的竞争压力，广铁职院审时度势地确立了经营管理战略与机制，坚持"四个不变"，实现"四个转变"，即为行业企业培养所需人才的宗旨不变，与行业企业人员互聘的机制不变，为行业企业提供技术支持的服务不变，保持深化企业精神和企业文化不变；实现从计划培养向市场订单式培养转变，从服务行业向服务行业与区域经济转变，从闭门办学向开放办学转变，从守成依赖型建设学院向进取经营型建设学院转变②。移交转制十多年来，广铁职

---

① 张庆新. 高职院校贯彻落实"三重一大"决策制度的探索与实践 [J]. 科技视界，2012（6）：124-125.

② 欧阳恩剑，刘国生. 行业转制高职院校发展模式构建 [J]. 中国职业技术教育，2009（17）：39-42.

院实现了教育部人才培养工作评估、省示范校和国家骨干高职院校三大跨越，由一所起点较低、起步较晚的薄弱行业高职院校转变成为国家骨干高职院校，成功地实现了从管理到经营的重心转移。

2. 完善制度：以制定章程为切入口，完善内部治理结构

完善高职院校章程的制定程序，明确章程的法律地位，丰富章程的具体要素和内容，是我国高职院校发展的现实需要。广铁职院 2006 年年底开始着手章程的起草制定工作，注重征求全校教职工的意见，并根据征求的意见对章程草案进行反复论证和修改。2007 年形成了章程的初稿，先后召开研究和论证工作会议，论证过程严格依据《教育法》《高等教育法》《教师法》等法律，努力确保章程的规范性和合法性。学院又结合人才培养工作评估、推行 ISO 9000 质量管理体系等工作，对章程草案进行了多次的修改、补充。2009 年 12 月形成章程讨论稿，通过召开专题研讨会和由教代会审议，于 2010 年 12 月 3 日上报省教育厅并获批。为进一步完善内部治理结构，推进依法办学、依法治校，学院按照教育部和省教育厅的有关要求，按照现代大学"党委领导、校长负责、教授治学、民主管理"的治理模式，自 2014 年 3 月启动了章程修订工作，并于 9 月底完成了章程修订征求意见稿。为凝聚师生的共识，集思广益，先后组织召开了职能部门、教师、学生、离退休教职工代表等 4 场座谈会，广泛听取各方的意见和建议，共收集师生意见 108 条。经教职工代表大会专题会议讨论，院长办公会审议，党委会审定，上报省教育厅核准，成为广东省第二批（高职院校第一批）核准章程的高校，并作为广东省高职院校的唯一代表在省推进会议上作典型发言，赢得了好评。

同时，学院还修订了《党委工作规定》《院长工作规定》，出台了《学术委员会章程》，确定了党委、院长和学术委员会的职责，首次规定学术委员会原则上由教授组成，确立了党委领导、校长负责、教授治学、民主管理的体制。其次，规定了系（院）的地位和功能，是隶属于学院的组织和实施教育教学、科学研究的管理机构；同时，二级学院实行以系主任（院长）负责制为核心的党政集体领导的制度。根据国家有关法律、法规和政策，结合教育教学改革和管理的实际需要，学院制定了一系列相关教学、科研、学生、人事、分配、后勤、设备等的规章制度，并于 2009 年 4 月启动了全院规章制度的汇编工作，9 月份完成了汇编工作。2013 年和 2015 年，学院又相继启动了制度清理和汇编工作，形成了层次分明、规范有序、系统完整的规章制度体系，促进了学院管理制度的规范化、科学化，为依法治校提供了制度保障。

3. 创新机制：创新管理组织，打造人才共育平台

目前，我国企业管理普遍采用扁平化管理模式。高职院校作为知识密集型和与企业密切相关的事业单位法人，必须围绕人才培养这一宗旨，适应区域经济发展，不仅要借鉴现代大学的管理经验，而且要借鉴现代企业管理的先进做法，推进扁平化管理，不断优化内部管理机构，合理配置资源，最大限度地提高管理效益。广铁职院借鉴先进的管理理念和经营理念，开展"三主动""优质服务承诺"活动，推进内部审批制度改革，实现了从单纯的学院管理向院系二级目标管理转变，构建了"简政放权、内涵建设"的内部管理机制。

（1）政校企协同，打造花都工学结合示范园协同育人高地。在花都新华工业区内，联合粤宝丽工业园建设工学结合示范园，通过探索广州市教育局、花都区政府和广铁职院三方共建，广州市教育局提供政策支持与资金保障，花都区政府提供条件与协调企业，广铁职院提供技术支持与人才保障，在花都工学结合示范园实行管委会、项目部、双师工作室三级管理机制，打造合作办学、合作育人、合作发展的平台；引进企业10家，入驻制造类专业学生1 500余人，探索了"产教一体、寓学于工"的人才培养模式，闯出了一条从"订单培养"向"教学工厂"转型的办学新路。两年多的时间里，该基地开发专利30余项，生产产品300余种5万多件，年产值达3 000余万元，学生获国家、省、市级以上技能竞赛奖30余项（其中国家一等奖3项（次）、二等奖5项（次）），吸引了广铁集团、珠江钢管、美的等众多名优企业上门预订毕业生或开设订单班，成为教育部和广东省职业教育师资培训基地，入选了教育部国家示范高职院校建设4周年成果展，成为全省乃至全国职业教育改革的示范典型。

（2）创新管理机构，组建校企合作学院。学院发挥行业办学资源丰富的优势，在推行订单培养合作的基础上，牢牢把握"利在企业、功在育人"的方针，探寻校企合作的利益共同点，以共赢求合作，以服务求支持，电气化铁道技术、城市轨道交通运营管理、城市轨道交通车辆等国家重点建设专业（群），分别对接广州供电段、广州地铁、广州车辆段等紧密型合作企业，共建机车司机、电气化和现代运输3个合作学院，实行院务委员会管理机制，共同解决发展规划、技术研发、员工培训、基地建设和实习就业等难题。①

（3）建设"双师"工作室，改革教学管理体系。一是强力推行"2＋1"校企交替工作方式改革，超常规、大力度安排专业教师到企业提升素质。在2006年一次性安排56名教师全脱产下企业顶岗实践的基础上，总结经验，探索建立专业教师提升"双师"素质的长效机制，使教师在三年中有一年扎扎实实地在企业顶岗挂职实践。二是探索实施教师社会服务工作定量改革，将开展企业实践、基地建设、"四技"服务（面向企业的技术开发、技术转让、技术咨询、技术服务）和专利申报等纳入教师岗位职责，定额为周教学时数，与收入分配、职称评聘和评优评先挂钩，引导并激励教师主动为企业和社会服务。三是以培育"双师型"教学团队和学术创新团队为抓手，以创建讲师和工程师合作育人的"双师"工作室为平台，集实践教学、大赛培育、技术研发、师资提升四大功能于一体，合作研发技术项目，促进科技成果推广，提高教师的科研与社会服务能力，现建有"双师"工作室31个。

4. 平衡权力：成立学术委员会，发挥教授治学的作用

教育部颁布的《高等学校学术委员会规程》（以下简称《规程》），是我国规范高等学校学术委员会的首项国家制度。《规程》第24条规定，高等职业学校可以参照本规程，结合自身特点，确定学术委员会的组成及职责，制定学术委员会章程。因此，高职院校要克服行政权力"一家独大"、学术权力"缺位"与"虚

① 刘国生. 校企合作顺畅运行，还要再努几把力［N］. 中国教育报，2013-01-02（5）.

位"的状况，平衡行政权力与学术权力之间的关系，必须加快建立健全学术组织，成立学术委员会，制定学术委员会章程和配套制度，明确其在学校学术组织体系中的最高学术机构地位，统筹行使学术事务的决策、审议、评定和咨询等职权，并协调其与教学工作委员会、专业指导委员会的关系，建立健全学术权力运行机制。为充分发挥教授治学、民主管理的作用，广铁职院出台了《学术委员会章程》，组建了由17人组成的学术委员会，经民主投票，选举出了学术委员会主任及副主任。学院学术委员会自成立以来，坚持学术自由与民主原则，选举产生了新一届教学工作委员会，先后审议了《广铁职院教科研项目管理办法》《广铁职院学术道德与学术行为规范》《广铁职院涉外科研项目管理办法》等制度，在专业建设、学术评价、学术发展、校企合作、教风及学风建设等事项上发挥了重要作用。

5.激励机制：探索院系二级目标管理，深化人事分配制度改革

深化院系二级目标管理是高校内部管理体质改革的重点，人事分配制度改革是高校深化内部管理体制改革的核心。广铁职院坚持集权与分权适度结合，突出办学绩效与兼顾现状的基本原则，通过实施以明晰院、系（部）管理目标、简政提效为前提，以实行系（部）二级经费包干管理、办学绩效综合考评为重点的二级目标管理改革，下移管理重心，扩大系（部）的自主权，促进系（部）以就业为导向，优化师资队伍结构，提升社会服务能力，提高人才培养质量，增强学院的社会竞争力和影响力，实现院、系（部）共同发展。人事分配制度改革的重心在于"三定一聘"与工资激励制度的改革，进一步健全学院内部的激励机制，改革薪酬体系，创新用人机制，建立和谐、科学、合理的人事管理制度。

广铁职院以内涵建设为抓手，引入经营理念，从单纯的学院管理向院系二级目标管理转变，从"三主动"到"优质服务承诺"再到内部审批制度改革，实现管理理念与方式从感性到理性、从意识到行动、从理念到制度的不断升华，创立了"简政放权、内涵建设"的内部管理机制。一是既借鉴摩托罗拉等企业的经营理念，创造性地开展以主动管理、主动教学、主动服务为内容的"三主动"活动，并在全院推行优质服务承诺制，各部门制定出具体的优质服务标准，大大提高了服务水平、办事效率和师生满意度。此外，各职能部门还按照权力下放、责任下移、经费包干的原则和应减必减、该放就放、规范扼要、便捷服务的要求，取消院内审批事项2项，简化审批环节24项，下放审批权力17项。二是启动人事分配制度改革，将原有的多种名目平均分配的津贴合并为院内津贴，与教学课时、坐班出勤及工作绩效挂钩，彻底打破"大锅饭"，建立起向教学一线和高层次人才倾斜的内部分配机制，改变了青年教师待遇不如门卫的不合理分配体制。三是完善系部建制，优化岗位设置和工作流程，精简、分流管理人员，内培外引高学历、高职称、高技能人才，改变了管理人员与教师人数倒挂的现象。四是对职成部实行目标管理，支持其发挥市中心的区位优势和多年与铁路系统的血脉联系，与广铁集团、广州地铁等行业企业合作，积极拓展员工培训、成人学历教育，与广州鸣虹酒店共建校内生产性实训酒店；与西南交大合作开展工程硕士网络教育等。改革实施一年后，该校

区从"躺在金山上要饭吃"发展为除人员津贴和办公经费自理外，每年还上交学校400多万元经费。五是 2011 年年底启动院系二级目标管理改革，对二级教学单位实行经费包干和绩效考核，简政放权，极大地调动了各教学单位内涵建设、合作办学的主动性与积极性，员工培训、成人学历教育、"四技"服务等都取得了令人欣喜的成绩。①

---

① 欧阳恩剑，刘国生. 行业转制高职院校发展模式构建 [J]. 中国职业技术教育，2009 （17）：39-42.

第五章　文化建设——高职院校治理的保障

　　文化是一个国家、一个民族的灵魂。文化兴国运兴，文化强民族强。没有高度的文化自信，没有文化的繁荣兴盛，就没有中华民族伟大复兴。要坚持中国特色社会主义文化发展道路，激发全民族文化创新创造活力，建设社会主义文化强国。

——中国共产党第十九次全国代表大会报告

　　职业院校要坚持立德树人，积极培育和践行社会主义核心价值观，弘扬"劳动光荣、技能宝贵、创造伟大"的时代风尚，营造以文化人的氛围，从学校理念、校园环境、行为规范、管理制度等方面对学校文化进行系统设计，充分发挥学校文化育人的整体功能。

——教育部《职业院校管理水平提升行动计划（2015—2018 年）》

　　高职院校治理与其他社会机构的治理相比，既有共性，更有其独特性。共性就是要治理好一个社会机构，必须有相当健全而又能操作到位的法律和制度；但高职院校治理，因其自身的特殊性——社会中的育人场所和学术机构，它仅有健全而又可操作的制度远远不够，还必须要有一种深蕴于高职院校人中间、氤氲在高职院校内部的文化精神。因此，高职院校治理一定要从制度维度走向文化维度，因为制度是壳，文化才是核。[①]

　　我国有位教育家提出了一个泡菜理论，泡菜水的味道决定了泡出的萝卜、白菜的味道。大学的全部工作就是"调好这个泡菜水"，营造高品位的文化氛围，让师生在这个氛围中去思考、理解、感悟、创新，净化灵魂，升华人格，完善自我。大学文化，包括高职院校文化，就是一种精神、一种氛围、一种内在动力，是凝聚人心、鼓舞斗志、催人奋进的一面旗帜。它会对青年人的道德人格、伦理规范、思维方式、创新品质等产生深刻影响。[②]文化乃高职院校魂之所系，也是进行高职院校

---

　　① 赖明谷，柳和生．大学治理：从制度维度到文化维度［J］．现代大学教育，2005（5）：90-93.
　　② 陶继新．文化建设：大学魂兮所系——山东省委高校工委副书记田建国教授谈访录［N］．中国教育报，2005-01-14（4）.

制度建设的根本所在。没有文化底蕴的高职院校，不是真正意义上的高职院校；追求卓越的高职院校，如果缺乏卓越的高职院校文化，其永远不可能成为卓越的高职院校。[①]文化建设是高职院校治理的重要保障。

文化是高职院校在其办学实践中积淀、形成并被全体成员普遍认同、内化、奉行的精神要义及通过制度架构在主体人和其他实体物上的人文化的成果体现，是表现在精神文化、制度文化、行为文化和物质文化等层面上的大学文化，[②]是融入了更多职业元素的高校文化，具有"高等性"和"职业性"的双重属性。文化建设是高职院校内涵建设的重要内容，是高职院校提升质量、塑造品牌形象、建设世界一流职业院校的必然选择。然而，由于理论研究的滞后、认识的偏差和实践中的矛盾等一系列原因，高职院校文化建设存在诸多缺失，已成为制约高职院校向更高层次进一步发展的瓶颈。理性审视目前高职院校文化建设的现实，厘清高职院校文化建设的应然目标，探究建构高职院校育人文化的路径和策略，成为高职院校发展中现实而重要的课题。[③]

一、高职院校文化的特点

高职院校文化以社会先进文化为主导，以师生文化活动为主体，以校园精神为底蕴，是由高职院校所有成员在长期的教学过程中发展形成，并得到师生普遍认可的物质文化、精神文化、制度文化和行为文化的总和。它是高职院校的一种集体精神价值、集体行为方式和集体人格，是高职院校的建校之根、立校之本、强校之源。孙汝君、王威认为高职院校文化应具备如下特点：[④]

1. 大学精神

大学精神是在某种理念的支配下，经过所在大学人的努力，长时期积淀而成的稳定的、共同的、具有独特气质的追求、理想和信念；创造精神、批判精神和社会关怀精神是其本质特征。与传统大学相比，高职院校虽然担负的使命不同、责任不同，培养模式各异，但高职院校的"高"仍决定了它具有传统大学共有的精神品质，也就是大学精神。

2. 黄炎培精神

黄炎培先生是我国近现代职业教育的创始人和倡导者，他在吸取西方发达国家先进教育经验的基础上，反思近代中国自办教育以来出现的问题，并在不断探索中逐渐形成其独特的职业教育思想。他认为，职业教育应"使无业者有业，使有业者乐业"，在教学过程中要手脑并用、做学合一，最终达到"既注重学生个性的发展，同时要注重个人与社会相统一，并将低层次的谋生和高层次的乐业相统一"[⑤]。

① 眭依凡. 好大学理念与大学文化建设 [J]. 教育研究，2004（3）：14-21.
② 董刚. 高等职业院校文化建设内涵分析及对策研究 [J]. 中国高教研究，2008（10）：60-62.
③ 万平. 缺失与建构：高职院校文化建设的理性思考 [J]. 三门峡职业技术学院学报，2016（3）：53-57.
④ 孙汝君，王威. 高职院校文化建设的实现途径 [J]. 文化学刊，2016（11）：128-131.
⑤ 中华职业教育社. 黄炎培教育文选 [M]. 上海：上海教育出版社，1985：10.

黄炎培先生简单的几句话不但概括了职业教育的精髓，成为我国高职院校的立校之本、建校之石，还一直指导和引领着我国职业教育的发展。

3. 工匠精神

工匠精神是一种追求极致的精神。对工匠们来说，赚钱不是唯一的目的，还要在工作中秉持对产品负责及对职业敬畏的态度；他们在每个细节上都一丝不苟，力求打造出精益求精的一流产品。其核心是对品质的追求。工匠精神源于职业教育，高于职业教育，不仅是职业教育的最高目标，也是现代职业教育的精神标杆。在欧美一些职业教育开展得比较好的国家，职业教育不仅注重技能培养，同时也注重工匠精神的培养，故而能在高端制造业长期保持领先优势。所以，将工匠精神融入高职教育，既符合人才培养的需要，也符合人才培养的规律。

4. 企业特色

与普通高等教育不同，高职教育的重点在于应用技术的实用性和职业技能的针对性，主要满足一线职业岗位的实际需要。因此，高职教育的最终目的是为企业输送专门技术人才，使学生最终具有符合企业生产发展等总体目标的精神价值和行为价值，并对企业形成组织群体意识、向心力、归属感和认同感。所以，在高职教育中，应把优秀的企业文化引入校园，使校园文化与企业文化对接，让学生提前感受和理解企业的运行模式和工作氛围，让学生在"职"这一文化氛围中充分激发热情，从而使素质得到进一步提升、道德得到进一步升华[①]，缩短从学校到职场的适应期，符合职业人的标准和企业需求。

二、高职院校文化建设的价值诉求和目标

文化建设使高职院校具有更旺盛的生命力，在办学理念和教学模式上更有前瞻性，从而厚积薄发、蓄势以待。加强高职院校的文化建设对全面提高职业教育的人才培养质量、提升高职院校的内部管理水平、促进高职院校的可持续发展，在新的历史时期凝聚人心、统一理念、振奋精神、激发活力、促使师生员工心往一处想、劲往一处使都有着十分重要的意义。加强高职院校的文化建设首先要明确其价值诉求和目标。

1. 高职院校文化建设的价值诉求

文化建设的应然状态由文化主体的存在价值所决定。高职院校文化建设的价值诉求首先应体现高等职业教育的存在价值，只有在对这一问题反思的基础上，高职院校的文化建设才有可靠的根基和标准。首先，高等职业教育中的"高等"二字界定了高职教育的层次，从而确定了其在教育体系中的位置。一般认为，高等教育是在中等教育基础上培养高级人才的活动。其人才培养应具备高素质和高技能两大特

---

① 叶阿恋. 工学结合模式下高校校园文化的创新建设——以高职院校校园文化建设为例 [J]. 中北大学学报：社会科学版，2014（6）：29-32.

点，高等教育的价值是满足人的高层次发展需要。其次，高等职业教育中的"职业"二字界定了此种教育的类别，从而明确了其在教育体系中的特质。职业教育就是在普通（义务）教育基础上进行的为适应社会生产分工、满足人们及其社会的职业需要而对受教育者进行的职业知识、能力、技能和职业道德的教育和培训。职业教育的价值一方面要满足社会的用人要求，另一方面要满足人的求职需要。其承担着面向职业需要、为社会培养技能型人才的使命。最后，高等职业教育中的"教育"二字界定了此种教育的性质，从而区别于其他社会活动。教育的价值何在？从古至今，个人与社会的关系都是人们思考教育价值的起点，而今，人们普遍认为，高职教育存在的首要价值就在于追求个人发展与社会发展在现实条件下最大限度的统一。综合起来，高等职业教育内在的三方面规定赋予了其存在的价值，即满足人的高层次发展需要，满足社会的职业需求，实现个人发展与社会发展的统一，[①]这构成了高职院校文化建设的价值诉求。

2. 高职院校文化建设的目标

正确定位高职院校文化建设的目标是确保高职院校文化建设质量的前提。文化具有教育人、塑造人和引导人的基本功能，"文化的发展应以人的发展作为逻辑起点，并为每个人的全面发展提供最大的可能"[②]。从宏观定位上看，任何学校文化建设的目标都应指向"人才培养"这一中心任务。毫无疑问，高职院校也不例外。高职院校的文化建设应以育人为目标，以最大限度地促进学生的全面发展为价值追求，积极建构育人文化。人才培养的目标定位是学校人才培养的价值主张，也是学校文化建设的具体表现。高职教育是我国高等教育的一个特殊类型，有其特殊的使命和特定的培养目标。培养面向生产、建设、管理和服务一线的德智体美全面发展的技术技能人才是新时期高职教育人才培养的规格和要求。高职院校的文化建构必须围绕"培养全面发展的技术技能人才"，建构培养全面发展的技术技能人才的育人文化是高职院校文化建设的所在，也是其应然目标。万平认为，高职院校文化建设的目标体现在以下两个方面：第一是"立德树人"，培养全面发展的人，这是高职院校文化建构的基点和归宿。党的十八大报告明确指出，"把立德树人作为教育的根本任务……培养德智体美全面发展的社会主义建设者和接班人"。《国务院关于加快发展现代职业教育的决定》也明确指出，职业教育要服务人的全面发展。培养全面发展的人是高职教育的出发点和归宿，也是高职院校文化建构的逻辑基点和最终归宿。第二是兼具高等性和职业性，彰显"技术技能人才"特质，这是高职院校文化建设的方向和特色。技术技能人才是对高职教育人才培养规格的特殊要求。高职院校的文化建设既要具有普通高等教育的特性，又必须彰显技术技能人才的特质。为此，必须冲破单纯的象牙塔般的学术文化氛围，打造跨越教育和产业两个领域、兼具高等性和职业性、融大学文化和企业文化于一体的高职文化。这是高职文化建设的价值方向，也是彰显高职文化特色的价值体现。[③]

① 周海波. 高职院校文化建设的价值诉求与应然路径 [J]. 黑龙江教育学院学报，2015（5）：18-20.
② 罗浩波. 对校园文化问题的哲学思考 [J]. 高等教育研究，1991（3）：51-55.
③ 万平. 缺失与建构：高职院校文化建设的理性思考 [J]. 三门峡职业技术学院学报，2016（3）：53-57.

三、高职院校文化建设的路径

要使一所高职院校不同层面的人都具有同一个信念，同样的人才观、教育观、课程观、质量观、价值观，同样的行为规范，就必须要有一种精神统领，要有一种制度约束和文化熏染。然而，文化建设是一项长期的、系统的工程，是一个不断扬弃、创新、积淀的过程，是一项开拓性的工作，需要高职院校认真研究、积极探索和实践，持续建构、不断完善。高职院校文化建设的路径主要体现在以下几方面：

1. 顶层设计，加强引领

高职院校文化建设需要全面、合理、清晰、明确的顶层设计。顶层设计，是指运用系统论的方法，从全局的角度，对某项任务或某项工作的各方面、各层次、各要素统筹规划，集中优势资源，高效快捷地实现目标。顶层设计的原则是整体目标明确、具体目标清晰可操作。在高职院校文化建设中强调顶层设计，旨在确保文化建设这一工作不会放任自流，始终掌握在学校党委的手中，由学校最高层全盘策划、全盘掌握。在顶层设计中，首先，要明确高职院校文化建设的总体目标，即要建成什么样的高职院校文化。只有总体目标科学合理、可操作性强，后续工作才能逐步展开。其次，要明确高职院校文化建设的指导思想，即用社会主义核心价值观引领校园文化。党的十八大以来，党中央高度重视培育践行社会主义核心价值观，习近平总书记也多次做出重要论述并提出明确要求。所以，高职院校文化建设必须与时俱进，紧跟时代脉搏，时刻以社会主义核心价值观作为思想指导，要充分发挥党委领导下校长负责制的引领作用。①中共中央办公厅曾专门印发《关于坚持和完善普通高等学校党委领导下的校长负责制的实施意见》，指出："党委领导学校的思想政治工作和德育工作，坚持用中国特色社会主义理论体系武装师生员工头脑，培育和践行社会主义核心价值观，牢牢掌握学校意识形态工作的领导权、管理权、话语权。"②因此，高职院校要充分发挥党委领导下校长负责制的引领作用，统一领导和指导高职院校文化建设的总体方向。

2. 大学精神，提升层次

精神文化是高职院校文化的内核和最高形式，是高职院校文化最本质的体现，是高职院校在长期的发展过程中形成的独特气质和价值体系，是全体"高职人"的精神家园。高职院校文化建设的第一责任就是要为全体"高职人"提供一种价值引导和精神涵养，为全体教师和学生构建一个精神家园。③

高职院校文化建设应借鉴大学精神，以满足其高层次的内在规定。一般说来，大学精神通常包括人文关怀、理性主义、自由独立、批判创新、追求卓越等内涵，这些独特的精神使大学千百年来始终站在时代高地，成为人们的精神家园和灵魂寄

---

① 孙汝君，王威. 高职院校文化建设的实现途径 [J]. 文化学刊，2016（11）：128–131.
② 参见中共中央办公厅《关于坚持和完善普通高等学校党委领导下的校长负责制的实施意见》.
③ 万平. 缺失与建构：高职院校文化建设的理性思考 [J]. 三门峡职业技术学院学报，2016（3）：53–57.

托。作为一种孕育历史短暂、积淀缺乏深度的文化，高职院校文化建设应积极借鉴传统大学精神中的高尚追求和文化品位，从而提升自身的文化建设层次，避免低俗，加强凝聚力，在较高层次上形成自己独有的精神魅力。

3. 工匠精神，着力培育

工匠精神是职场人必备的崇高职业价值取向及其精益求精的职业行为的综合表现，是职业精神培育的灵魂和标识，工匠精神的培育已经成为高职院校文化建设的一个重要方面。为此，一方面要建立当代工匠精神培育的新机制，厚植大学生工匠精神文化底蕴，构建完善的管理制度，发挥制度的规范、引导、保障、促进作用，强化监督考核，推动高职大学生当代工匠精神培育走向制度化、规范化的轨道，在依法执教实践中深入发展，形成有利于高职大学生当代工匠精神培育的管理实施机制。另一方面要形成工匠精神培育的理论新生态，对工匠精神培育与传承进行职业化改造，包括将产业、行业、企业和职业的文化要求融入人才培养过程，科学整合工匠精神培育融入职业教育的内容，形成面向"中国制造 2025"的职业教育中工匠精神塑造的理论新生态；以具备工匠精神的优秀企业文化引领大学生从学子向企业人过渡；不断强化以工匠精神为主线的工匠精神教育，培养学生的责任心、事业心和感恩之心，培育大学生的团队合作精神和对企业的忠诚度，将产业、行业、企业、职业对从业者的素养要求融入大学生专业教育过程中，形成独具特色的工匠精神文化。[①]

4. 职业情怀，凸显特色

高职院校的文化建设要凸显职业情怀，兼容其教育的职业性。高职院校作为一种新类型，有自己独特的办学主体、办学目标和办学路径，其文化建设借鉴不能简单地模仿和套用，应从高职教育自身的特点出发，充实和完善自身的文化特色。比如，传统大学从人文主义的角度主张宽泛的厚德载物，高职院校则应将"德"的理念与职业理想融通，使这面精神旗帜带上鲜明的职业情怀色彩。所谓职业情怀，是指高职学生在求学过程中所形成的职业认识、理解、情感和态度。它以对职业价值的理性认识为核心，同时展开对职业目标、职业道路、职业道德、职业能力、职业信念、职业发展等一系列问题的思考。[②]"职业性"成为高职学院文化建设的一大重要特色。从职业性的类别出发，高职院校要充分认识其在人才培养目标定位、培养模式、职责与使命上的特殊性，培育和践行"服务为本、能力本位、崇尚技术""志存高远、技能高超、求真务实、创业创新"的高职文化特色。

5. 企业文化，全面对接

企业文化是企业的灵魂，是指一个企业在其生产、经营、管理等活动过程中所逐步形成的价值理念、文化观念、道德精神、行为准则等。企业文化特别强调标准

① 纪楷，王家莲. 面向"中国制造 2025"的高职学生工匠精神培育研究 [J]. 哈尔滨职业技术学院学报，2017（6）：35-37.
② 陈云涛. 高职教育视域下的大学精神重构 [J]. 高等教育研究，2009（7）：63-65.

和规范，注重质量和效益，关注时间、管理和执行。高职院校办学主体多元，行业、企业也普遍参与高职院校的办学，这种办学首先是为了满足行业、企业的职业需求，培养的是面向生产、建设、管理、服务一线的高技能应用型人才，这一目标定位既符合其内在规定，也决定了高职院校文化的气质类型，即职业性。因此，融合企业文化是高职院校文化建设的一个重要方面。[1]高职教育的办学主体、社会责任、职业期待，都要求高职院校的文化建设融合企业文化，吸纳企业的价值观，通过办学理念、办学目标、办学路径等显示其独特文化内涵与文化个性。

高职院校文化建设与企业文化对接的着力点主要体现在如下几个方面：一是在精神文化方面，需要全面梳理校内专业文化内涵，并按企业性质、企业分类梳理企业核心文化与精神，以确认理念塑造与企业文化的对接要素。二是在制度文化方面，应把严苛的规范意识、精准的时间意识、标准的质量意识、强力的执行意识等企业要求和企业精神纳入学生教育教学实训管理中，并通过学分认证与考核的方式强化过程管理，以实现企业精神与校内制度文化的对接。三是在物质文化方面，可以考虑以各二级学院为单位，建设与专业文化结合度较高的职业文化、企业文化等，加强展示厅馆等固化载体建设，以发挥企业物质文化的先行感知作用。四是在行为文化方面，高职院校应邀请企业高管、企业专家参与人才培养方案的制订、课程改革、教材编纂，在行为载体上嵌入企业文化要素；同时，要积极探索教育教学改革，深化课程和教材改革，邀请校外企业家、企业能工巧匠担任理论、实训课程兼职教师，定期开展讲座、座谈会、沙龙等校园文化活动，使企业文化融入校园文化，进一步丰富校园文化创建的内涵和结构。[2]

6. 全员参与，多源立体

文化是以人为主体积淀和创造的，更需要人来传承和创新。高职院校文化主要是以学校管理者、教师和学生为主体的"高职人"在长期的办学实践中努力积淀和创造的。"高职人"是高职院校文化的载体，他们是高职院校文化的创造者、传承者和体现者。全员参与是高职院校文化培育的起点，也是提高高职院校文化建设成效的有效途径。管理者是高职院校文化建设的设计者和执行者。其中，学校的高层领导在学校文化的建设过程中起着明显的引领作用。管理者应提高文化建设的自觉性，从学校发展和人才培养的整体架构出发，全面、系统地规划学院的文化建设，以自身的学术造诣、文化底蕴和远见卓识、独到的办学理念，引领学校文化建设。教师是学校文化建设和管理的主体之一，是提升学校文化层次和品位的重要力量。高职院校的教师要牢固树立文化育人的理念，不断提高文化育人的能力和水平，要摆脱传统、狭隘的专业教育思想和单纯的课程教学意识，做到课程育人，实现从"技师"到"人师"的转变。学生是高职院校文化的践行者和传播者。高职院校要高度重视学生在学校文化建设中的作用，通过各种宣传、教育，向学生传播学校文化，促使学生了解、认同学校文化，并在日常的学习和生活中自觉内化。[3]

① 周海波. 高职院校文化建设的价值诉求与应然路径 [J]. 黑龙江教育学院学报，2015（5）：18-20.
② 张鹏飞. "五位一体"：高职院校文化体系构建策略 [J]. 中国成人教育，2016（2）：98-101.
③ 万平. 缺失与建构：高职院校文化建设的理性思考 [J]. 三门峡职业技术学院学报，2016（3）：53-57.

7. 以规约人，以文化人

高职院校要突出"以规约人，以文化人"的管理文化建设。"管"者，约之以规。一所学校必须建立完整而系统的规章制度，如教职工管理制度、绩效工资分配制度、职称评审办法、评优评先办法、教学管理常规、学生管理常规、后勤管理常规等。一定的规章制度是保证学校管理正常运行的基础。"理"者，晓之以理，导之以行，将制度转化为教职工自觉自愿的行为。管理植根于文化。管理过程中管理者应以德为本，品德比能力更重要；以人为本，把教职工的利益放在首位，突出他们的主人翁位置；以心为本，改变人心比建立制度更重要。成功的管理应能赢得人心、凝聚人心。先进的管理文化必须能引领师生精神成长，提升境界，从而使管理达到以理服人、以情感人、以文化人的目的。[①]

8. 区域文化，有效衔接

区域文化是基于地理环境与自然条件背景下的文化层面上的分类。它是指某一特定区位在历史发展、区间位置、自然环境、文化传统的长期交融、契合下而产生的文化特征。从区域文化的特征来看，它强调传统性。就高职院校文化建设而言，在人才培养对接区域发展的视域下，坚持"以服务发展为宗旨，以促进就业为导向"这一办学基本落脚点以及高职院校与生俱来的社会服务功能，决定了高职院校文化建设必须对接办学地域的区域文化，以响应区域经济和区域文化的深化与发展。张鹏飞认为，在实践中，高职院校文化与区域文化的衔接体现在多个层面。就精神文化建设而言，高职院校应全面总结办学区域文化中所集中体现的精神文化核心。如在山东地区办学的高职院校应充分吸收齐鲁文化的精髓，把崇尚仁爱、厚德、经世、格物、论辩、致用等精神纳入学校办学理念、精神文化中。就物质文化建设而言，高职院校需要把区域精神文化中凝练出来的文化内容通过特定的文化样式予以固化的总结与展示，以便在校内实现由感性认识到理性认知的文化衍生力的形成。如山西省财政税务专科学校在校内按照"三晋文化"的精神内核，专门设置"会计文化示教馆"，通过展出明、清、民国等时期的会计书籍、会计账簿、算盘及其他会计文物，以物化浸润的方式培养区域发展过程中学生所需的职业情怀和文化认知。就制度文化建设而言，学校应突出校内制度文化建设在内容设定上与区域文化建设的适应和衔接。把区域文化中所形成的品格形象、精神意志、文化特色纳入人才培养制度体系，通过制度文化的浸润和规范化指引实现区域文化的嵌入与对接。就行为文化建设而言，高职院校要从丰富人才培养深度的角度出发，以包容开放的心态和高远广阔的视野，借鉴区域文化中逐步形成并传承下来的优秀文化成果，以此推动文化育人工作的不断拓展和深化。如处于长三角核心区域的无锡地区高职院校，应充分利用"中国工商业发源地"和"中国历史文化名城"这一工商和旅游文化优势，结合本校专业设置和人才培养方案，凝练历史人物、历史事件中关于商业发展、旅游发展等方面的事迹、趣闻，并在学校行为文化系统中大力宣传、

---

① 杨汉正，陈立新. 高职院校管理文化构建之初论 [J]. 职业教育，2014（3）：90-92.

实践，以推进区域文化对高职院校文化主旨的直接性介入。[1]

9. 生态理念，系统推进

高职院校文化建设需要和谐、平衡的生态理念。文化是人类在社会实践中创造的物质财富和精神财富的总和。在社会环境和人类活动之间，文化存在着各种各样的变量。为更好地把握文化生成与文化环境之间的调试和内在联系，著名历史文化学家冯天瑜先生在《中华文化史》一书中指出，文化生态三层次，即自然环境、社会经济环境和社会制度环境，不断通过人类的社会实践，首先是生产劳动，进行物质及能量交换，构成一个浑然的整体，同时又分别通过复杂的渠道，经由各种介质对观念世界施加影响。[2]作为社会文化中的一个子文化，高职院校文化是整个文化生态系统中一个特定子文化生态系统。因此，在自身文化建设过程中，高职院校也要遵从生态规律，用内外和谐、动态平衡的文化生态理念来构建多元文化和谐共生、相互促进、协调发展、浑然一体的校园文化环境。一方面，高职院校要做好"文化种子"的播撒，即发挥自身优势，做好文化建设的顶层设计；另一方面，要充分利用"阳光雨露"，即各种外部有利环境的滋养，悉心浇灌，使校园文化能够顺利、茁壮成长。同时，作为一个特定的子文化生态系统，我们还必须遵从高职院校文化建设的生态规律，这关系高职院校文化建设能否长远发展。需要明确的是，高职院校文化建设是一项长期且复杂的工程，不能一蹴而就，必须经过严格的规划设计，进行周密、完整的系统推进，要求全校各个部门遵循系统化理论，围绕一个目标，各司其职，全员互动，统筹协作，在制度文化建设、教学文化建设、实践文化建设等方面协调运作，助推学校各项工作不断进步，最终实现高职院校全面协调、可持续发展。在制度文化建设上，要加强高职院校教育体系的建设，从而保证相关机制的科学建立与运行，使各项文化活动有制度、有依据可循；要着力构建工学结合模式下高职院校文化建设的工作体系，搭建工学结合模式下高职院校文化建设的平台，营造工学结合模式下精细化的管理氛围和企业化的文化氛围，打造专业性的育人环境。在教学文化建设上，由于教学工作是高校的中心工作，也是学校日常管理的主要环节，因此，教学文化建设的水平对人才培养的质量至关重要。[3]高职院校在日常教学实践工作中，要根据国家或行业的规定，制定明确清晰的教学标准和规范，使教学工作有法可依，从而提高人才培养的针对性，实现学校育人与企业用人的紧密结合，促进高职院校人才培养与劳动就业体系接轨，增强学生对企业文化的理解、认同和内化，强化其企业归属感和稳定性。在实践文化建设方面，由于高职院校的目标是培养高技能人才，对学生职业技能的培养则是高职教育特色的重要表现形式，也是高职院校自身最大的特点，因此在高职院校实践教学环节中，专业技能大赛、实践教学、半工半读、顶岗实习、考取职业资格证书等一系列行之有效的技能培养方式都是校园实践文化的有机组成部分。将以上实践教学环节作为制度固定下来，融入校园文化中，既可丰富高职院校文化的内涵，又能促进实践教

① 张鹏飞. "五位一体"：高职院校文化体系构建策略 [J]. 中国成人教育，2016（2）：98-101.
② 冯天瑜. 中华文化史 [M]. 上海：上海人民出版社，2010：13.
③ 黎旭. 高职院校校园文化特色构建研究 [D]. 桂林：广西师范大学，2005.22.

学工作的开展。[①]

　　总之，高职院校作为高等教育的重要组成部分，其文化建设既要具有大学文化所共有的特征，又要有其自身的特色。高职文化是具有大学文化精神和品位的职业教育文化，或者可以说，是具有职业文化内涵和特征的大学文化。各高职院校应结合自身的文化积淀，加强自身文化建设，形成有特色的高职院校文化品牌，以全面推进高职院校的治理能力和实力水平的提升，最终实现高职院校发展的战略目标和任务。

案例研究

高职院校文化建设的实践探索

　　思考与讨论：

　　1.高职院校的文化建设应该从哪些方面入手？

　　2.高职院校的学校文化与地方文化如何实现有效融合？

　　3.请结合本组案例谈谈加强文化建设对高职院校治理能力和治理水平的提升有何作用。

　　随着我国高等教育的不断发展，在全面提升高职院校人才培养质量的现实背景下，高职院校文化建设显得尤为重要。高职院校文化建设对推进科教兴国战略和人才强国战略的实施，对深化高等职业教育人才培养模式的改革与创新，对增强高职人才对社会主义核心价值观的认同与践行，对促进高职大学生的全面发展，对提升高职院校的治理能力和治理水平，意义深远。当前，文化建设已成为推动高职院校特色发展的重中之重。许多高职院校适应新形式，积极推进院校文化建设，取得了一定成效和宝贵经验。现精选一些高职院校文化建设的典型案例，编录于此，以期给各高职院校以借鉴和启迪。

　　一、宁波高职院校文化建设的实践分析

　　文化是一个由多种要素组成的多面体，文化建设是在核心价值的前提下结合各个要素的性质和特点实施的。宁波各高职院校汲取地方文化、产业文化及大学文化的源泉，结合各自的办学实践，在精神文化、制度文化、物质文化、专业文化、教师文化建设等方面进行了积极的探索与实践。

　　1.精神文化建设

　　"大学精神文化集中体现在办学理念和价值追求之中，科学的办学理念和价值追求是建立在对文化传统、教育本质、办学规律和时代特征深刻认识和理解的基础之上的，它决定和指引着大学前进的方向。因此，这种科学的办学理念和价值追求既是大学凝聚力之所在，也是时代精神的深刻反映，是整个大学文化的灵魂"[②]。因此，大学的精神文化应该是一种价值追求，是大学办学的价值追求，同时也是砥砺本校师生不断向前的一种精神追求。宁波高职院校的精神文化既体现着浙江文化

　　① 孙汝君，王威. 高职院校文化建设的实现途径［J］. 文化学刊，2016（11）：128-131.
　　② 王冀生. 大学理念在中国［M］. 北京：高等教育出版社，2008：10.

的特色，也体现着各校办学的特色。如宁波职业技术学院吸收浙东文化"博纳兼容"的"恢宏品格"，形成了"和而不同"的校风；吸收"经世致用"的文化精神，形成了"勤、信、实"的校训；吸收"开拓创新"的文化精神，形成了"团结创业、联动创新、示范创优"的学院精神。该校将"和而不同"解释为一种和谐的共生关系，要求师生"求大同，存小异"，在学院内营造一种"和而不同"的育人氛围。同时，要求师生做人、做事、做学问和而不同，百花齐放，共建和谐。"勤、信、实"的校训包括了更多的内涵，如"勤"意味着天道酬勤，勤奋求知，勤俭建校，勤勉育人；"信"意味着树立信心，坚定信念，诚信立业，维护信誉；"实"意味着实事求是，实用为本，善于实干，注重实效。三个字全面体现了学院对师生的期望和要求，更体现了学院的办学宗旨。"团结创业、联动创新、示范创优"的学院精神，既是院校办学经验的总结，又是对学生精神追求的要求：创业，要求学生学会整合资源，忠诚敬业，树立办法总比困难多的信念；创新，要求学生在学习乃至以后的工作中敢于尝试和突破；创优，则要求学生在学习和工作中做到最好。

2. 制度文化建设

制度在一定时期内保持稳定，使得常规工作有章可依，"朝令夕改"是对制度权威性、规范性的最大破坏，"持续不断地变革是对变革的最大破坏"，无法形成良好的制度文化。宁波各高职院校办学的历史各不相同，但总体时间不长。各校均注重制度建设的长效性，同时注重制度文化的创新，逐渐形成一种"自觉"的制度文化。例如，浙江工商职业技术学院在长期的办学实践中形成了"管理促校"的制度文化；宁波职业技术学院 2010 年成为浙江省高职院校中唯一一所现代大学制度试点院校，率先在全省高职院校中进行章程建设试点工作，取得了良好的效果。在宁波职业技术学院的带动下，宁波市委组织部、宁波市教育局组织宁波 6 所高职院校成立了高职院校章程建设课题组，要求各校在研究的基础上制定章程，同时在章程建设过程中充分体现各校的文化特色，使各校的制度文化能够通过章程建设取得新的突破。

3. 物质文化建设

物质文化是学院文化最直接的外在体现，最应该体现学院的特色，使人一看就知道这是一所不同于其他学校的独具特色的学院。如师范院校一般树有孔子、陶行之的塑像；河南大学作为一所水利工程院校，在其学校的核心区域按顺序树立着大禹、李冰父子、郭守敬、沈括、茅以升等人的塑像。因此，作为职业技术学院，校园环境应该体现传统文化与现代文化的结合、学校文化与产业文化的结合；应该"幽"，使人进去能够忘记琐事，可以陶情怡性；应该"静"，使人能够"身静"和"心静"，可以找到让身心静下来读书思考的地方；应该"雅"，使人走进去有提升品位和自我的感动和冲动。最后应该突出"技"，体现职业技术学院的特色。宁波各高职院校物质文化建设均体现出了职业教育"技"的特色，还从不同角度体现出了"静""雅"的特色，同时体现出了面向行业的特点。如浙江医药高等专科学校在校园的不同区域创建不同风格的物质文化，有体现医药行业特点的"怀药泉"、静谧清幽的"杨柳岸"，体现学子追求向上的"集英坡"等；宁波职业技术学院则以"明德""精技"等具有职业教育特色的价值追求对建筑物进行命名，使学院的物质文化建设充分体现职教特色。

4.专业文化建设

各个专业是学院培养人才的基本单位，各个专业的文化建设以育人为首要目的，结合自己专业的特点形成各具特色的文化。宁波各高职院校在专业文化建设中注重引入产业文化、企业文化，如宁波城市职业技术学院采用"模拟公司"的教学模式，将校园责任文化和企业责任文化在课堂教学、实训基地以及社团活动中进行有效融合，使学生的专业技能得到充分施展，职业素养在校企责任文化融合中得到了有效提升。①宁波职业技术学院与宁波经济技术开发区、宁波信息产业局共同合作，以学院为载体，紧密结合区域产业结构特色，成立了人才培养、产业培育、研究开发三位一体的"宁波开发区数字科技园"，现在已有近百家企业进驻园区。这些企业入驻的同时也带来了具有企业特色的物质文化，使得院校物质文化的职业性得以彰显，让学生在校园内即可以感受到企业的真实生产状况。同时，宁波职业技术学院还鼓励专业课教师在教学过程中充分挖掘专业知识和技能的文化价值，要做到不仅传授专业知识，更要带领学生感受专业精神；不仅要掌握技术，更要体会通过技术解决问题的思维和方法。教师要在帮助学生掌握专业知识和技能的同时，形成明确的职业态度，内化职业规范要求，将"做事"与"做人"有机统一。②

二、无锡商业职业技术学院学校文化与地方文化有效融合的实践探索

在文化内涵建设中将学校文化与地方文化加以融合，为学生投身区域经济建设做好铺垫。此外，高职教育在学生就业上也带有一定的指向性，通过将学校文化和地方文化加以融合，能够增强学生的区域文化归属感，便于优化及稳定区域人才结构，对区域经济及文化的发展大有裨益。无锡商业职业技术学院在高职院校文化内涵建设中，注意对地方文化进行提取和淬炼，提升学校的内涵和价值，将学校文化与地方文化有效融合，推动学校的文化建设，进而为自身的可持续发展奠定基础。

1.高职院校文化内涵建设中学校文化与地方文化融合应遵循的原则

（1）高职院校学校文化与地方文化融合应注重凸显院校的办学特征。高职院校文化内涵建设以院校的个性及办学特色为主要标志，在将学校文化与地方文化融合的过程中，应注重对地方文化特别是特色文化和企业文化加以分析研究，然后将之灌输到学校文化中，增加院校文化的底蕴。与此同时，高职院校在培育办学特色的过程中，要对地方文化进行提炼，提高地方文化与学校文化的匹配性，建设独具特色的高职教学环境③。按照上述原则，作为一所以商科为主的高职院校，无锡商业职业技术学院在办学中主张天道酬勤、商道酬信，营造了浓郁的商科办学氛围。无锡的"锡商文化"源远流长，如民族工商业创业精神楷模的荣氏家族企业，缫丝业首屈一指的薛氏集团，面粉、棉纺实业家唐保谦、唐星海父子，以及现在的海澜集团、阳光集团、红豆集团等，人们感受到的是一种开放、灵动、务实、创新的精神，是一种公平细腻、正心诚意、勤俭自持、践约守信、谦让包容、勇往直前、审时度势的文化④。借助这些文化，无锡商业职业技术学院开展了相应的实践教学活

① 龙安梅. 高职院校责任文化与企业责任文化有效融合的探索 [J]. 职教通讯, 2012 (5): 1-4.
② 沈斌表. 高职院校文化建设的实践探索——以宁波高职院校为例 [J]. 职教论坛, 2014 (20): 39-41.
③ 彭齐林, 彭桂香. 新时期高职内涵建设路径探析 [J]. 职教论坛, 2011 (32): 6-8.
④ 王立人. 在传承中丰富发展无锡工商文化 [J]. 江南论坛, 2008 (6): 8-11.

动，既充分利用了地方区域文化的精髓，强化了学校内涵建设，又促进了学生价值观念的深化和升华，是地方文化服务于高职学校文化内涵建设的典型。

（2）高职院校学校文化与地方文化融合应强调地方文化的具体要求。学校文化与地方文化，尤其是与地方文化中所涉及的企业文化如何有效衔接，是开展高职院校内涵建设时应着重探讨的问题。在将学校文化与地方文化加以融合时，一方面要充分发挥地方文化的特色及优势，丰富补充学校文化；另一方面要针对地方文化中所涉及的职业素养要求等内容，在高职院校内涵建设中通过完善学校培训设施、管理制度等途径，来对学生的职业素养、合作意识、诚信观念、创新能力等加以着重培养，从而使高职院校内涵建设既凸显办学特色，又彰显地方特色文化，融入企业文化，为学生的后期就业做好铺垫。无锡商业职业技术学院位于江苏省无锡市，所处的地理区位较为优越，是江苏乃至长三角地区经济发展较为快速的区域。无锡的发展主要依托纺织服装、装备制造、电子信息、精细加工等制造业和物流、旅游等服务业，地方企业围绕先进制造业和现代服务业也形成了相应的企业文化。无锡商业职业技术学院在开展内涵建设时，在对地方文化加以调研的基础上，按照"会经营、懂管理、善沟通、重诚信"的商科人才特质，以经营教育、管理教育、沟通教育、诚信教育"四育并举"的教育内容体系以及科学多样的方法和手段，以政、行、企、校"四方联动"为机制[1]，结合地方文化特色和企业文化要求，注重对学生的岗位素养及职业技能进行双向培训，为当地企事业单位提供了众多职业精神、文化素养、实践技能和创新意识俱佳的高职人才。

此外，无锡历来是我国民族工商业的发祥地，无锡的民营企业众多，曾经是我国社会经济发展过程中"苏南模式"的代表，具有浓厚的创业氛围与环境；地方政府也一直鼓励和支持大学生创业，对大学生创业给予了各种优惠和扶持政策。作为高职院校，要更好地服务地方经济社会发展，就要紧抓地方发展脉搏。无锡商业职业技术学院早在 2004 年就在全国高职院校中率先开展创业教育，把创业教育纳入人才培养方案，渗透到教学环节中，注重教育和培养学生的创业意识、创业精神、创业知识与创业能力，形成了贯穿人才培养全过程、工作全方位开展、对象全面覆盖的创业教育格局和以"创业教学＋创业模拟＋创业实践"为内容的"三位一体"创业教育体系[2]。多年来，学校创业教育成效显著，涌现出一大批自主创业、团队创业和岗位创业的先进典型，利用地方浓厚的创业氛围将创业教育打造成为学校文化特色。

2.高职院校文化内涵建设中学校文化与地方文化有效融合的路径探究

（1）提高高职院校内涵建设中对学校文化与地方文化融合的重要性的认识。对高职院校管理者来说，应科学认知一所高校所肩负的服务社会、人才培养、教育科研及文化传承等职能，在此基础上，对高职院校内涵建设在院校发展中的作用和地位加以重视，自觉将高职院校文化内涵建设与教学设施等硬件建设加以结合，以提高院校的综合办学能力和社会声誉。在开展高职院校文化内涵建设时，要强化学校文化与地方文化的融合力度，一方面，在教学及管理中将地方文化融入教学课程建

① 朱璋龙. 高职商科人才培养模式探索 [J]. 江苏社会科学，2010（S1）：94-97.
② 李刚，朱璋龙. 高职院校创业教育整体性模式的构建 [J]. 辽宁教育研究，2008（8）：57-60.

设、教学课堂实施、实践活动及岗位实习中；另一方面，地方行业企业也要积极参与高职院校的人才培养，将企业文化等地方文化内容在高职院校中全面铺展开，为学校文化与地方文化的融合创设平台。无锡商业职业技术学院在开展内涵建设时，学校管理者基于无锡围绕物联网技术、机械制造、休闲旅游、文化创意等产业布局的形势，在进行院校内涵建设的过程中，对所在区域的地方文化及人才需求进行了跟踪，结合自身的办学优势和学校文化，将地方产业发展动态融入学校课程体系建设中，开辟了物联网技术、景区开发与管理、视觉传达艺术设计等专业群，有效满足了无锡产业结构调整对技术型人才的大批量要求。

（2）扩展高职院校内涵建设中学校文化与地方文化的融合覆盖面。在高职院校内涵建设中，学校文化与地方文化的融合应覆盖高职院校教学及管理的各个方面，以此增强高职院校内涵建设的成效。在高职院校学校文化与地方文化融合覆盖面的扩展上，应主要通过建立高职院校、社会企业、社区共同参与的产学研人才培养体系来实现。首先，高职院校、社会企业、社区等要加强合作交流，共同探讨及制定高职院校人才培养策略，增进学校文化与地方文化的衔接。其次，高职院校应充分利用社会资源，邀请社会企业人士入校开展企业文化讲座及报告等活动，使学生能够及时了解到本行业的先进技术及发展趋势，通过三方联动，使高职院校内涵建设具备相对明确的方向，避免其沦为"假大空"。最后，高职院校应充分利用地方特色文化基地，建立校外文化教育基地，定期开展见习活动，加强对学生的地方文化教育与熏陶。

无锡商业职业技术学院在开展专业建设和文化内涵建设时，紧密围绕当地非物质文化遗产的传承保护和开发利用，与无锡市文广新局合作设立了"无锡传统文化设计人才培养基地"和"无锡市非物质文化遗产传承创新与文化创意产业设计研发中心"，重点就无锡非物质文化遗产传承与创新的重要政策、机制、规划和文化创意产业优化升级以及无锡地域文化产品开发等主题，结合无锡传统文化人才培养进行专项研究。学校还在艺术设计学院相关专业中成立了"非遗班"，由无锡非物质文化遗产传承人担任兼职教师，系统开设非物质文化遗产传承与创新相关课程，通过"非遗文化"的学习，为师生的艺术设计增加文化内涵。[1]

（3）提高高职院校内涵建设中学校文化和地方文化融合的规划性。首先，高职院校学校文化与地方文化的有机融合应以学校文化作为着力点，通过校园文化来带动学生的学习及科研，提高高职院校学生管理工作的质量水平。在学校文化和地方文化的融合上，高职院校应注重对融合的途径和方式进行规划，通过与其他高职院校加强交流，借鉴其内涵建设过程中学校文化创建的先进经验和做法，然后结合自身的文化优势和特色，根植本地文化，提高学校文化建设的针对性。其次，对政府部门来讲，在进行本区域的高校布局设计时，应注重分析高职院校的独特属性，在各类基础服务设施上进行合理规划配置，使高职院校的学校文化能够与地方文化有效互动。

（4）完善高职院校内涵建设中学校文化与地方文化融合的机制。高职院校要强

---

① 景蕾蕾. 设计类教学对传统技艺的生产性保护与创新实践——以无锡商业职业技术学院艺术设计学院为例 [J]. 无锡商业职业技术学院学报，2015（2）：99-101.

化内涵建设，还需要借助政府的力量，针对学校文化与地方文化的融合建立长效的保障机制，尽快制定相应的促进高职院校学校文化与地方文化融合的法律、法规，对高职院校、社会企业、相关区域组织的职责加以划分，从而使高职院校学校文化与地方文化的融合有章可循。企业应积极参与高职院校的人才培养工作，在开展校企合作及顶岗实习时，对学生的素质、能力要求加以明确，为学校文化的补充完善提供参考。高职院校自身应针对学校文化与地方文化的融合工作设置专门的机构，着重对师资队伍的素质、能力加以强化，做好相应的指导及培训工作；在对其理论及专业操作技能加以强化的基础上，增强其认知及领会地方文化的能力，使其能够在教学实践中自觉地将学校文化与地方文化加以融会贯通。[①]

---

① 朱有明，张薛梅. 论高职院校文化内涵建设中学校文化与地方文化的融合——以无锡商业职业技术学院为例 [J]. 职教论坛，2016（11）：31-35.

参考文献

[1]　欧阳恩剑. 法治视角下高职院校内部治理现代化研究 ［M］. 广州：广东高等教育出版社，2017.

[2]　孟英伟，桑雷. 利益相关者参与下高职院校治理改革研究 ［J］. 职教通讯，2017（11）.

[3]　张开发，王永芳. 高校内部组织结构的变革：基于治理理论视角 ［J］. 苏州科技大学学报：社会科学版，2017（7）.

[4]　顾建亚. 现代大学治理的内部监督制约机制研究 ［M］. 杭州：浙江大学出版社，2017.

[5]　杨成名. 大学与大学治理——基于利益相关者价值优化的视角 ［M］. 北京：经济管理出版社，2017.

[6]　汪俊仁. 高职院校内部管理科学化及创新途径探究 ［J］. 高教学刊，2017（3）.

[7]　孙云志. 多元共治视域下高职院校治理考核评价指标体系的构建 ［J］. 教育与职业，2017（2）.

[8]　潘旭. 高职院校内部治理章程建设探讨 ［J］. 高教论坛，2017（16）.

[9]　纪楷，王家莲. 面向"中国制造2025"的高职学生工匠精神培育研究 ［J］. 哈尔滨职业技术学院学报，2017（6）.

[10]　孙云志. 高职院校治理的界说 ［J］. 职教论坛，2016（22）.

[11]　孙云志. 高职院校治理考核评价指标体系的构建 ［J］. 教育与职业，2016（12）.

[12]　柳燕. 我国高职院校治理结构评价体系探究 ［J］. 中国职业技术教育，2016（9）.

[13]　崔炳辉，夏纯灿. 高职院校治理体系构建的实践研究——基于南京科技职业学院"五层七维"的校本分析 ［J］. 职教论坛，2016（29）.

[14]　肖静. 自媒体时代的大学权力结构与大学治理 ［M］. 北京：电子工业出版社，2016.

[15]　张力，金家新. 公立大学法人主体地位与治理结构完善研究：面向大学的行政法人化 ［M］. 武汉：华中科技大学出版社，2016.

[16]　金亚白. 以章程建设为核心推进高职院校制度建设——试论常州信息职业技术学院章程建设实践 ［J］. 职业，2016（12）.

[17]　母中旭，何方国，王飞. 章程建设推进高职院校内部治理改革实证研究——以四川信息职业技术学院为例 ［J］. 经贸实践，2016（22）.

[18] 王虹. 论高职院校内部治理结构改革——以南京铁道职业技术学院为例 [J]. 江苏高教, 2016 (3).

[19] 万平. 缺失与建构: 高职院校文化建设的理性思考 [J]. 三门峡职业技术学院学报, 2016 (3).

[20] 朱有明, 张薛梅. 论高职院校文化内涵建设中学校文化与地方文化的融合——以无锡商业职业技术学院为例 [J]. 职教论坛, 2016 (11).

[21] 孙汝君, 王威. 高职院校文化建设的实现途径 [J]. 文化学刊, 2016 (11).

[22] 胡正明. 高职院校内部治理的独特性及其实现路径 [J]. 中国高教研究, 2015 (5).

[23] 曾蔚阳, 孙健. 治理理论视角下的高校管理机制创新 [J]. 教育评论, 2015 (11).

[24] 陈颖. 国外大学法人治理模式对我国现代大学制度建设的启示 [J]. 湘潭大学学报: 哲学社会科学版, 2015 (7).

[25] 任奉龙. 利益相关者理论视域下大学治理模式研究 [J]. 教育现代化, 2015 (8).

[26] 刘朝晖. 高职院校外聘兼职教师道德风险及其防范对策研究——基于委托-代理理论 [J]. 湖北工业职业技术学院学报, 2015 (6).

[27] 劳汉生. 高等教育新常态下的高职院校治理探索 [J]. 南方职业教育学刊, 2015 (11).

[28] 林春明. 高职院校章程建设的现状、问题与对策 [J]. 教育评论, 2015 (12).

[29] 许俊生. 高职院校章程建设的原则与路径探索 [J]. 中国职业技术教育, 2015 (4).

[30] 蓝洁, 唐锡海. 高职院校章程如何体现现代职业教育特色 [J]. 现代教育管理, 2015 (8).

[31] 韩香云. 高职院校章程的理论界定与实践探索 [J]. 金融理论与教学, 2015 (8).

[32] 徐维东. 依法治国视域下高职院校章程建设的实施路径探究 [J]. 辽宁省交通高等专科学校学报, 2015 (12).

[33] 周海波. 高职院校文化建设的价值诉求与应然路径 [J]. 黑龙江教育学院学报, 2015 (5).

[34] 李淼. 高职院校章程的构成要素分析 [J]. 中国成人教育, 2015 (13).

[35] 钱闻明. 关于高职院校管理章程的思考 [J]. 江苏师范大学学报: 哲学社会科学版, 2014 (7).

[36] 冯翊. 基于校企合作视角下高职院校内部管理机制改革的探析 [J]. 赤子, 2014 (11).

[37] 沈斌表. 高职院校文化建设的实践探索——以宁波高职院校为例 [J]. 职教论坛, 2014 (20).

[38] 蒋达勇. 现代国家建构中的大学治理 [M]. 北京: 中国社会科学出版社, 2014.

[39] 梁欢. 委托代理理论下的高职院校师资培训管理研究 [J]. 学理论, 2013 (5).

[40] 黄达人. 大学治理 [M]. 北京: 商务印书馆, 2013.

[41] 顾斌. 高职院校章程建设刍议 [J]. 唯实, 2013 (12).

[42] 雷世平. 我国高职院校治理结构存在的问题及其优化研究 [J]. 职教通讯, 2013 (10).

[43] 何万一. 高职院校内部治理结构改革的路径分析 [J]. 职教论坛, 2013 (13).

[44] 刘涛. 共同治理视阈下公办高职院校内部治理结构改革的实践探索 [J]. 职教论坛, 2013 (18).

[45] 赵建彬, 郭华东, 周景辉, 等. 党委领导下的校长负责制——高职院校科学决策的实现形式 [J]. 当代职业教育, 2013 (9).

[46] 王玉环. 高职院校组织管理执行乏力成因与提升对策 [J]. 职业教育研究, 2013 (7).

[47] 柴瑞章. 高职院校执行力建设研究——以北京社会管理职业学院为例 [J]. 重庆与世界: 学术版, 2013 (9).

［48］ 张志刚．提升高职院校校长执行力三部曲［J］．高等农业教育，2013（4）．

［49］ 方妍．高等教育强国背景下政府与大学关系重构研究［M］．武汉：武汉大学出版社，2012．

［50］ 代刃．我国大学法人治理结构的制度探析［J］．前沿，2012（3）．

［51］ 丁黎敏．试论大学章程的主要功能在高职院校现代大学制度建设中的实现［J］．现代物业·现代经济，2012（6）．

［52］ 张茹，孙永芹．高职院校章程建设的研究［J］．河北软件职业技术学院学报，2012（12）．

［53］ 徐元俊．对制定高职院校章程的几点思考［J］．现代教育科学，2012（2）．

［54］ 周旺．谈高职院校治理结构的变革创新［J］．大学教育，2012（10）．

［55］ 刘维俭，董仁忠．公立高职院校法人治理结构若干缺失［J］．职教论坛，2010（31）．

［56］ 邱州鹏．高职院校中层管理者执行力研究——以N学院为例［J］．中国职工教育，2012（9）．

［57］ 张庆新．高职院校贯彻落实"三重一大"决策制度的探索与实践［J］．科技视界，2012（6）．

［58］ 蒋主力．高职院校二级管理决策机制的研究与创新——以浙江商职院二级学院党政联席会议制度建设为例［J］．职业，2011（9）．

［59］ 董仁忠．高职院校治理结构研究［J］．教育发展研究，2011（7）．

［60］ 尹晓敏．利益相关者参与逻辑下的大学治理研究［M］．杭州：浙江大学出版社，2010．

［61］ 张国庆．公共行政学［M］．北京：北京大学出版社，2000．

［62］ 孙卫平，吕红．现代高职院校制度建设中的高职院校章程［J］．职教论坛，2010（25）．

［63］ 谢冰松．基于高校内部治理的教代会制度建设——教代会与现代大学制度关系研究［J］．南阳师范学院学报：社会科学版，2010（11）．

［64］ 段小莉．论高职院校决策机制的构建［J］．长春理工大学学报：高教版，2010（1）．

［65］ 欧阳恩剑，刘国生．行业转制高职院校发展模式构建［J］．中国职业技术教育，2009（17）．

［66］ 张海峰．高职院校治理结构创建初探［J］．江苏技术师范学院学报，2008（10）．

［67］ 周伟，李全生．基于委托-代理理论下的中国高等教育评估问题［J］．华东经济管理，2008（12）．